1789 KOEHLER & AMELANG 1806 · LEIPZIG ·

Ernst Badstübner

Das alte Mühlhausen

Kunstgeschichte einer mittelalterlichen Stadt

Mit Aufnahmen von Constantin Beyer

Koehler & Amelang · Leipzig

Badstübner, Ernst:
Das alte Mühlhausen : Kunstgeschichte einer mittelalterlichen
Stadt / Ernst Badstübner. Mit Aufnahmen von Constantin Beyer. –
1. Aufl. – Leipzig : Koehler & Amelang, 1989. – 205 S. : zahlr.
Abb. (z. T. farb.), 1 Kt.
ISBN 3-7338-0055-9

ISBN 3-7338-0055-9

1. Auflage

Lizenz-Nr. 295/275/3109/89 · LSV 8106
Printed in the German Democratic Republic
Reproduktion: Druckerei Neues Deutschland, Berlin
Satz: Druckwerkstätten Stollberg
Druck: Druckwerkstätten Stollberg/Graphische Werke Zwickau
Einband: Buchbinderei Südwest, Leipzig
Zeichnungen: Hans-Ulrich Herold
Gesamtgestaltung: Jochen Busch
698 403 3
02880

Inhalt

Einleitung

Mühlhausen in Thüringen, dessen Name heute mit dem des Reformators und Bauernführers Thomas Müntzer verbunden ist, bietet mit einer vieltürmigen Stadtmauer, mit seinem Rathaus und zahlreichen gotischen Kirchen noch immer das beeindruckende Bild einer mittelalterlichen Stadt. Der seltene Reichtum an Werken der Architektur vom späten 12. bis zum Anfang des 16. Jahrhunderts und die Besonderheiten der in geringerem Umfang bewahrten Werke der bildenden Kunst, vor allem der gotischen Bauplastik und Glasmalerei, sichern der Stadt einen festen Platz in der deutschen Kunstgeschichte des Mittelalters. Die Formen der großen Kirchen Divi Blasii und St. Marien, die großen Maßwerkrosen und die schlanken Bündelpfeiler, haben ihren Ursprung in der hochgotischen Kathedralarchitektur und verraten einen hohen Gestaltungsanspruch der Bauherren. Das schlichte Rathaus und die gediegene Stadtmauer stellen den aufs Zweckmäßige und Notwendige gerichteten Sinn der Bürger unter Beweis. Die Glasmalereien zeigen Mühlhausen an den großen mitteleuropäischen Kunstströmungen des 14. und 15. Jahrhunderts beteiligt. Am bekanntesten und auch am bedeutendsten aber sind jene vier Figuren, die sich, in Stein gehauen, vom Altan des südlichen Querschiffgiebels der Marienkirche herabbeugen und mit huldvoller Geste den Betrachter zu begrüßen scheinen, eine in der Geschichte der mittelalterlichen Plastik einmalige Darstellung, die ihre Ursache in der politischen Stellung der Stadt gehabt haben mag. Es sind weltliche Figuren, der Kaiser und seine Gemahlin sowie Begleiter aus ihrem Gefolge, die »in Effigie« an der Kirche die Huldigung der unter kaiserlichem Schutz stehenden Stadt entgegennehmen. Aus der Zeit der Herrschaft Karls IV. ist hier im Bild des Kaisers ein Zeichen der Reichsunmittelbarkeit von Mühlhausen erhalten geblieben.

Mühlhausen ist auf königlichem Grund entstanden und von Anfang an in den Rang einer Stadt des Königs und des Reichs hineingewachsen. Die frühe Siedlungsgestalt trägt deutliche Anzeichen davon, daß der König festlichen Einzug hielt – die Pfalz war sein häufiger Aufenthaltsort – und über eine große Zahl von Ministerialen verfügte, die die Reichsherrschaft vertraten. Obwohl sich die im 13. Jahrhundert erstarkende Bürgerschaft im Jahre 1256 von der Ministerialenherrschaft befreite und die Pfalz zerstörte, behielt die Stadt ihre Privilegien und verteidigte die Reichsfreiheit erfolgreich gegen Hoheitsansprüche der umliegenden Landesherren. Sie erlebte in den folgenden zwei Jahrhunderten die Zeit der Blüte ihrer mittelalterlichen Geschichte. Am Ende des Mittelalters ermöglichte die Reichsfreiheit den Führern einer konsequenteren Reformationsbewegung, die auch auf gesellschaftliche Veränderungen abzielte, die Zuflucht vor den Fürsten in Mühlhausen. Daß Mühlhausen im Jahre 1525 zur Stadt Thomas Müntzers werden konnte, hatte aber seine Voraussetzung in einer spannungsvoll differenzierten Bevölkerungsstruktur mit einer starken Opposition gegen das herrschende Patriziat. In den bewegten Monaten des Frühjahrs 1525 sind das Rathaus, die Kirche des Barfüßerklosters am Kornmarkt und die hochgotische Halle der Marienkirche in der Oberstadt die Stätten des Wirkens des »Ewigen Rates«, der aufrührerischen Prediger und ihrer Anhänger gewesen. Heute wird in diesen mittelalterlichen Bauten das Gedenken an jene Ereignisse wachgehalten, die mit dem Zug der Aufständischen nach Frankenhausen und mit der Schlacht auf dem Hausberg am Fuße des Kyffhäusers ihr tragisches Ende fanden.

Mühlhausen konnte die damals nach dem Fürstengericht verlorene Reichsunmittelbarkeit 1547 wiedererlangen und bis 1802 bewahren. Auch erlebte es in der zweiten Hälfte des 16. Jahrhunderts einen gewissen Aufschwung, dem die Renaissanceflügel des Rathauses, einige Giebelhäuser und bescheiden aufwendige Fachwerkhäuser zu verdanken sind. Ferner hinterließ die Barockzeit mehrere tüchtige Beispiele guter bürgerlicher Wohnhauskultur. Ähnliches kann von der bildenden Kunst der nachmittelalterlichen Stilperioden gesagt werden. Den großen Atem aber hatte die alte freie Reichsstadt verloren, ihre Blütezeit war mit dem Mittelalter zu Ende gegangen.

Im 19. Jahrhundert, seit der Aufhebung der Reichsfreiheit durch den Reichsdeputationshauptschluß im Jahre 1802, geriet Mühlhausen in den Stand einer preußischen Provinzstadt. Die Industrialisierung setzte relativ spät ein, und von den großen neuen Verkehrsadern wurde Mühlhausen damals nicht erreicht; es blieb bei Nebenrouten von Straßen und Eisenbahnen. Gewiß hat dies mit dazu beigetragen, daß der umgestaltende Ausbau der Stadt aufgrund wirtschaftlicher und industrieller Prosperität keine größeren Dimensionen erreichte und so die baulichen Zeugen der mittelalterlichen Geschichte sich in seltener Fülle erhalten konnten.

Heute ist Mühlhausen Thomas-Müntzer-Stadt eine Kreisstadt mit etwa 45000 Einwohnern im Bezirk Erfurt. Sie wird in geographischen Texten als größter Industriestandort im Nordwesten des Thüringer Keuperbeckens geführt und gilt als das Zentrum der westthüringischen Textilindustrie. Dieser Industriezweig läßt sich auf die bereits im Mittelalter blühende Hausweberei zurückführen. Gegenwärtig befindet sich die heimische Textilbranche in fortwährendem industriellem Aufbau. Ihre weiteren Schwerpunkte hat sie in den Städten des Eichsfeldes, in Heiligenstadt, Leinefelde und Worbis. In Mühlhausen gehören ferner Waren der Elektronik und der Metallverarbeitung zu den Erzeugnissen volkseigener und genossenschaftlicher Produktionsbetriebe. Dazu kommt in geringerem, aber nicht unbedeutendem Maße die Herstellung von Lebensmitteln auf der Grundlage landwirtschaftlicher Erträge der Umgebung. Während die Muschelkalkhöhen der nördlich von Mühlhausen gelegenen Kreise des Eichsfeldes klimatisch benachteiligt und ihrer Bodenbeschaffenheit nach weniger ertragreich sind, ist der Boden der Unstrutniederung um Mühlhausen fruchtbar und der Goldenen Aue vergleichbar. Die Unstrutniederung war schon in vorgeschichtlicher Zeit besiedelt, und die Umgebung der heutigen Stadt hatte bereits historische Bedeutung, lange bevor Mühlhausen selbst in das Licht der Geschichte trat.

Anfänge Die Pfalz und die Märkte

DIE SIEDLUNGSFORMATIONEN UM DEN FRÄNKISCH-KAROLINGISCHEN KÖNIGSHOF ❧ Es ist erst eine Erkenntnis jüngster Zeit – Zweifel waren schon früher aufgekommen –, daß die im Marburger Staatsarchiv aufbewahrte Urkunde vom 25. Oktober des Jahres 775, ausgestellt in Düren, einer Pfalz zwischen Aachen und Köln, mit der Nennung eines Ortes Mulinhuso, in dem Franken wohnen, nicht das heutige Mühlhausen in Thüringen meint (M. Gockel 1988). Der Zehnt, den Karl der Große, »König der Franken und Langobarden«, von Land, Wald und Wiesen oder Gewässern aus dem dort genannten königlichen Hof dem Kloster Hersfeld unter seinem Abt Lullus (der zu diesem Zeitpunkt schon Nachfolger des Bonifatius auf dem Bischofsstuhl von Mainz war) geschenkt hat, wäre demnach nicht von einem entsprechenden Anwesen an der oberen Unstrut gekommen und die Verflechtung Mühlhausens mit der karolingischen Reichspolitik zumindest schriftlich nicht mehr belegt. Die erste urkundliche Erwähnung kann nunmehr für das Jahr 967 angegeben werden; sie erfolgte als Ortsangabe für die Ausstellung eines kaiserlichen Diploms: Otto II., dritter deutscher König aus sächsischem Hause und schon zu Lebzeiten seines Vaters – Otto I. starb 973 – nach byzantinischer Sitte Mitkaiser, urkundete bei einem Aufenthalt in Mühlhausen. Ein Jahr nach seines Vaters Tod erhielt die Gemahlin Ottos II., die als purpurgeborene byzantinische Kaisertochter geltende Theophanu, mehrere Burgen und Höfe übereignet, zu denen auch Mühlhausen, Eschwege und Schlotheim zählten. Spätestens jetzt, im Jahre 974, kann man Mühlhausen als einen Teil bedeutsamen Krongutes erkennen, und die Tatsache, daß es bereits mehrfach Aufenthaltsort des regierenden Herrschers war, also doch wohl schon in ottonischer Zeit im Range eines Pfalzortes stand, macht wahrscheinlich, daß die zum Teil legendären Angaben über ein weitaus höheres Alter der Siedlung – welches auch durch archäologische Funde belegt ist – einer Bedeutung des Ortes und der Gegend für die fränkisch-karolingische Ausdehnungspolitik in den letzten Jahrzehnten des 8. Jahrhunderts entsprechen. Man wird weiter davon ausgehen können, daß die Pfalz einen fränkischen Königshof zum Ursprung hatte, der um 800, möglicherweise aber schon nach dem Untergang des Thüringerreichs im 6. Jahrhundert am Übergang wichtiger Handelswege über die Unstrut begründet worden war.

Bedeutsam war das Gebiet um Mühlhausen schon vor der fränkischen Kolonisation. Der an sich herbe Charakter der Kalklandschaft darf nicht darüber hinwegtäuschen, daß die Bedingungen für menschliche Siedlung im Nordwesten des Thüringer Beckens, wohl unterstützt durch die Fruchtbarkeit der Niederungen, offenbar günstig gewesen sind. Prähistorische Funde, die bis in die jüngere Steinzeit zurückreichen, stellen das unter Beweis. Die Niederung der Unstrut wird, unmittelbar nach ihrem Austritt aus den Bergen bei Dingelstedt, von den Höhen des Hainichs, des Eichsfeldes und des Düns schützend umschlossen. Fernwege, die in westöstlicher und in südnördlicher Richtung die Höhenzüge auf Pässen überquerten, denen vermutlich noch heute die Straßenführungen folgen, kreuzten sich schon früh im Umkreis des späteren Stadtgebietes und machten den Platz wichtig für Handel und Herrschaft.

Unter den kurzlebigen germanischen Reichsbildungen der Völkerwanderungszeit war das Stammeskönigtum der Thüringer eines der beständigsten. Es hatte sich nach dem Zusammenbruch der Hunnenherrschaft im mittleren Europa gebildet und reichte gegen Ende des 5. Jahrhunderts vom Havel-Elbe-Gebiet bis zum Thüringer Wald (H. Patze 1968), wenn nicht sogar bis zur mittleren Donau. Die Thüringer waren mit den Ostgoten um der Abwehr fränkischer Expansion willen verbündet – der letzte König Herminafrid wurde 510 mit der Nichte Theoderichs des Großen Amalberga vermählt –, und möglicherweise sind sie wie diese bereits (aber arianisch) christlich gewesen. Zentren der Thüringermacht dürften auch in jenem Landstrich gelegen haben, den die Unstrut von West nach Ost durchfließt und mit dem sich der geographische

Begriff Thüringen eigentlich verbindet. Es kann als ziemlich sicher gelten, daß um Mühlhausen ein politischer und kultureller Mittelpunkt des Thüringerreichs bestanden hat. Wertvolle Bodenfunde aus dem 5. und 6. Jahrhundert sind ebenso Zeugnisse dafür wie die Häufung von Ortsnamen vorfränkischen Ursprungs: Ammern, Grabe, Körner, Mehler, Dorla, Langula, Horsmar, Felchta, Höngeda, Reiser (M. Genzel 1985). In das Unstrutgebiet zielten die Angriffe der Franken, verstärkt nach dem Tode Theoderichs im Jahre 524. Die entscheidende Schlacht wurde 531 an der Unstrut geschlagen – wo, das ist trotz der nahezu zeitgenössischen Berichterstattung um 575 durch Gregor von Tours nicht zu ermitteln; die Sachsen sollen seinerzeit die Franken unterstützt und seitdem im Nordthüringgau, also nördlich des Harzes gesiedelt haben. Die Art und Weise, wie dies Widukind von Corvey im 10. Jahrhundert beschreibt, klingt allerdings mehr nach einem behaupteten sächsischen Anteil bei der Überwindung eines heidnischen Feindes, um den Herrschaftsanspruch seines eigenen, inzwischen längst christlichen Stammeshauses zu legitimieren. Tatsache ist, daß der fränkische Sieg den Sachsen das Eindringen in das Harzumland und den Slawen weiteres Vordringen nach Westen bis über die Saale und die Elbe ermöglicht hat.

Das ehemalige Thüringerreich wurde fränkische Grenzprovinz, doch die Eroberer, die seit 497 das Christentum römischer Prägung angenommen hatten und im Begriffe waren, durch Expansion und Vernichtung germanischer Stammeskönigtümer ein westeuropäisches Großreich zu schaffen, hatten bis ins 7. und 8. Jahrhundert hinein mit politischem und religiösem Widerstand zu kämpfen. Zu einer gezielten Mission kam es erst zu Beginn des 8. Jahrhunderts durch den Bischof von Utrecht Willibrord. Um 600 waren möglicherweise schon Christianisierungsbemühungen vorangegangen, worauf Besitzungen des Bistums Reims in Thüringen, die bis ins 9. Jahrhundert nachzuweisen sind, zurückgeführt werden (B. Gebhardt 1954 und Deutsche Geschichte 1982). Willibrord war seines Herkommens nach Angelsachse wie der ihm nachfolgende Bonifatius auch, der dann im päpstlichen Auftrag die kirchliche Organisation für Thüringen schuf. Er gründete 725 das Kloster Ohrdruf und errichtete

Siedlungskerne vom 9. bis 11. Jahrhundert

741 in Erfurt einen Bischofssitz; die zugehörige Diözese kam bereits 746/54 zu Mainz, und Ohrdruf fiel an die vom Mainzer Bischof Lullus gegründete Benediktinerabtei Hersfeld. Diesem Kloster waren Aufgaben der Mission zwischen Werra und Saale südlich des Harzes gestellt; ihm wurden in karolingischer Zeit mehrere Königshöfe übereignet (H. Patze 1968) – der Mühlhäuser sollte, wie erwähnt, bislang einer von ihnen gewesen sein. Hersfeld gehörte großer Grundbesitz im Unstrutgebiet bis gegen Merseburg. Es konkurrierte darin mit dem älteren Kloster Fulda, dem im Jahre 897, also in spätkarolingischer Zeit, durch Kaiser Arnulf aus dem Königsgut »im Eichsfeldgau« um Mühlhausen Dachrieden, Ammern und Görmar übertragen wurden. Wie es nach neuester Forschungslage scheint, ist Mühlhausen selbst dagegen immer uneingeschränkt in königlichem Besitz verblieben und nie einem der Klöster vermacht worden.

Doch zunächst hat es Mühlhausen ja wohl gar nicht gegeben. Der Name jedenfalls ist fränkisch, gehört zu den Orten, die auf -hausen enden, wie Heroldishausen oder Oppershausen (M. Genzel 1985) und dürfte somit jünger sein als die Namen vieler umliegender Dörfer. Die sagenhafte Überlieferung, der Hunnenkönig Attila habe auf einer Burg Mulhus gewohnt, als er quer durch Europa nach Frankreich zog, macht einen befestigten Platz der Thüringer hier wahrscheinlich, um so mehr, als die tributpflichtigen Thüringer mit den Hunnen gemeinsam 451 in der Schlacht auf den Katalaunischen Feldern kämpften (Deutsche Geschichte 1982). Bodenfunde, die denen ähneln, die um thüringische Adelshöfe bei Großörner (Kreis Hettstedt) und Stößen (Kreis Weißenfels) gemacht wurden, sind im Mühlhäuser Gebiet zahlreich. Sollte der späteren Pfalz nicht nur ein fränkischer, sondern schon ein thüringischer Königshof mit einer Siedlung vorausgegangen sein, deren Name anders lautete (G. Günther 1975), dann hätte eine Überlagerung der thüringischen durch die fränkische Siedlung und eine Umbenennung im Zuge der Kolonisation stattgefunden. Für den Fall,

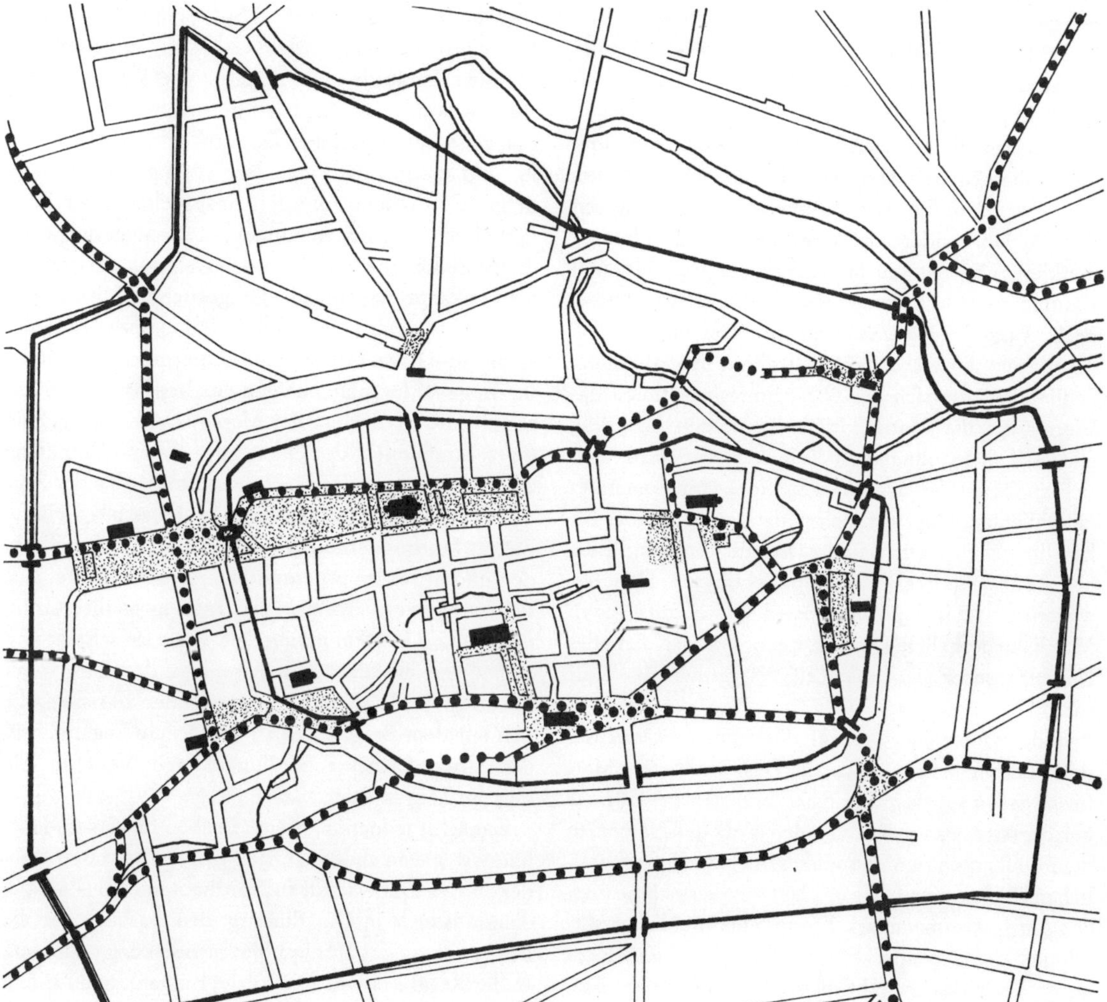

Märkte

Fernstraßen

Stadtmauern und Tore

Handelsstraßen und -plätze im Mittelalter

daß der fränkische Königshof Mühlhausen erst in der Zeit um 800 begründet wurde, sind die Vorgänger in unmittelbarer Nähe zu suchen; Görmar, der Sitz der Mutterkirche des Sprengels, käme in Frage.

Die ältesten Mühlhäuser Siedlungskerne lagen an der östlichen Peripherie des späteren mittelalterlichen Stadtgebietes; ob dieses ebenfalls wesentlich ältere Siedlungen überdeckt, war bislang nicht deutlich zu belegen, wenngleich auch Spuren aus dem 9. und 10. Jahrhundert in der Brückenstraße und nördlich des Untermarktes (Wilhelm-Pieck-Platz) festgestellt worden sind (G. Günther 1975). Bleiben als Anfänge von Mühlhausen die heutigen Viertel um die Georgi- und die Kilianikirche, von denen das westlich von St. Georgi eben die ältere Königshofsiedlung, das seit dem 13. Jahrhundert nachweisbare Altenmühlhausen markiert, und das um St. Kiliani die Handels- und Kaufmannsniederlassung des 9. Jahrhunderts, letztere, nach Ausgrabungsergebnissen zu urteilen, mit den deutlichen Anzeichen einer frühen Marktbildung. Schließlich fügt sich dieser Siedlungskette noch das Viertel um die Martinikirche an, dessen Ursprung ebenfalls in karolingischer Zeit vermutet wird. Was sich ergibt, ist das Bild eines Siedlungskonglomerates einschließlich einer Handelsniederlassung, wie es für karolingische Zeit im Raum zwischen Weser und Elbe bei Königshöfen an Knotenpunkten von Handelswegen für typisch gehalten wird (H. Planitz 1975). Man kann deshalb mit vollem Recht um St. Kiliani das Kaufmannswiek annehmen (G. Günther/W. Korf 1986).

Bedeutsamkeit des Ortes für die kirchliche Organisation ist dabei nicht zu erkennen. Dagegen war die Martinskirche in Görmar Sitz eines Erzpriesters. Görmar lieh der seit etwa 740 bestehenden Mark den Namen, in der Mühlhausen zum Zeitpunkt seiner zweiten urkundlichen Nennung im Jahre 974 lag: »in Germarene marcha«, in der Germaramark. Ein anderer kirchlicher Mittelpunkt der Gegend war Dorla (Oberdorla) mit einem gegen Ende des 10. Jahrhunderts vom Mainzer Erzbischof Willigis gegründeten Stift, wohl an einem Platz, an dem sich ehemals ein germanisches Heiligtum befunden hatte und der schon in der Missionszeit zu Bedeutung gelangt war; um 1100 wurde er Sitz eines Archidiakonats.

DIE SIEDLUNGSENTWICKLUNG ZUM OTTONISCHEN UND SALISCHEN PFALZORT

Kirchliche Bedeutung scheint Mühlhausen erst im Zusammenhang mit der Erhebung zum Pfalzort erlangt zu haben. Einen Hinweis bietet die chronikalische Nachricht, Kaiser Otto I. habe in Mühlhausen 970 einen Dom bauen lassen (G. Günther/W. Korf 1986). Verstehen wir den Begriff Dom nicht als Bischofskirche, sondern als Kirche eines Stifts, dann könnte diese Mitteilung die beabsichtigte Gründung einer entsprechenden Institution überliefern, wie sie häufig bei Pfalzen und deren Kapellen anzutreffen ist. Weitere Hinweise auf ein solches Domstift fehlen jedoch völlig, und so führt die Frage nach einer größeren kirchlichen Einrichtung, die den Ansprüchen einer Pfalz hätte Rechnung tragen können, notwendigerweise auf die Marienkirche. Wie seit den jüngsten Ausgrabungen bekannt ist, besaß die gotische Hallenkirche wenigstens zwei bedeutsame Vorgängerbauten, deren Größe und Form mit der Entstehung einer Stadtkirche im Zuge eines planmäßigen Stadtaufbaus – so erscheint die Plazierung der Marienkirche im regelmäßigen Straßennetz der Oberstadt – kaum in Einklang zu bringen ist. Die Marienkirche ist älter als der Ausbau der sogenannten Neustadt in der zweiten Hälfte des 12. Jahrhunderts. Daß sie mit einem Stift verbunden und etwa der genannte Dom gewesen wäre, läßt sich in keiner Weise belegen, auch nicht ihre Gründung schon in ottonischer Zeit. Aber sie scheint von Anfang an mit der Siedlungsanlage des Burg- oder Pfalzortes in Zusammenhang gestanden zu haben, die sich auf dem Bergrücken zu entwickeln begann, und die Struktur dieser Siedlungsanlage weist in die salische Zeit, in das 11. Jahrhundert.

Zunächst jedoch müßte man schon für das 10. Jahrhundert wie an anderen Orten gerade des Harzumlandes, wie in Duderstadt, in Nordhausen oder – am bedeutendsten – in Quedlinburg, den Ausbau oder die Umwandlung des Königshofes in eine Burg vermuten. In der Regel erfolgte eine solche Burganlage an einem anderen Ort. Lag der Königshof nahe den Talpässen der Verkehrswege, in Mühlhausen eben nördlich der zur Niederung abfallenden Erhebung, so wurde beim Burgenbau eine der Wehrfunktion günstigere, meist erhöhte Position gewählt. In Mühlhausen wäre die

I Blick auf Mühlhausen vom Spielberg im Südwesten der Stadt, im Hintergrund die Ausläufer des Düns

II–VII Blasiuskirche
II Ansicht von Südwesten
III, IV Gebet Christi am Ölberg und Gefangennahme aus dem Christusfenster

II–VII Blasiuskirche

V Kluge Jungfrau aus dem ehemaligen Jungfrauenfenster

VI Apostel Matthias aus dem Apostelfenster

VII Zwei Diakone aus dem Diakonenfenster

VIII–XI
Marienkirche
VIII Szenen aus dem Marienfenster
IX Blick durch das Mittelschiff zum Chor

VIII–XI Marienkirche

X Gebet Christi am Ölberg aus dem Passionsfenster

XI Apostel Philippus aus dem ehemaligen Apostelmartyrienfenster

XII Weibliche Heilige, Glasmalerei in der Nikolaikirche

Folgende Seiten:

XIII Fachwerkhaus Grasegasse 2

XIV Altes Backhaus, ein Fachwerkbau des 17. Jahrhunderts, und ein barockes Bürgerhaus am Untermarkt (Wilhelm-Pieck-Platz 15 und 16)

Verlagerung jedoch, wenn überhaupt, dann nur geringfügig gewesen, etwas südlicher (auf das Gelände des heutigen Busbahnhofes »An der Burg«), jenseits des einstigen, möglicherweise aber zu diesem Zeitpunkt überhaupt erst angelegten Mühlengrabens (P. Grimm/W. Timpel 1972), der die ältere Königshofsiedlung und das Burggelände voneinander schied. Keineswegs kam die Burg in Höhenlage, und an eine gestalterische Beziehung zur Anhöhe, auf der die spätere Neustadt oder Oberstadt entstand, möchte man noch nicht denken, eher an eine Dominanz gegenüber den vorstädtischen Siedlungen mit den Mühlen und den Ansätzen zur Marktbildung entlang des in Süd-Nord-Richtung verlaufenden Handelsweges in der Unstrutniederung. Vom Charakter her wird diese Umwandlung eines älteren Königshofes in eine befestigte Anlage doch mehr als Pfalz anzusprechen sein – mit den Funktionen der wirtschaftlichen Versorgung des auf seinen Krongütern zeitweilig Wohnung nehmenden Herrschers –, und nicht als vorwiegend militärischen Zwecken dienende Burg. Die Pfalzfunktion in spätottonischer Zeit jedenfalls wird bestätigt durch die zahlreich belegbaren Aufenthalte Ottos III. (mindestens dreimal) und Heinrichs II. (siebenmal), und Anhaltspunkte für eine sich etwa aus der geographischen Lage ergebende Gefahrensituation, die Wehr- und Verteidigungsfunktionen bedingt hätte, gibt es nicht.

Wann es dann zur Siedlungsbildung auf dem Bergrücken oberhalb der Pfalzburg und auch weiter südlich in der Niederung der Schwemmnotte, also zur Bildung derjenigen Siedlungsteile gekommen ist, aus denen die spätere Stadt entstand, konnte durch die archäologische Stadtkernforschung bisher nicht eindeutig festgestellt werden. Man muß deshalb die Struktur des Gesamtstadtgrundrisses danach befragen. Der Straßenverlauf innerhalb des in West-Ost-Richtung ein liegendes Rechteck bildenden ummauerten Stadtkerns weist parallele Hauptwege auf, die sich am östlichen Stadtrand bündeln und beinahe rechtwinklig auf die Tangente des Süd-Nord-Weges treffen, mit dem sie gemeinsam im Nordosten (an der Stelle der späteren Wagenstedter Brücke in der Georgivorstadt) die Unstrutfurt überquerten. Die von West nach Ost die Stadt durchlaufenden Straßen haben den alten Hessenweg als Ausgang, der zum einen auf der Höhe zur Burg und zum anderen mit einer Abzweigung (Rosenstraße) in die Niederung führte. Südlich des Popperöder Baches, der als Schwemmnotte noch heute die Stadt durchfließt und sich östlich der Burg einst mit dem Mühlgraben vereinte, bildete sich an einer Straßengabel der erste innerstädtische Markt, der spätere Untermarkt (Wilhelm-Pieck-Platz), mit der Pfarrkirche Divi Blasii. Wie es scheint, verlief der südliche Weg zunächst ohne Gabelung direkt (Erfurter Straße) zum Wegekreuz bei St. Martini, und der Abzweig nach Nordosten (Röbling- und Görmarstraße) kam erst später hinzu; er schuf die Verbindung zum Markt bei »Kilianis Linden«, den seinerseits vorher nur ein Weg (»Auf der Pfuhlbrücke«) mit der Burg verband. Mit der Entstehung des Untermarktes zeigt sich das Werden der eigentlichen Stadt an.

Dagegen hatte der auf der Höhe zur Burg verlaufende Weg vorerst weniger stadtbildenden als vielmehr herrschaftsrepräsentativen Charakter. Der weiträumige Platz des Blobach scheint ursprünglich eine Fortsetzung nach Osten bis in den Bereich des späteren Obermarktes gehabt zu haben – das Quartier zwischen Herrenstraße und Holzstraße wurde erst nachträglich bebaut –, so daß eine sehr breite Wegeachse bis in die Nähe der Burg führte, die als das eigentliche Ziel dieser triumphal anmutenden Straße zu gelten hätte, stünde nicht (nach der Datierung ausgegrabener Fundamente seit dem 11. Jahrhundert) inmitten des Weges die Marienkirche, ihre Westseite mit Türmen und Portal dem Ankommenden darbietend. Was sich hier abzeichnet, ist tatsächlich der Triumphweg eines herrscherlichen Einzuges, wie er für königliche Kirchen mehrfach aus salischer Zeit überliefert ist; man denke nur an »die eigentliche Salierstadt« Speyer (Ph. Dollinger 1982), und eine königliche Kirche, nicht im Sinne einer Pfalz- oder Burgkapelle, sondern als Kirche einer Residenz des Königs, ist die Mühlhäuser Marienkirche ihrem Ursprung nach gewesen.

XV Popperöder Brunnenhaus
Das 1614 errichtete Gebäude ist die architektonische Fassung der Quelle, von der die Brauchwasserversorgung der Stadt noch lange über das Mittelalter hinaus abhing.

Blick über den Blobach zur Marienkirche

Aus anderen Orten mit ebensolchen Anlagen, die der reichsherrschaftlichen Repräsentation dienten, wie in Augsburg oder Würzburg, ist deren Nutzungsform überliefert. Der König, der keine feste Residenz besaß und zur Ausübung der Regierungsgeschäfte das Land durchreiste, verbrachte die Kirchenfeste in der Regel an einem Ort, der über einen bedeutenderen Kirchenbau verfügte. Dem einziehenden König wurden während der liturgischen Feier in einem der eigentlichen Krönung vergleichbaren Zeremoniell die Insignien überreicht, eine Praxis mit kirchlichrechtlichem Inhalt, die den König symbolisch jeweils von neuem als Herrscher auswies (W. Noack 1959 nach P. E. Schramm 1954). So ausgestattet, konnte sich der Adventus des Königs in seiner Kirche und die »Erscheinung« auf der Empore vollziehen.

Zur Vervollständigung dieses Vorgangs gehörte eine Einzugsprozession, die ihren Ausgang von einer zweiten, zur Hauptkirche meist in peripherer Lage befindlichen Kirche nahm. In Mühlhausen könnte man eine solche in der Johanniskirche erkennen, die an der Nordseite des Blobach (Johannisstraße) stand und 1571 abgebrochen wurde. (Auch in Speyer wird eine Kirche St. Johannis Baptistae für diesen Zusammenhang in Anspruch genommen.) Das genaue Alter der Johanniskirche ist nicht bekannt. Als Vorstadtkirche wurde sie im 14. Jahrhundert von der Petrikirche abgelöst. Ihre Stellung auf der höchsten Erhebung des Geländes ist schon im Hinblick auf Funktionen im feudalen Repräsentationsgebrauch gedeutet worden (R. Aulepp 1980).

An dieser Kirche, die 1342 als »capella sancti Johannis extra muros« bezeichnet und zwischen 1343 und 1357 neu gebaut wurde, befand sich als Vorhalle oder als selbständiger Anbau die Jodocuskapelle, ein hölzernes Gebäude unter steilem Satteldach, das, weit vorkragend, einen baldachinartigen Spitzbogen über dem Eingang, gebildet aus der sich im Inneren fortsetzenden Tonnenwölbung, überfing. Winfried Korf (1986) verweist auf eine gewisse Ähnlichkeit mit der Vorhalle am Goslarer Dom, die im 12. Jahrhundert der »capella regia« in der Pfalz Heinrichs III. auf der Nordseite angefügt und auf die Verbindungsstraße zur Stadt hin ausgerichtet worden war, so daß man versucht ist, in dieser Jodocuskapelle, die nur bildlich überliefert ist, den Nachklang einer Baulichkeit zu erblicken, die in Zusammenhang mit der oben vermuteten ursprünglichen Funktion der Johanniskirche stand. Später waren die Johanniskirche und die Kapelle des 1207 gegründeten Antoniusspitals die einzigen Kirchen, die in Mühlhausen dem Rat unterstanden.

Unter staufischer Herrschaft erhielt die Stadt in der zweiten Hälfte des 12. Jahrhunderts ihre erste steinerne Befestigung, und der städtebaulich großartige Bewegungszug der vermuteten Triumphstraße wurde dadurch zerschnitten. Das Frauentor bewahrte die
Achse, bis die schließliche Bebauung des zunächst ver- 1
bliebenen freien Platzes zwischen Frauentor und Ma-

Die Pfalzstadt mit
der Marienkirche

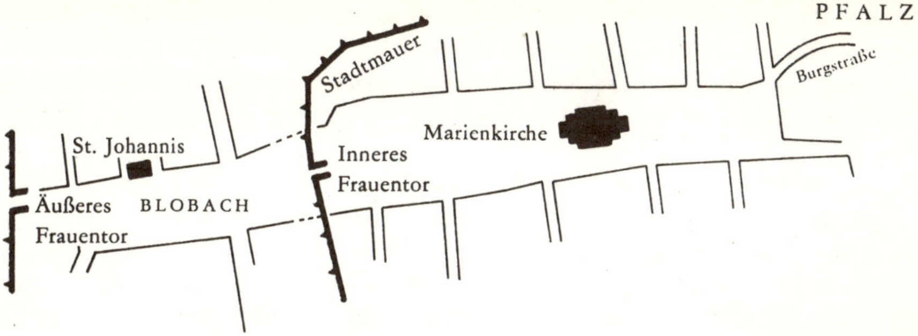

rienkirche diesen Weg gänzlich entwertete. Als das im 13. Jahrhundert geschah, hatte sich die Rolle des Königs als Stadtherr bereits geändert: Mühlhausen war keine Pfalzstadt mehr, sondern ein bürgerliches Gemeinwesen.

DER ROMANISCHE VORGÄNGERBAU DER MARIENKIRCHE Schon für das Jahr 1024 wird berichtet, daß aus Anlaß des Aufenthaltes Kaiser Heinrichs II. zahlreiche Vertreter des geistlichen und weltlichen Adels anwesend waren (G. Beyreuther 1986), und für 1069 ist eine offenbar nicht unwichtige Reichsversammlung in Mühlhausen überliefert. Heinrich IV., als regierender König erst seit vier Jahren im Besitz seiner Handlungsfreiheit und bemüht, das unter der bischöflichen Regentschaft Annos von Köln und Adalberts von Bremen entfremdete Krongut zurückzugewinnen, hatte sie einberufen. Auf der Tagesordnung stand die Schlichtung eines Streits zwischen dem Erzbischof von Mainz und dem Abt von Fulda um den Zehnten in Thüringen; der ausgehandelte Vergleich wurde jedoch von den Betroffenen abgelehnt und die Zahlung des Zehnten verweigert. Die folgenden Jahre waren gekennzeichnet von den Auseinandersetzungen des Königs mit Sachsen und Thüringern um den Ausbau eines Hausmachtterritoriums im Umland des Harzes. Gegen die alten reichsherrschaftlichen Gebiete um die Pfalzorte richteten sich die Angriffe der Adelsfronde, die sich im begonnenen Aufbau eigener Territorien gestört sah. Otto von Northeim und 1080 auch der Gegenkönig Rudolf von Schwaben – Führer der Fürstenopposition gegen den seinerzeit gerade in Canossa vom Bann befreiten Heinrich IV. – bedrängten damals das Mühlhäuser Gebiet.

Trotz so unsicherer Lage möchte man für die Fürstenversammlung von 1069 und die vermutlich häufigere Anwesenheit des Königs in Mühlhausen einen angemessenen architektonischen Rahmen vermuten. Die räumlich nicht sehr ausgedehnte Pfalz mag zwar für den ziehenden Herrscher und sein Gefolge Platz geboten haben, für eine Zusammenkunft der Fürsten des Reichs aber dürfte sie kaum ausgereicht haben; man stellt sich deshalb das Lager in der Ministerialensiedlung auf dem Bergrücken vor. Daß dort auch bereits im 11. Jahrhundert ein Vorgängerbau der Marienkirche gestanden hat, haben erst Ausgrabungen nachgewiesen, die 1977 bis 1980 bei der letzten Restaurierung der Kirche und ihrer Einrichtung zur »Thomas-Müntzer-Gedenkstätte-Marienkirche« durchgeführt wurden.

Über diese Ausgrabungen ist zusammenfassend in einem Ausstellungskatalog (Denkmalpflege in Thüringen 1979) zu lesen: »Es lassen sich zwei dreischiffige Vorgängerbauten, Basiliken mit Ostquerhaus und zwei Westtürmen unterscheiden ... Der früheste kleinere Bau mit drei Parallelapsiden unmittelbar am Querhaus gehört auf jeden Fall dem 12. Jahrhundert an, doch dürfte er aufgrund seiner Besonderheiten in der Grundrißdisposition, seiner unterteilten Querhausarme und Altar-Grab-Anlage in der Hauptapsis auf frühmittelalterliche Zeit zurückgehen.« Und aus dem bis jetzt allein vorliegenden situativen Report des Ausgräbers Udo Sareik sei hinzugefügt: »Die (drei) Schiffe hatten eine lichte Länge von 24,55 m und insgesamt eine Breite von ca. 19,70 m. Die Breite (Tiefe) des

Querschiffes betrug 8,15 m. Es war ca. 28,90 m lang. Der Innenradius der leicht gestelzten Mittelapsis kann mit rund 3,40 m rekonstruiert werden. Rechnet man die Türme hinzu, so betrug die Gesamtlänge etwa 44,0 m.«

Die Dimensionen des nun als Bau I der Marienkirche bezeichneten Gebäudes waren also nicht unbeträchtlich. Jedoch entspricht die zu erschließende Gestalt nicht ganz dem, was man in unserer Kunstlandschaft bei der vermuteten Entstehungszeit im 11. oder 12. Jahrhundert erwartet. Auffallend sind vor allem das weit ausladende Querschiff, das sich mit der Ausdehnung seiner Querarme in keiner Weise an das Maß der Vierung gebunden zeigt, und die drei unmittelbar anschließenden Apsiden, die mittlere ohne Vorjoch oder gar -quadrat, die beiden seitlichen in der Achse der Seitenschiffe, also im ganzen keine kreuzförmige Anlage niedersächsisch-harzländischer Prägung, sondern eine fremde Form, die durchaus Vergleichbares im »alemannischen Bereich« (G. Günther/W. Korf 1986), im südwestdeutsch-oberrheinischen Gebiet, hat, wo die Stammlande der Salier lagen. Solche Feststellung, zusammen mit der einer salischen Triumphwegeachse, würde eine Datierung des ersten Großbaus der Mühlhäuser Marienkirche in etwa die Mitte des 11. Jahrhunderts unterstützen und auch den König als Bauherrn bestätigen. Denn nur er kommt als Urheber eines ersten Kirchbaus in diesem Maßstab und in dieser Lage in Frage, und daher rührt auch die Bestimmung ihrer Funktion. Möglicherweise hat sich in der Überlieferung einer Domgründung durch Otto I., die allerdings nur in der Thomasschen Chronik aus dem Jahre 1728 bezeugt ist, eine Erinnerung an jene einst so hohe Bedeutung der Marienkirche bewahrt.

Das ausladende Querhaus des Erstbaues wäre ein sehr altertümliches Element, wenn es in seiner Nord-Süd-Erstreckung nicht von Bögen, auch nicht von solchen einer »ausgeschiedenen« Vierung unterteilt gewesen ist. Die im Querschiff aufgedeckten Spannfundamente in den Achsen der Mittelschiffsstützen und der Seitenschiffswände aber könnten – vorausgesetzt, sie gehören zur Fundamentierung des Erstbaues – sogar auf eine mehrfache Bogenunterteilung schließen lassen, eine Unterteilung, die im Querschiff des hochgotischen Baues interessanterweise (wieder?) auftaucht. Und noch etwas scheint an der hochgoti-

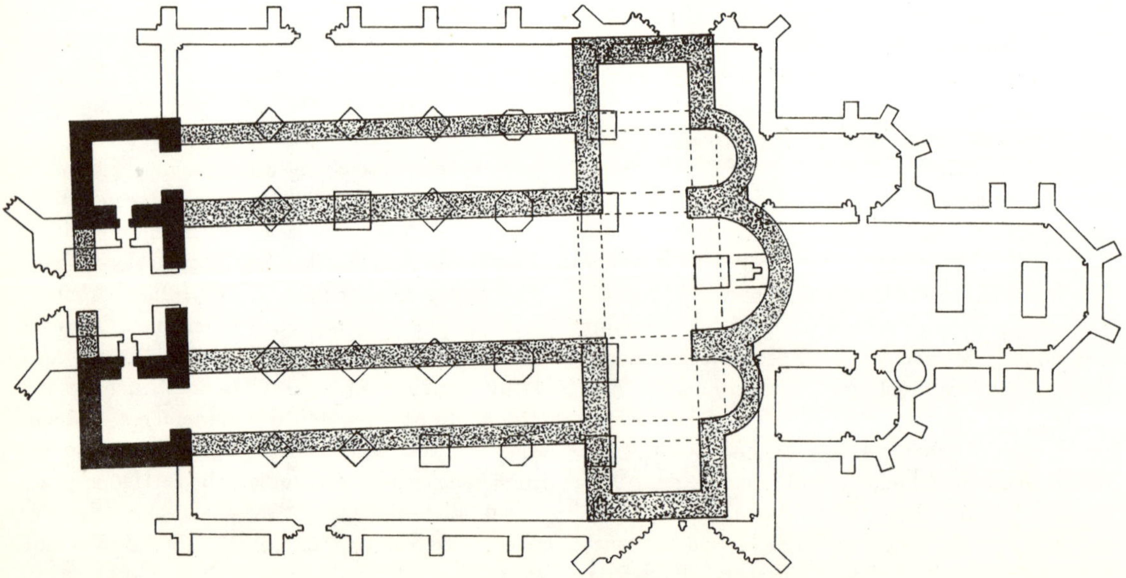

Marienkirche, Grundrißrekonstruktion des romanischen Vorgängerbaues (Bau I)

schen Marienkirche wiederholt, der dreiapsidiale Ostschluß, im 14. Jahrhundert polygonal gebrochen sowie durch Vorjoche hinausgerückt und gestaffelt, aber in der Grundform eine Intention des Erstbaues beibehaltend. Der Verzicht auf ein Hinausrücken der Apsidenreihe nach Osten, wodurch ein dreischiffiges Presbyterium, ein Chor mit Seitenschiffen – wie bei den »Hirsauer« Klosterkirchen der reformierten Benediktinermönche –, entstanden wäre, macht Bau I von St. Marien in Mühlhausen einmal mehr zu einer königlichen Kirche. Und sollten die das Querschiff unterteilenden Bögen zusammen mit den anschließenden Apsiden die Substruktion für eine Turmanlage abgegeben haben – wofür Anhaltspunkte jedoch fehlen –, dann ergäbe sich mit dem an der Westseite vorauszusetzenden Turmwerk ein wahrhaft majestätisches Architekturbild auf der beherrschenden Anhöhe. Doch kann solche Vermutung nicht anders als im Konjunktiv mit aller gebotenen Vorsicht geäußert werden.

Was die Innengestalt des Erstbaues anbetrifft, wird man wohl von Pfeilern oder Säulen (im Wechsel?) als Arkadenstützen des Mittelschiffs, von Bögen zwischen Langhaus und Querschiff (und solchen im Querschiff bei richtiger Interpretation der ergrabenen Spannfundamente), von Halbkuppelwölbungen in den Apsiden, aber von flachen Decken in den Schiffen, ausgehen können. Unter dem Bogen der Hauptapsis ist der Fundamentblock eines Altares (?), dahinter eine Bestattung freigelegt worden.

Die altertümlichen Merkmale des Bauwerks und die geschichtlichen Umstände sprechen mehr für eine Entstehung vor 1069, Kennzeichen, die eine Entstehung erst im 12. Jahrhundert (wie oben zitiert) notwendig machten, gibt es nicht. Allerdings ist das westliche Turmwerk im 12. Jahrhundert erneuert oder gänzlich
11 neu gebaut worden. Der spätromanische Nordturm von St. Marien, der älteste Bauteil der Kirche und wohl auch das älteste in Gänze erhaltene Bauwerk der Stadt, gehört – von der Auswechselung des Steinmaterials und den Veränderungen im Inneren 1884/91 abgesehen –, dieser späteren Phase an. Vielleicht ist er entstanden nach einer durchaus möglichen Beschädigung der Kirche beim Angriff Heinrichs des Löwen auf die dem feindlichen Stauferkaiser Friedrich I. Barbarossa gehörende Stadt im Jahre 1180. Doch kann auch eine wegen zu flacher Gründung im anstehenden Keupergestein aufgetretene Baufälligkeit als Grund für die Erneuerung nicht ausgeschlossen werden.

DER MARKTORT UND DIE PFARRKIRCHE DIVI BLASII ❧ Zu dieser Zeit ging die Ansammlung von Siedlungen um den einstigen Königshof und die nunmehrige Pfalzburg einer gestalterischen – und wohl auch rechtlichen – Konsolidierung entgegen. Ein Mauerring wurde gebaut, der ein eigentliches Stadtgebiet umschloß und Vorstädte ausgrenzte. Die Stadtmauer umfaßte die beiden sich inzwischen beständiger herausgebildeten jüngeren Siedlungsteile, die salische Pfalzstadt auf dem Höhenrücken, bis heute Oberstadt genannt, und die südlich, jenseits der Schwemmnotte entstandene Marktstadt, für die bis heute die Bezeichnung Unterstadt in Gebrauch ist. Der Untermarkt, wohl einer der jüngsten unter den im Siedlungsgebiet verstreuten Handelsplätzen, wird vermutlich ebenfalls im 11. Jahrhundert seine dominante Bedeutung erlangt haben, als sich die Pfalzsiedlung repräsentativ formierte. Vielleicht war die Marktsiedlung schon ein Gemeinwesen, auf das sich Heinrich IV. stützen konnte, als er gegen die partikularistischen Feudalgewalten den Ausbau eines Reichsterritoriums versuchte.

Der Untermarkt, für den auch die Bezeichnung Niedermarkt bezeugt ist, hat sich, wie schon bemerkt, aus der Kreuzung zweier diagonal verlaufender und sich gabelnder Wege (Felchtaer, Görmar- und Erfurter Straße) entwickelt, steht also als Typ zwischen Straßen- und Platzmarkt (R. Aulepp 1980). Auf dem östlichen Teil ist aus spätmittelalterlicher Zeit die »Neue Laube« überliefert, in der man einen Nachfahren des Rathauses dieses Stadtteils erblickt, sowie eine Bebauung mit Fleisch- und Brotbänken. Auf dem westlichen Teil, auf der höchsten Erhebung des Geländes, fand die Pfarrkirche der Marktstadt ihren Platz. Das Patrozinium Divi Blasii wird bereits mit den späteren Hauptgewerben der Stadt, mit den Tuchmachern und Wollwebern, in Zusammenhang gesehen (G. Günther 1975), zu deren Patronen der heilige Blasius zählte. Über die Gestalt der ersten Blasiuskirche ist nichts bekannt. Es müßte sich aber wohl um eine dreischiffige Basilika gehandelt haben.

Konsolidierung Die Stadt des Königs

DIE STADTMAUER ❧ Befestigungen aus steinernen Mauern mit Türmen und Toren machten Siedlungen im Mittelalter erst eigentlich zur Stadt, nicht nur durch die nun so deutliche Abgrenzung vom umliegenden Land und durch den damit gewährleisteten militärischen Schutz, sondern auch durch das beeindrukkende Bild, das dem einer umwehrten vieltürmigen Burg glich. Mauer und Tor waren auch die Symbole des rechtlichen Status, durch den sich die Stadt mit ihren Einwohnern, den Bürgern, vom Land, vom Dorf zu unterscheiden begann. Die Städte ließen sich das etwas kosten. Anfangs mag der feudale Stadtherr, der ja die Erlaubnis zum Mauerbau erteilte, finanziell beteiligt gewesen sein, auch, weil es zunächst in seinem Interesse lag, seine Stadt geschützt zu wissen. Später, als sich die Städte gegen die Feudalen zu wehren hatten, waren die Kosten für den Unterhalt der Befestigungen der größte Posten im städtischen Budget (H. Boockmann 1986). Der höchste städtische Finanzbeamte konnte die Amtsbezeichnung eines Befestigungsbaumeisters führen. In Mühlhausen gab es magistri muri seit 1251 (H. Patze 1968).

Das Stadtsiegel – auch das SIGILLUM MULEHUSENSIS – zeigte schon zu Beginn des 13. Jahrhunderts die gewonnene Autonomie des Gemeinwesens unter dem Zeichen von Tor und Türmen. Darüber ist auf dem Mühlhäuser Siegel ein thronender Herrscher mit Krone, Zepter und Reichsapfel zu sehen: Es ist der deutsche König, seit den Anfängen der Herr des Siedlungsgebietes, der nun zum Stadtherrn geworden war. Die entstandene Kommune hatte das Recht zum Bau einer steinernen Mauer vom König erhalten, und es hat sogar den Anschein, als sei er, der Pfalzherr, überhaupt der Initiator des Mauerbaues gewesen, um dadurch Mühlhausen zur CIVITAS IMPERII, zur Stadt des Reiches, zu machen, wie es das Siegel aussagt. Als solche ist Mühlhausen dann in die Auseinandersetzungen um die Reichsherrschaft zwischen Staufern und Welfen in der Zeit um 1180, zwischen Kaiser Friedrich Barbarossa und Herzog Heinrich dem Löwen, geraten.

Dieser Konflikt hatte seinen Ausgang genommen von der Königswahl des Sachsenherzogs Lothar von Supplinburg zuungunsten des staufischen Prätendenten, des Herzogs Friedrich von Schwaben, der als Neffe des im Mai 1125 kinderlos gestorbenen Saliers Heinrich V. mit Recht den Thron erhofft hatte. Friedrichs jüngerer Bruder Konrad ließ sich deshalb 1127 zum Gegenkönig erheben und nahm die Fehde mit Lothar auf. Seine Unternehmungen schlugen jedoch fehl, und er mußte sich Lothar unterwerfen, was 1135 in dem damals villa regia genannten Mühlhausen geschah. Man vermutet für diese Zeit bereits eine Befestigung der für die Reichsgeschichte offenbar nicht unbedeutenden Pfalzstadt, noch keine steinerne, wohl aber einen Wall mit einem Graben (G. Günther 1975).

Nach Lothars Tod 1138 kamen dann mit Konrad III. die Staufer zur Macht, und die Zwistigkeiten mit den welfischen Herzögen Heinrich dem Stolzen und dessen Bruder Welf VI. lebten wieder auf mit fortwährendem Entzug und Wiedergewinn der Lehen in Bayern

Stadtsiegel aus dem Anfang des 13. Jahrhunderts

und Sachsen. 1142 erhielt Heinrichs des Stolzen Sohn, eben Heinrich der Löwe, die Anerkennung als Herzog von Sachsen gegen den Bewerber aus dem Geschlecht der Askanier, gegen Albrecht den Bären, der seitdem auf Dauer mit der Nordmark belehnt blieb und durch das Erbe des Hevellerfürsten Pribislaw zum Markgrafen von Brandenburg wurde. Heinrich der Löwe machte weiterhin Ansprüche auf Bayern geltend; diese wurden ihm von Konrads III. Neffen, Friedrich I. von Hohenstaufen, der 1152 zum König gewählt worden war und von dem man aufgrund seiner »Verwandtschaft mit beiden Geschlechtern« einen Ausgleich zwischen den streitenden Parteien erhoffte – so die Anmerkung des Chronisten, des Bischofs Otto von Freising –, 1155 auch zugestanden.

In Sachsen führte Heinrich eine erfolgreiche, das Territorium festigende Politik; die Erhebung Braunschweigs zur Stadt 1166 und der Ausbau als Residenz mit der pfalzartigen Burg Dankwarderode und dem Domstift St. Blasius und Johannis Baptistae sind ein Ausdruck davon. Gegner erwuchsen dem jungen Herzog dabei mehr in den benachbarten weltlichen und geistlichen Fürsten und weniger in dem inzwischen zum Kaiser gekrönten Friedrich I. mit dem Beinamen Barbarossa, der ihn im Gegenteil bei seinem Landesausbau unterstützte. Erst als Heinrich der Löwe 1176 der Bitte seines kaiserlichen Vetters um militärische Hilfe in Oberitalien nur um den Preis der Abtretung der Pfalz- und Reichsstadt Goslar nachkommen wollte, kam es erneut zum Zerwürfnis. Und als Heinrich 1178 wegen des welfischen Erbes in Rechtsschwierigkeiten geriet und von einer Fürstenopposition vor der Reichsversammlung angeklagt wurde, verweigerte der Kaiser die Vermittlung: Der Sachsenherzog wurde durch fürstlichen Rechtsspruch geächtet und der Reichslehen für verlustig erklärt. 1180 nahm Heinrich den Krieg gegen Kaiser und Reich auf.

Der Löwe richtete seine Angriffe gegen die staufertreuen Bistümer Halberstadt und Magdeburg, im

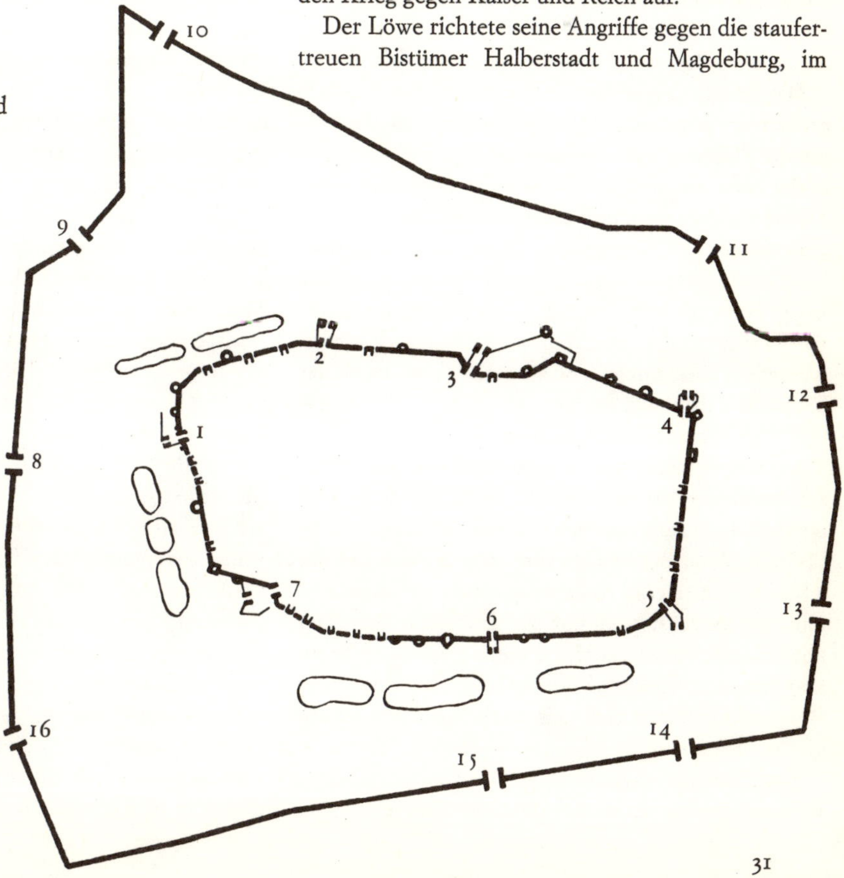

Grundrisse der inneren und der äußeren Stadtmauer

Innerer Ring (1–7):
1 Inneres Frauentor
2 Pfortentor
3 Burgtor
4 Inneres Görmartor
5 Inneres Erfurter Tor
6 Inneres Neupfortentor
7 Inneres Felchtaer Tor

Äußerer Ring (8–16):
8 Äußeres Frauentor
9 Kaiser- oder Altes Blobachtor
10 Ammertor
11 Wagenstedter oder Äußeres Görmartor
12 Klingentor
13 Bollstedter Tor
14 Äußeres Erfurter Tor
15 Äußeres Neupfortentor
16 Äußeres Felchtaer Tor

Bündnis mit den Pommern gegen die Markgrafen von Brandenburg und Meißen und gegen die Reichsstädte um den Harz, gegen Goslar vor allem, auch gegen Nordhausen und Mühlhausen, um hier die kaiserlichen Territorien zu treffen, deren Stabilisierung und Ausdehnung bis in das Pleißenland mit dem Zentrum in Altenburg Friedrich Barbarossa anstrebte.

Vermutlich ist im Zuge dieser Bemühungen der Reichsgewalt zur Schaffung eines geschlossenen und ausgedehnteren zentralen Reichslandes die gestalterische und rechtliche Konsolidierung Mühlhausens erfolgt, als deren deutlichster Sachzeuge bis heute die Stadtmauer in etwa 2,7 km Länge mit sechs Türmen, fünf Turmstümpfen und einer Toranlage fast vollständig erhalten ist, dazu noch Reste von Wall und Graben am westlichen und nordwestlichen Rande der alten Stadt, am Schieß- und am Hohen Graben. Es handelt sich bei ihrer ersten Errichtung um nur eine Mauer: Sie wurde zum inneren Ring, als im 14. Jahrhundert eine zweite, äußere Mauer auch um die zunächst außerhalb belassenen Vorstädte gelegt wurde.

Die Anlage der inneren Mauer im 12. Jahrhundert grenzte aus dem weitläufigen Siedlungsgebiet, das sich um die Pfalz und die verschiedenen Handelsplätze gebildet hatte, ein zentrales Terrain von etwa 50 Hektar Fläche auf dem Grundriß eines in West-Ost-Richtung gestreckten Rechteckes aus. Dieses so geschaffene Stadtgebiet konnte nunmehr – so hat es auf jeden Fall in der Neustadt oder Oberstadt den Anschein – unter Berücksichtigung älterer Wegeverläufe und schon vorhandener Aufsiedlung planmäßig mit Wohnquartieren bebaut und damit die Stadt zu der ihr eigenen architektonischen Gestalt geführt werden.

Die innere Stadtmauer weist eine Stärke von 1,70 bis 1,80 und eine durchschnittliche Höhe von sechs Metern auf. Eine Aufmauerung von geringerer, etwa 0,80 bis 0,90 Meter Stärke und von ursprünglich 2,50 bis 3 Meter Höhe an der Außenseite diente als Brustwehr und war zunächst wohl nur mit Zinnen, später dann mit Schießscharten versehen; hiervon sind nur Reste überkommen. Hölzerne Wehrgänge, die hinter der Brustwehr verliefen und meist auch überdacht waren, gibt es nicht mehr.

Das Baumaterial ist der um Mühlhausen anstehende Kalktuff (pleistozäner und holozäner Travertin) bei unterschiedlicher Bauausführung. Das sorgfältig und regelmäßig geschnittene Quaderwerk mit abgetrepptem Sockel gilt als das älteste (R. Aulepp 1976), es findet sich vor allem in dem Mauerzug am Lindenbühl (heute Leninstraße) und dürfte noch dem 12. Jahrhundert angehören.

Die Türme sind halbrund, rechteckig und polygonal 2–4
ausgebildet; dabei treten die halbrunden und polygonalen über die Mauer nach außen vor, was vermutlich eine effektivere Verteidigung ermöglichte als bei den rechteckigen Türmen, die mit den Außenwänden auf der Mauer aufsitzen und mit ihr fluchten. Die meisten Türme waren als Schalentürme gebaut und zur Stadt hin offen. Die hölzernen Verteidigungsplattformen waren so über angestellte Leitern leicht und schnell zu besteigen. Geringere Baukosten dürften nur sekundär von Bedeutung, aber nicht Ursache für diese Bauart gewesen sein. Im übrigen aber war der ständige Ausbau der Mauer mit Türmen und Toren und vor allem ihre fortwährende Erneuerung die – wie schon erwähnt – kostenaufwendigste Bauaufgabe einer mittelalterlichen Stadt, und das wohl nicht ausschließlich aus Gründen des militärischen Schutzes, sondern auch wegen des repräsentativen Aussehens. Die Mühlhäuser Mauer wurde bis in das 15. und 16. Jahrhundert hinein mit Türmen bereichert, die Tore wurden zu Doppeltoren mit Zwingern erweitert, die Wälle erhöht und die Gräben durch Teichanlagen ergänzt. Mühlhausen bot am Ende des Mittelalters eine turmreiche Silhouette dar. Man zählte an beiden Mauerringen insgesamt über 60 Türme, die zusammen mit den vielen Kirchtürmen das imponierende Bild einer wehrhaften und auch schutzverheißenden Stadt abgaben.

Von den ursprünglich sieben Toren der inneren Mauer hat sich nur das Frauentor erhalten, allerdings als Neubau von 1655. Alle anderen, das Pforten-, das Burg-, das Görmar-, das Erfurter, das Neupforten- und das Felchtaer Tor, fielen im vorigen Jahrhundert einer Aversion gegen die als unansehnlich empfundenen Relikte der Vergangenheit zum Opfer, wichen als Hindernisse des Fortschritts. Als solche wurden damals Stadtmauern deklariert, weil sie Licht und Luft von den Städten fernhalten und deren Ausdehnung behindern würden. Doch waren die Verluste ob dieses Vorurteils in Mühlhausen gering, bis auf die Tore: auch von den elf Toren der äußeren Mauer blieb nur das »äußere« Frauentor bewahrt.

Schon im 18. Jahrhundert kam es zu zivilen Adaptionen der Befestigungsanlagen durch das Aufsetzen von Gartenhäusern auf die Mauertürme, eine Praxis, die auch im 19. Jahrhundert, vornehmlich in der Biedermeierzeit, beliebt blieb. Heute sind sie wie die Mauer im ganzen Schwerpunkt denkmalpflegerischer Erhaltungsbemühungen und musealer Nutzung.

DIE »GEPLANTE« STADT ❧ Die steinerne Ummauerung des Stadtgebietes von Mühlhausen ist – allgemeingeschichtlich gesehen – Ausdruck eines Prozesses, der seit dem 11. Jahrhundert Westeuropa erfaßt hatte und zu dessen wesentlichen Kennzeichen aufgrund sozialökonomischer Veränderungen die Stadtbildung zählte. Man erkennt ihn architekturgeschichtlich im Auftreten auch außersakraler Steinbauten und an der Gesamtbefestigung von bislang nur locker einander zugeordneten Teilen einer Siedlungsballung. Dies setzte die Entwicklung von Fernhandels- und von lokalgebundenen Marktrechten ebenso wie die Organisation eines geregelten Marktbetriebes, außerdem die Produktion von handelsfähigen Gütern in ausreichender Menge für diese Märkte voraus. Man darf annehmen, daß sich dadurch bei den handel- und gewerbetreibenden Bewohnern ein Bewußtsein gemeinsamer Interessen und bestimmter Ortszugehörigkeit ausbildete. So entstanden nach Eigenständigkeit strebende Gemeinwesen, die sich ökonomisch, rechtlich, auch geistig, vom Umland abgrenzten und in einer Weise unterschieden, wie dies für die bisher gültig gewesene Ordnung der Feudalgesellschaft neu war. Die auf neuer ökonomischer und daraus resultierender sozialer Basis sich gründende Autonomie der Städte, die neue Lebensgewohnheiten und Kommunikationsweisen hervorbrachte, stellte ein neues Element im Gesellschafts- und Herrschaftsgefüge dar. »Bürgerlich-städtische Autonomie beinhaltete eine bedingte politische Emanzipation der Bürgerstädte und Städtebürger, ausgedrückt in der Rechtspersönlichkeit und Standeseigenschaft der Bürgerstadt, der Bürgergemeinde, der Ratsverfassung, der eigenen Befestigung und Bewaffnung, der Selbstverwaltung, dem Stadtrecht, dem eigenen Standesrecht und Rechtsstand der Vollbürger, dem Tatbestand, daß die Stadt bzw. der Rat selbst politischer und militärischer Machtträger im Feudalstaat war.« (E. Müller-Mertens 1981)

Die Gewährung der Ummauerung war ein diesen Status wesentlich förderndes und festigendes Privileg. Bei einer Datierung in die zweite Hälfte des 12. Jahrhunderts erfolgte sie in Mühlhausen relativ spät. Dafür umfaßte sie ein relativ großes Bebauungsgebiet. Es kam – mit Ausnahme der Einverleibung des Terrains der Pfalzburg nach deren Zerstörung durch die Bürger – zu keiner späteren Erweiterung in die allerdings seit dem 14. Jahrhundert selbst ummauerten Vorstädte hinein. Die Mauer schloß die in der Schwemmnotte-Niederung gelegene Marktsiedlung um Divi Blasii und die Marienstadt auf dem Höhenrücken zusammen als zwei über lange Zeit in der Verwaltung gleichberechtigt behandelte Stadtteile, die als Altstadt und Neustadt (erstmals 1220/21) unterschieden wurden und bis heute im Sprachgebrauch als Unterstadt und Oberstadt weiterleben. Diese Trennung der beiden Stadtteile hat möglicherweise in einer früheren Schicht der Stadtentwicklung ihre Ursache, in der unterschiedlichen und auf Absonderung bedachten Siedelform der Marktgemeinden, auch in Mühlhausen in der dafür charakteristischen Tieflage (K. Junghans 1959) als Kennzeichen der Entfaltung von Warenwirtschaft innerhalb eines noch von frühfeudaler Naturalwirtschaft geprägten sozialen Umfeldes.

Überliefert ist auch eine (weitaus spätere?) Einteilung der Gesamtstadt in vier Viertel, die folgendermaßen benannt waren (G. Sommer 1881): das Bliedenviertel im Nordwesten nach den Blieden, Wurfmaschinen für den Verteidigungsfall, die im Bliedenhof beim Antoniusspital aufbewahrt wurden, das Hauptmannsviertel im Nordosten, wo der Stadthauptmann seinen Hof (Hauptmannstraße) hatte, das Jakobsviertel im Südwesten nach der Jakobikirche, und das Neulaubenviertel im Südosten nach der »Neuen Laube«, die auf der westlichen Hälfte des Untermarktes stand und auch als Tuchlaube bekannt war; ihr Vorgänger wurde 1304 als Lobeum inferius, als Niedere oder Untere Laube, erwähnt. Von 1611 bis 1802 beherbergte sie die Stadtwaage, dann diente sie als Hauptwache, bis sie 1875 platzschaffendem Abriß geopfert wurde.

Die gemeinsame Ummauerung von Alt- und Neustadt beweist die Ausdehnung der neuen Wirtschaftsform auf die ministeriale Feudalsiedlung und zeigt das allmähliche Erlöschen von deren in der Herrschaftsrepräsentation wurzelnden Strukturen und Funktionen an. Die Anlage der Mauer auf dem Grundriß eines bemerkenswert regelmäßigen Rechtecks läßt auf einen planmäßigen städtebaulichen Vorgang schließen. Die Zerteilung von älteren Siedlungseinheiten mit eigenem Straßennetz wie das Jakobi-Nikolai-Viertel wurde dabei in Kauf genommen, war möglicherweise aber gerade hier durch für die Verteidigung günstige Geländebedingungen verursacht. Zur planmäßigen Anlage gehörte die Neuordnung der Quartiereinteilung und der Straßenführung. Erhalten blieben innerhalb des Mauerringes die parallelen Zweige des Hessenweges in West-Ost-Richtung (Steinweg, Felchtaer, Erfurter und Görmarstraße) und eine Süd-Nord-Tangente im Osten (Kilianistraße) sowie die schon vorhandenen Platzbildungen bei der Blasiuskirche und bei der Marienkirche.

Während sich in der Altstadt ein relativ unregelmäßiges Netz von unterschiedlich breiten und nur zum Teil geradlinig geführten Straßen abzeichnet, offensichtlich ältere Siedlungsstrukturen in stärkerem Maße widerspiegelnd, weist die Neustadt ein auffällig regelmäßiges Raster rechtwinklig zueinander geführter Straßen auf. Hier scheint eine planmäßige Neuformung in Zusammenhang mit dem Mauerbau vorzuliegen, allerdings ausgehend von dem zunächst beibehaltenen langgestreckten platzartig weiten Triumphweg mit der Marienkirche. Naheliegend, aber nicht beweisbar, ist der Schluß, daß Anlage und Aufbau der Neustadt nach dem Angriff Heinrichs des Löwen auf Mühlhausen, also in den beiden letzten Jahrzehnten des 12. Jahrhunderts, stattfand, dann gewiß mit Zutun des königlichen Stadtherrn, der die Civitas Imperatoris auch gestalterisch dem Reich gemäß wissen wollte, und, so ist vermutet worden, im 13. Jahrhundert dann unter Mitwirkung des Deutschen Ordens (G. Sommer 1881). Zu diesem Bild paßt der spätromanische Nord- 11
turm der Marienkirche mit seinen vier im Achteck über quadratischem Unterbau aufstrebenden, von gekuppelten Öffnungen in steigender Zahl durchbrochenen Stockwerken und krönender, hinter Dreiecksgiebeln sich erhebender Steinpyramide.

Die Kellerforschung in Mühlhausen hat aber ergeben, daß die Neustadt, die eigentliche Pfalzstadt, schon vor dem Bau der Stadtmauer mit Feudalhöfen der Ministerialen besetzt war, und zwar an den Rändern der festgestellten Triumphstraße von der Burg an bis zum Blobach. Ministerialhöfe sind auch andernorts an ähnlich gestalteten und gleichbedeutenden Straßenanlagen nachgewiesen, so in Würzburg für das 11. Jahrhundert (W. Schich 1977). Die Vermutung, daß die Mühlhäuser Anlage schon im 11. Jahrhundert eine

Plan der Neu- oder Oberstadt

1 Marienkirche
2 Johanniskirche
3 Andreaskirche
4 Allerheiligenkirche
5 Antoniusspital
6 Dominikanerklosterkirche
7 Brückenkloster
8 Franziskanerklosterkirche
9 Jakobikirche
10 Petrikirche

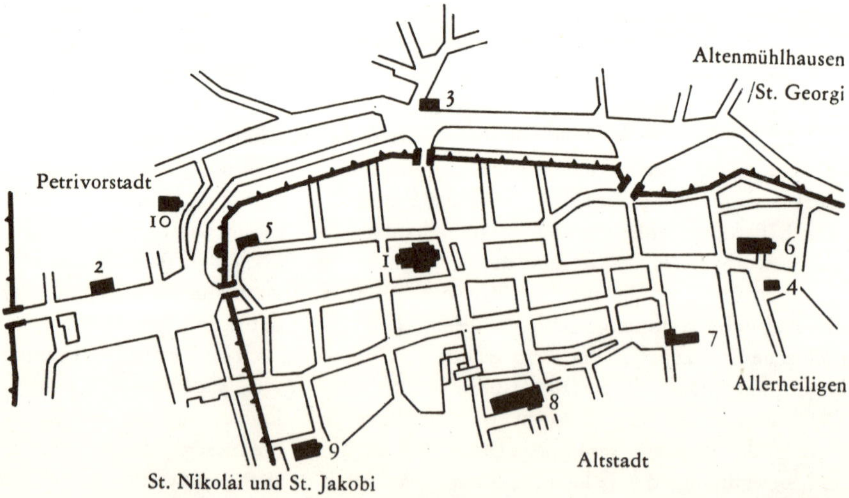

städtebaulich geplante war – Werner Noack hat Ähnliches für die gleichzeitigen Straßen in Augsburg und Speyer, auch in Würzburg, Trier und Goslar postuliert – und die Neustadt ihre Regelmäßigkeit lediglich dem Anschluß an die ältere Bebauungsform verdankt, soweit diese durch die Ummauerung in die innere Stadt zu liegen kam, hat viel für sich (R. Aulepp 1986). Man müßte sogar davon ausgehen, daß die Feudalsiedlungen in gestalterischer Hinsicht überlegen waren; erst nach 1100 wird auch für nichtfeudale Siedlungen ein entsprechendes städtebauliches Empfinden deutlich (K. Junghans 1959).

Die Grundstücke der Ministerialhöfe hatten oft die Größe eines späteren Straßenblocks. Die Keller, selbst schon als Nachfolgebauten anzusehen, markieren meist in Ecklage die alten Großgrundstücke der Feudalsiedlung; die Annahme ursprünglich vorhandener Eigenbefestigungen drängt sich geradezu auf, obwohl sichere Nachweise fehlen. Diese regelmäßigen Großgrundstücke innerhalb des Mauerringes sind später parzelliert und bürgerlich aufgesiedelt worden: Es entstand das Straßenbild der Neustadt.

Durch den Bau der Stadtmauer war die doch wohl ziemlich sicher als salischen Ursprungs anzusprechende langgestreckte Straßenplatzanlage, der königliche Einzugsweg mit dem Ziel in der Marienkirche, zerteilt worden. Die Idee der Via triumphalis mag in der axialen Plazierung der Frauentore – des inneren zunächst wie auch später des äußeren – nachleben, die städtebauliche Wirkung jedoch war verloren. So konnte der freie Platz als Markt genutzt werden, was hier wie andernorts bei gleichen Anlagen – zu nennen wären wieder Augsburg, Speyer und Würzburg – durch entsprechende Benennungen belegt ist, die sich auch nach baulicher Veränderung erhalten haben, Holz(markt)straße, Kohlmarkt, Töpfermarkt. Später wurde der Bereich zwischen dem inneren Frauentor
1 und der westlichen Eingangsseite der Marienkirche aufgeteilt und bebaut. Es handelt sich um frühgotische Parzellen entlang einer beidseitig bebauten Grenzlinie in West-Ost-Richtung. Erneuerungen und Veränderungen ergaben sich nach einem Stadtbrand im Jahre 1244, der bisher jedoch nur um Divi Blasii und im Jakobiviertel lokalisiert werden konnte. Damals neigte sich das königliche Stadtregiment seinem Ende entgegen, aber das Gemeinwesen bewies seine Kraft durch Wiederaufbau und Neubau von nun schon zahlreicheren Steinhäusern und von Kirchen in anspruchsvoller Gestalt.

DIE STADTKIRCHEN ❧ Die meisten der an Zahl nicht wenigen Kirchen Mühlhausens sind als Gründungen älter als ihre heute noch sichtbare Substanz. Diese gehört überwiegend den Jahrhunderten des gotischen Stils an, die das Gesicht der Stadt in ihrer Blütezeit geprägt haben. Barocke Überformungen haben sich vor allem die Vorstadtkirchen gefallen lassen müssen, aber einige von ihnen sind am Ende des 19. Jahrhunderts wieder in eine gotische Gestalt verwandelt worden, oft so geschickt, daß man die neostilige Erneuerung erst auf den zweiten Blick gewahr wird. Bauliche Reste, die auf die weitaus frühere Entstehung der Kirchen hinweisen, auf ihre Existenz, als sich die Siedlungsansammlung noch im Zustand der »offenen« Stadt befand und noch nicht durch die Ummauerung zu einer »geschlossenen« Stadt geworden war (Bezeichnungen nach W. Braunfels 1979), sind gering und meist nur archäologisch nachgewiesen. Am spektakulärsten war in diesem Zusammenhang die Entdeckung der monumentalen Vorgängerbauten der Marienkirche, von denen der erste sich als salischer Großbau des 11. Jahrhunderts herausstellte; ein noch höheres Alter ist nicht zu belegen. Auffallend ist die topographische Zuordnung anderer Kirchen zur Marienkirche, die dadurch von Anfang an als das ausgezeichnet wurde, was sie in ihrer Gestalt bis in die Neuzeit geblieben ist, nämlich die Hauptkirche der Stadt. Zunächst war sie es allerdings nicht im kirchenrechtlichen Sinne: Die Rechte der Mutterkirche im Mühlhäuser Sprengel besaß die Martinskirche in Görmar.

Die so auffällig der Marienkirche zugeordneten Kirchen waren – eine Kreuzform markierend – im Westen die Johanniskirche auf dem Blobach, im Norden die Andreaskirche und im Osten die Allerheiligenkirche. Die Johanniskirche, deren mögliche Funktion im Rahmen des Gebrauchs der königlichen Einzugsstraße schon angesprochen wurde und deren Alter nicht bekannt ist, verschwand im 16. Jahrhundert. Die Andreaskirche in der Niederung nördlich der Pfalzstadt hat zu dieser vermutlich in engerer Beziehung gestanden; sie ist der Vorgänger des Margarethenspitals und dessen 1358 erstmals genannter Kirche. Beide Kirchen, St. Johannis und St. Andreas, verblieben beim Bau der Stadtmauer im 12. Jahrhundert außerhalb des inneren Stadtgebietes. Die Allerheiligenkirche am Untersteinweg, deren Patrozinium ebenfalls auf eine Beziehung zur Burg oder Pfalzsiedlung verweist, ist als gotischer Neubau möglicherweise der versprochene Ersatz für die 1256 zerstörte Burgkapelle; sie wird 1287 als Sühnekirche erstmals erwähnt, dürfte aber zu Recht auf eine ministeriale Eigenkirche oder Hauskapelle am selben Platz zurückgeführt werden können, denn am Untersteinweg lagen die Höfe der auch nach 1256 in der Stadt verbliebenen Reichsministerialen (R. Aulepp 1980).

Auf dem Gelände eines dieser Ministerialenhöfe, der Allerheiligenkirche nördlich gegenüber, fand die Kirche des erst 1289 gegründeten Dominikanerklosters ihren Platz, ein bemerkenswertes Nebeneinander, das im Westen der Oberstadt durch die für den Anfang des 13. Jahrhunderts überlieferte Gründung des Antoniushospitals im Verhältnis zur Johanniskirche eine Entsprechung im »Kirchenkreuz« der Siedlungstopographie hat. Hier scheint tatsächlich ein frühfeudales Anlageschema in die sich zur Bürgerstadt konsolidierende Siedlungsform hineingenommen zu sein.

Nicht mit einbezogen in diese siedlungsgestalterische Komposition mit einer ausgesprochenen Tendenz zur Raumordnung sind die Kirchen der älteren Dienst-, Kaufmanns- und Marktsiedlungen an der östlichen Peripherie, St. Georgi, St. Kiliani und St. Martini, sowie die Kirchen der vorstädtischen Siedlungskerne im Osten der Altstadt, St. Jakobi und St. Nikolai. Letztere dürften wesentlich jünger sein als die erstgenannten, für die karolingisch-ottonischer Ursprung recht sicher gelten kann, doch auch sie sind älter als die Stadtmauer, ja, das Viertel wurde durch deren Errich-
6, 67 tung zerteilt und die Jakobikirche mit der durchaus höhere Bedeutung anzeigenden Gestalt in die so eigentümliche Randlage gebracht. Das Patrozinium St. Nikolai läßt auf eine selbständige (Fern-?)Kaufmanns- und Marktsiedlung frühestens des 11. oder 12. Jahrhunderts schließen. Bleibt die Hauptkirche der Altstadt, die Blasiuskirche, die in dem Maße, in dem der dabei gelegene Markt zum zentralen Handelsplatz avancierte, die Kirchen der Randsiedlungen an Bedeutung und Gestalt übertraf.

So kristallisierte sich im Gefüge der zur Stadt werdenden Siedlung die Dominanz zweier, in ihrer Entstehung jüngerer Hauptkirchen, St. Marien und Divi Blasii, heraus, umgeben von einem Kranz von Kleinkirchen, die ältere Siedlungskerne bezeichnen. Ihre vorrangige Stellung hatten die Marienkirche und die Blasiuskirche bereits, als die Mauerbefestigung städtebaulich Konsolidierung anzeigte, und im Rahmen des sich nun vollziehenden, spürbar planmäßigen Stadtaufbaus erhielten die beiden Kirchen eine neue, repräsentative Gestalt.

DIE TÜRME DER MARIEN- UND DER BLASIUSKIRCHE ❧ Ältestes Zeugnis dieser spätromanischen Bautätigkeit ist der schon mehrfach erwähnte Nordturm an der Westseite der Marienkirche. Heute 11, 12
erscheint er wie sein stilistisch jüngeres Pendant an der Südseite mehr als beigeordneter Bauteil des aufragenden Mittelturmes. Vor dessen neugotischem Ausbau (vollendet 1903) dominierten beide Türme weit mehr und haben vor der spätgotischen Anlage des Zwischenturmes (begonnen 1512) gleich den Türmen der Blasiuskirche als stattliche Zweiturmfassade im Stadtbild gestanden. Ob diese Zweitürmigkeit an die Stelle einer etwaigen Dreitürmigkeit des vorauszusetzenden Westbaus der Kirche des 11. Jahrhunderts getreten ist, die latent erhalten blieb und Grundlage für die Wiederaufnahme des Motivs am Ende des Mittelalters 1
war, sei dahingestellt.

Die Tatsache, daß man sich mit der Aufführung des Südturmes Zeit lassen konnte, läßt darauf schließen, daß ein funktionstüchtiger Westbau vorhanden war, vielleicht mit hoheitsvoller Eingangshalle und besonders ausgebildetem Portal in der Achse des königlichen Einzugsweges? Eine Empore im Inneren kann vorausgesetzt werden. Der Südturm ist mit seinen stilistisch fortgeschritteneren Details, die Kenntnis frühgotischer Kloster- und Kathedralarchitektur erkennen lassend, zeitgleich mit dem Westbau der Blasiuskirche; deren Nordturm ist er schließlich in den oberen Teilen 1895 nachgebildet worden, denn er war seit einer Be-

Blasiuskirche, Westansicht
der Turmfassade im 13. Jahrhundert

schädigung durch Blitzschlag im Jahre 1720 nurmehr Fragment.

Als der Südturm gebaut wurde, war die Marienkirche bereits in ihrer Existenz schriftlich belegt. 1243, so sagt die erste urkundliche Nachricht von ihr aus, ging sie aus königlichem Besitz in den des Deutschen Ordens über. Konrad IV., der seinerzeit nur zum deutschen König gewählte und noch nicht gekrönte jüngere Sohn des Stauferkaisers Friedrich II., vertreten durch den Mainzer Erzbischof, nahm die Übertragung vor. Der Deutsche Orden war damals nicht zum ersten Mal mit einer Mühlhäuser Kirche begabt worden. Schon 1227 hatte ihm der 1220 zum deutschen König gewählte und gekrönte Heinrich (VII.), der älteste Sohn Friedrichs II., die Blasiuskirche geschenkt; auch für diese ist die darüber ausgestellte Urkunde die erste schriftliche Nachricht von ihrer Existenz. Beide Übertragungen scheinen eine Einschränkung der königlichen Hoheit über die Stadt als Gemeinwesen zu signalisieren, lassen aber das Bestreben erkennen, die kirchliche Organisation nicht in die Hände des frühstädtischen Bürgertums fallen zu lassen. Der Hochmeister des Ordens Hermann von Salza war Berater Friedrichs II. bei dessen Städtepolitik in Norddeutschland zugunsten des Königtums gegen städtische Autonomiebestrebungen in den Reichslanden. Vielleicht erklärt sich daraus und nicht aus der wachsenden Selbständigkeit des Gemeinwesens die besondere, eher aristokratische Gestalt der gerade in dieser Zeit neugebauten Türme der Hauptkirchen in Mühlhausen.

II, 40 Das Datum 1227 mit der Errichtung der Türme der Blasiuskirche in Zusammenhang zu bringen liegt nahe, aber allem Anschein nach hat der Deutsche Orden seine Bauaktivitäten erst in den vierziger Jahren des 13. Jahrhunderts aufgenommen, erst, als 1243 auch die Marienkirche in seinen Besitz gelangt war und sich seine Stellung in der Stadt durch Grundschenkungen festigte. Ein Geistlicher des Königs blieb bis nach 1240 bei Divi Blasii ansässig. Die Errichtung des Westbaues der Blasiuskirche und seiner Türme ist also wohl gleichzeitig mit dem Ausbau des Südturmes der Marienkirche erfolgt. Andernfalls würden wir sie einer königlichen Bauaktivität vor 1227 verdanken, deren Datierung aufgrund der zur Anwendung gelangten Formen und Stilzusammenhänge auf Schwierigkeiten stößt.

Rein äußerlich haben die Türme beider Kirchen die gleiche, vom Nordturm der Marienkirche zuerst angegebene Grundgestalt. Achteckig steigen sie über dem rechteckigen Unterbau auf in mehreren Geschossen und werden von Giebeln über jeder Seite abgeschlossen, hinter denen sich eine steinerne achtseitige Pyramide als Turmspitze erhebt. Gleich ist ihre Höhe, gleich ist auch die Anordnung ihrer gekuppelten Öffnungen mit den Doppelbögen auf mittleren und seitlich eingestellten Säulen: fensterlos die unteren Geschosse, in den mittleren je eine Öffnung an den »geraden« Seiten und in den oberen Geschossen sowie in den Giebeln Öffnungen an allen Seiten. Unterschiedlich ist die Zahl ihrer Geschosse – der Nordturm von St. Marien hat vier, der Südturm drei wie der Nordturm von Divi Blasii und deren Südturm schließlich verfügt nur über zwei Stockwerke –, und unterschiedlich sind auch die zur Gliederung angewendeten Formen. Flache Ecklisenen und einfach gekehlte Rundbogenfriese fassen die Wandfelder des Nordturmes der Marienkirche ein, nur flach vortretende, unterkehlte Gesimsschrägen nehmen die Geschoßteilung vor. Die Kanten seiner Helmpyramide sind mit auf Ringkonsolen ansetzenden Rundstäben besetzt. Am Nordturm der Blasiuskirche, der auch für den Süd- 41
turm von St. Marien stehen kann, sind die Kanten der wesentlich stärkeren Ecklisenen von drei gebündelten Rundstäben eingefaßt. Diese Rundstäbe sind frei gearbeitet und nur mittels Schaftringen, sogenannter Wirteln, und mittels der Verkröpfungen der geschoßteilenden Gesimse in das Turmmauerwerk eingebunden (ein großer Teil der Stäbe ist deshalb bereits verloren). Die größeren Rundbögen der Friese sind mit Wulst und Kehle oder einem Rundstab profiliert; über ihnen

---

1 Die Oberstadt mit der Marienkirche, von Westen gesehen

Der Blick geht von der inneren Stadtmauer zwischen Frauentor und Rabenturm über das Wohnquartier, das erst im 13. Jahrhundert auf dem breiten platzartigen Zugangsweg zur Marienkirche angelegt worden ist. Bis heute bilden die Türme und Dachgiebel der Marienkirche die Krone des Stadtbildes von Mühlhausen.

2–4 Türme der inneren Stadtmauer
2 Rabenturm
3 Schalenturm am Lindenbühl
4 Hospitalturm am Hohen Graben

Mühlhausen erhielt seine erste steinerne Befestigung in der zweiten Hälfte des 12. Jahrhunderts. Teile aus dieser Zeit sind am Lindenbühl erhalten. Die Mauer war das Zeichen der Selbständigkeit einer mittelalterlichen Stadt. Sie diente ihrer Verteidigung und bot ein Schutz und Sicherheit verheißendes Bild.

20
HO

5 Blick durch die Linsenstraße auf die Türme der Blasiuskirche
6 Blick durch die Wanfrieder Straße zum Bastmarkt mit Nikolai- und Jakobikirche

In den Gassen und Straßen werden, scheinbar zufällig, aber doch wie bewußt gesetzte Orientierungspunkte, die Kirchtürme der Stadt sichtbar.

7 Blick von Norden über die Dächer der Unterstadt mit der Kornmarkt- und der Blasiuskirche

8 Gerberspeicher »Auf dem Damme« mit der Schwemmnotte, im Hintergrund Chorgiebel und Turm der Kornmarktkirche

9 Holzstraße nach Westen gesehen mit der Kirche des 1209 gegründeten Antoniusspitals

Zwischen der Holzstraße und der südlich zu ihr verlaufenden Parallelstraße, der Herrenstraße, erstreckt sich das Häusergeviert, das im 13. Jahrhundert auf dem bis dahin freien und zeitweilig auch als Markt genutzten Platz westlich vor der Marienkirche errichtet worden ist. Einige der Häuser an der Nordseite der Straße, die aus der Renaissance- und der Barockzeit stammen, enthalten gewölbte Kellerhallen, die noch auf die Zeit der Ministerialenherrschaft zurückgehen.

verläuft ein Deutsches Band. Die Kanten der Helmpyramide sind mit Lisenen eingefaßt, und unter der Spitze befinden sich vier übergiebelte, lilienbekrönte Luken.

42 Die Helmpyramide des Südturmes von Divi Blasii hat gleiche Gestalt, an den Kanten des hier nur zweigeschossig gegliederten Oktogons aber sind die Rundstabbündel zu Profilen geworden, die Schaftringe zu kapitellartigen Knospenkränzen, die Bogenfriese zu Kleeblattblenden auf Konsolen und die Öffnungen zu hohen spitzbogigen Fenstern, zweigeteilt zwar durch den Mittelpfosten, der einen maßwerkartigen Vierpaß trägt, im ganzen aber die Wandfläche auflösend und auf einen Eckpfeiler reduzierend wie am Turm einer gotischen Kathedrale. Hier liegt bereits eine entsprechende Rezeption vor, und es hat nicht an Hinweisen gefehlt, die den Blattbesatz der Randkehle des Südwestfensters mit ähnlichen Formen an Türmen der Dome in Bamberg und Naumburg, auch an denen der Kathedrale von Laon in Verbindung bringen wollten (G. Dehio 1924 nach E. Kettner 1911/12). Vielleicht kann man auch an die Türme von Notre-Dame in Paris denken, dann ergäbe sich die Möglichkeit, das Geschoß des Südturmes der Blasiuskirche in Zusammenhang mit deren Querschiffnordfassade und ihrer Maßwerkrose zu datieren (vgl. S. 102).

So bieten die vier beschriebenen Türme eine stil- und gestaltungsgeschichtliche Entwicklungsreihe par excellence: am Anfang die flächige Gliederung der Wandfelder eines additiv aus übereinandergeschichteten Teilen zusammengefügten stereometrischen Körpers, gefolgt von einer mit freiplastischen Elementen arbeitenden Dekoration zur Gliederung des auch in seiner Gesamtheit stärker als plastisch geformte Masse verstandenen Baukörpers, am Ende schließlich die Auflösung der Körpermasse in ein von geschlossenem Sockel getragenes Pfeilergerüst, das nur im Umriß die Stereometrie des Ausgangstyps bewahrt. Letzteres war, wie sich herausstellt, für die Gesamterscheinung der Bauwerke entscheidend, während die durch unterschiedliche Gestaltung im einzelnen hervorgerufene Asymmetrie der Turmfronten von St. Marien und Divi Blasii kein ästhetisches Problem bedeuteten.

Die zeitliche Fixierung von Anfangs- und Endpunkt dieser Gestaltreihe ist unsicher, das ausgehende 12. Jahrhundert (nach 1180) und die Zeit nach 1256 werden genannt; eine Glocke aus dem Südturm von Divi Blasii trägt das Datum 1281, es könnte ein terminus ante quem sein. Auch die Bestimmung der Formenherkunft bleibt für den Anfang und das Ende vage. Der Grundtyp der Türme dürfte seine Vorbilder im Rheinland haben, ohne daß definitive Beispiele namhaft zu machen wären. Er hat im engeren thüringischen Raum eine beachtliche Nachfolge gefunden. Am bedeutendsten sind die Türme der Liebfrauenkirche in Arnstadt, deren Entstehung sich zeitlich zwischen die »Mühlhäuser Reihe« schieben kann. Als Nachfahren beinahe im Sinne einer Traditionsbildung muß man die Türme der Heiligenstädter Marienkirche aus dem 14. Jahrhundert ansehen.

Recht eindeutig dagegen ist die Zuschreibung an einen bestimmten Formenkreis bei den Türmen möglich, die in der Mitte der »Reihe« stehen, der Südturm der Marien- und der Nordturm der Blasiuskirche. Aufschluß bietet das Fenster, das sich, abweichend von
der Norm, an der Nordseite des unteren Geschos- 41
ses vom Nordturm der Blasiuskirche befindet, eine schlanke rundbogige Öffnung mit schräger Leibung und einer Gewändeabtreppung, in die frei gearbeitete und durch Schaftringe eingebundene Rundstäbe gestellt sind; ihre Kelchknospenkapitelle tragen einen mit Wulst und Kehle profilierten Rundbogen, der die Fensteröffnung überfängt. Die gleiche Fenstergestaltung findet sich im Chor der Kirchenruine des Zisterzienserklosters Walkenried im Südharz bei Nordhausen und, mit spitzem Bogen, an der Chorumgangsempore des Magdeburger Doms. Einmal auf diesen Formenzusammenhang aufmerksam geworden, lassen sich weitere feststellen, und es ergibt sich die eigenartige Tatsache, daß an der frühgotischen Klosterarchitektur der Zisterzienser geschulte Bauleute die Turmfront von Divi Blasii in Mühlhausen in wesentlichen Teilen errichtet und gleichzeitig eine neue Kirche zu bauen begonnen haben.

DER VORGÄNGERBAU DER BLASIUSKIRCHE

Die Westtürme der Blasiuskirche erheben sich 40
über einem blockartigen Querbau, dessen Außenwände, jetzt von gotischen Strebepfeilern umgeben

Halbmondkonsolen in der Marienkirche
und in der Blasiuskirche

und von Stützmauern verstellt, ursprünglich aber frei und jeder Gliederung bar, über einem (unter der schon im Mittelalter erfolgten Geländeauffüllung verborgenen) wulstartigen Sockel aufstiegen und, wie heute noch sichtbar, durch einen kräftig profilierten Rundbogenfries abgeschlossen waren. Dieser Bogenfries verläuft auch an der Ostseite, wo er von der später errichteten Hallenkirche überbaut worden und nun im Innenraum zu sehen ist. Diese Beobachtung beweist, daß der Westbau für ein basilikales Langhaus der Kirche bestimmt war.

Nicht an der nachträglich verbauten und veränderten Westwand, aber an den Schmalseiten des Turmbaues ist die ursprüngliche Erscheinung noch gut ablesbar. Die mit Quadern aus Travertin, dem grauweißen Kalksteinmaterial, aus dem alle Mühlhäuser Kirchen errichtet sind, verkleideten glatten Wände werden in halber Höhe von einem gekuppelten doppelschichtigen Rundbogenfenster durchbrochen. Das innere Säulenbündel und die eingestellten Säulen der äußeren Schicht tragen am Nordfenster ausschließlich Blatt- und Rankenkapitelle in Kelchblockform. Am
Südfenster dagegen finden sich Kelchknospenkapi- 43
telle. Gleiche Fenster in der Westwand werden durch die Stützmauern verdeckt, sie sind im Inneren deutlich zu erkennen, wo sie einst der Belichtung einer dreijochig gewölbten Empore dienen sollten. Am Mittelteil der Fassade ist das ehemalige Hauptportal, wohl rundbogig, zu denken, und ein Rundfenster darüber kann aus Analogien form- und stilverwandter Bauten erschlossen werden, nicht nur in Thüringen wie in Arnstadt oder Stadtilm, sondern auch im niedersächsischen Raum nördlich und westlich des Harzes wie in Halberstadt (Dom) oder Braunschweig (St. Katharinen). Diese Bauten können nicht anders als in die Zeit um oder nach 1240 datiert werden, auch wenn sie altertümliche Merkmale aufweisen, die oft bis ins 12. Jahrhundert zurückzuführen sind, wie etwa die Stufenportale mit eingestellten Säulen an den Westfassaden der Katharinenkirche in Braunschweig oder der Stadtkirche in Stadtilm. An der Blasiuskirche in Mühlhausen ist ein solches Stufenportal in der Tiefe der Westmauer zwischen den Türmen als ein Vorgänger des jetzigen gotischen Eingangs durchaus vorstellbar. Und vielleicht ist auch die Galerie mit der Maß-

werkbrüstung die Wiederholung eines spätromanischen Zustandes mit einem Austritt über dem Portal von der Empore im Turmbau aus? Es fällt also schwer, die Bezeichnung »frühgotisch« für diese blockhaften Querbauten anzuwenden, die die genannten Kirchen nach Westen hin abschließen, und tatsächlich setzen sie ja die Tradition einer romanischen Bauform Niedersachsens, des sogenannten sächsischen Querriegels, fort. Allein die wenigen stilistisch fortgeschritteneren Details, die Kelchknospenkapitelle und die freistehenden, mit Schaftringen eingebundenen Dienste – wobei diese Schaftringe geradezu als eine architekturgeschichtliche Leitform der Zeit, hier mit einem bestimmten Schulcharakter, gelten können –, zeigen die jüngere Entstehungszeit an. Und deshalb gehört auch der untere Teil des Westbaues der Mühlhäuser Blasiuskirche zu deren frühgotischer Bauphase. Im Inneren wird das deutlicher als am Außenbau.

44 Die Eingangshalle zwischen den Türmen ist mit einem Kreuzrippengewölbe gedeckt, dessen Diagonalbögen im Halbkreis geführt sind. Sie werden in den Ecken des Raumes von tief stehenden Säulen aufgenommen, deren Basen vom später höher gelegten Fußboden verdeckt und deren Kapitelle mit ihren Kämpferplatten, dem Gewölberippenverlauf entsprechend, diagonal gestellt sind. Eckdienste, Kapitelle und Rippen sind so als plastische Glieder zu einer funktionalen Einheit verbunden.

Im Emporengeschoß des Westriegels, zugänglich über seitliche Wendeltreppen, begegnet diese Funktionalität eines plastischen Gliedergerüstes – Ausdruck der Rezeption frühgotischer Bauprinzipien – durch den Verzicht auf jegliche Dekoration in geradezu bestechender Abstraktheit. In der Eingangshalle dagegen finden sich Schmuckformen, deren Provenienz die Feststellung eines Schulzusammenhanges der seinerzeit hier tätigen Bauleute ermöglicht.

45 Die Zugänge zu den Wendeltreppen sind als Portale
gestaltet. Seitlich in eine Abtreppung eingestellte Säu-
46–49 len tragen über Kelch- oder Kelchblockkapitellen mit
etwas schwerfällig profiliertem Kämpfer einen kräftigen Rundstab, der in nicht sehr steilem spitzem Bogen ein Tympanon rahmt. Der vertiefte Spiegel des Bogenfeldes ist mit einer plastischen Blattrosette geschmückt. Diese besteht an der nördlichen Tür aus spiralig gelegten, an der südlichen aus konzentrisch geordneten Blattkränzen; wie letztere ist auch der Schlußstein des Gewölbes der Eingangshalle gebildet. Die Konsolen, auf denen der Tympanonstein über dem Durchgang ruht, sind auf gekehlten, mit scharfem Steg aneinanderstoßenden Flächen an der Nordtür mit plastisch aufgelegten gegenständigen Halbmonden, an der Südtür mit Blattranken dekoriert. Halbmondkonsolen und Blattrosetten sind nun jene Formen, die die frühgotischen Teile der Mühlhäuser Haupkirchen – eine Halbmondkonsole findet sich auch in der Marienkirche an der Pforte zwischen Südturm und Westemporenraum – mit einer weit verzweigten Bautengruppe verbinden, deren gemeinsame Merkmale zur Konstatierung einer Bauschule oder Bauhütte geführt haben (zuerst H. Giesau 1912), bisweilen sogar zu der Auffassung, sie verdankten ihre Entstehung einem bestimmten Baumeister, dessen Signatur eben aus jenen zwei Halbmonden auf den besagten Türsturzkonsolen bestehe (zuerst M. Hasak 1912). Dieses Zeichen, immer auf entsprechend geformten Konsolen in Türleibungen, an der Wand unter Diensten oder Gesimsen, kommt zuerst im Zisterzienserkloster Maulbronn im nördlichen Schwarzwald vor, und zwar dort so häufig, daß es mit dem Wappen des schwäbischen Adelsgeschlechtes der Magenheimer als möglichen Stiftern in Zusammenhang gebracht worden ist. Da die Formen der Klostergebäude in Maulbronn, an denen die Halbmondkonsolen auftreten, auch für die in Rede stehenden Bauten charakteristisch sind, hat man auf sie die zusammenfassende Bezeichnung »Maulbronner Schulbauten« angewendet (zuerst H. W. Löhneysen 1941), auch wenn, wie im Fall Mühlhausen oder Arnstadt, die Abhängigkeit oder Beeinflussung nicht direkt sein kann.

Die frühgotische Architektur des Schwarzwaldklosters Maulbronn hat ihren Ursprung in Burgund. Als sogenannte Zisterziensergotik ist sie in ganz Europa verbreitet. Bauten dieser Formensprache und mit dem maulbronnischen »Signet«, dessen tatsächliche Bedeutung nicht bekannt ist und dessen unterschiedliche Formung, vertieft oder – so in Mühlhausen – plastisch erhaben, den vermuteten personellen Zusammenhang keineswegs bestätigt, finden sich in Schwaben und Franken, besonders häufig jedoch im thüringisch-niedersächsischen Umland des Harzes. Hier wiederum tauchen sie zuerst im Zisterzienserkloster Walkenried auf, was gewiß einer ordensinternen Wanderung von Klosterbauleuten zu verdanken ist, dann aber zahlreich außerhalb der Mönchsarchitektur an den Domen in Halberstadt und Magdeburg. Die Baubewegung ging von den Bischofssitzen, nicht nur von den Klöstern, in die thüringischen Städte. Dies würde ein hier nicht zu führender Vergleich der einzelnen Details beweisen. Betont sei lediglich, daß diese »Umwege« Formvermischungen mit sich gebracht haben, die als ein überraschendes Nebeneinander von spätromanischem Dekor und frühgotischer Funktionalität in Erscheinung treten.

Die Eigenart, die freistehenden Runddienste mit Schaftringen einzubinden sowie ihre Basissockel und Kapitellkämpfer für diagonal geführte Gewölbebögen schräg zu stellen, tritt nicht nur in der Eingangshalle der Blasiuskirche auf, sondern auch in deren Chor. Die Choranlage von Divi Blasii ist dreischiffig. Die Seitenschiffe schließen rechtwinklig gerade, das Mittelschiff mit einem nach Osten vorgeschobenen Polygon. Im ganzen bildet der Chor heute mit der Halle eine Einheit. Im nördlichen Nebenchor entdeckt man jedoch im unteren Wandbereich durch Schaftringe eingebundene Dienste und schräggestellte Sockel über entsprechend verkröpftem Wulstprofil. Hier liegt eine später geänderte Planung zugrunde, die auf die Bauphase der Türme zurückgeht, eine basilikale Planung, die mit ihren geraden Endungen einer mehrschiffigen Choranlage (wohl auch das Mittelschiff vor der nachträglichen Anfügung des Polygons) erneut zisterziensischen Einfluß erkennen läßt. Bemerkenswert ist die später im unteren Arkadenbereich beibehaltene Trennung der Chorschiffe. Der zweigeschossige Ausbau des südlichen Nebenchores mit Sakristei und Empore ist dann wohl schon eine Folge des Umbaues zur Halle; das Baumotiv wird verbindlich für die meisten Mühlhäuser Pfarrkirchen.

Der begonnene Neubau der Blasiuskirche als frühgotische Basilika war für eine Kreuzrippenwölbung nach dem Muster der Vorbildbauten angelegt; genannt seien noch einmal Walkenried und die Chorempore, der Bischofsgang des Magdeburger Doms. Es ist das Verdienst zisterziensisch geschulter Bauleute gewesen, die Wölbung von Großbauten mit Kreuzrippen in die mitteldeutsche Kunstlandschaft gebracht zu haben. Ein nochmaliger Blick auf die Türme in Mühlhausen (und Arnstadt) zeigt, daß die mit Schaftringen eingebundenen Rundstabbündel an den Kanten nichts anderes sind als zur Dekoration gewordene, im Ursprung funktional gedachte Bauglieder, analog den Gewölbediensten. An Türmen, einem der Zisterzienserarchitektur fremden Bauelement, haben die im vierten Jahrzehnt des 13. Jahrhunderts und vermutlich auch noch später in Mühlhausen und anderswo in Thüringen tätigen Bauleute unter Beweis gestellt, daß sie mit dem erlernten Formengut schöpferisch umzugehen vermochten.

War der Turmbau von Divi Blasii vorerst für eine noch bestehende ältere Kirche vorgesehen – dessen Anschlußspuren konnten festgestellt werden (R. Au-

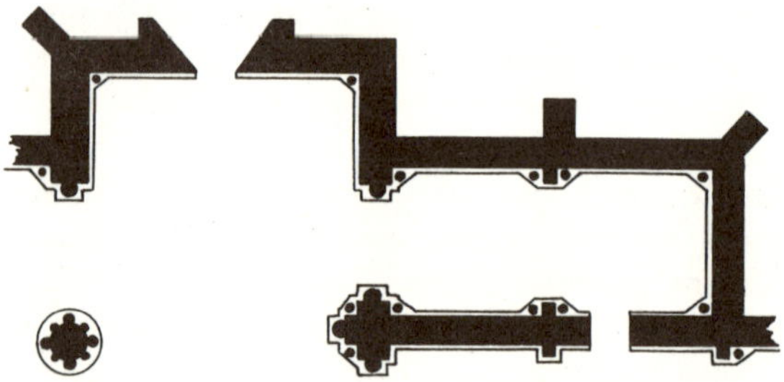

Blasiuskirche, Grundriß des nördlichen Nebenchores mit dem Nordarm des Querhauses

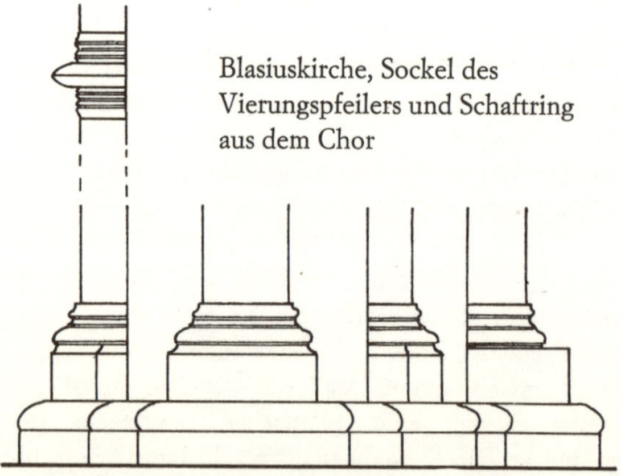

Blasiuskirche, Sockel des Vierungspfeilers und Schaftring aus dem Chor

lepp) –, so sollte er wohl schon bald mit der neuen geplanten frühgotischen Basilika verbunden werden. Das macht ein niedriger Strebepfeilerrest mit dem charakteristischen Lilienabschluß an der Südostecke des Westbaues wahrscheinlich. Jedoch kam es nicht zur Vollendung der frühgotischen Blasiuskirche. Offenbar konnte man sich noch über längere Zeit mit dem Vorgängerbau behelfen, um den die Anfänge des Neubaus herumgelegt worden waren. Daraus erklären sich die Unregelmäßigkeiten im Grundriß der später über diesen frühgotischen Anfängen errichteten hochgotischen Hallenkirche. Die feststellbare Bauunterbrechung hatte ihre Ursache vermutlich in den Unruhen, die das Ende des königlichen Stadtregiments und der Herrschaft der Ministerialen herbeiführten.

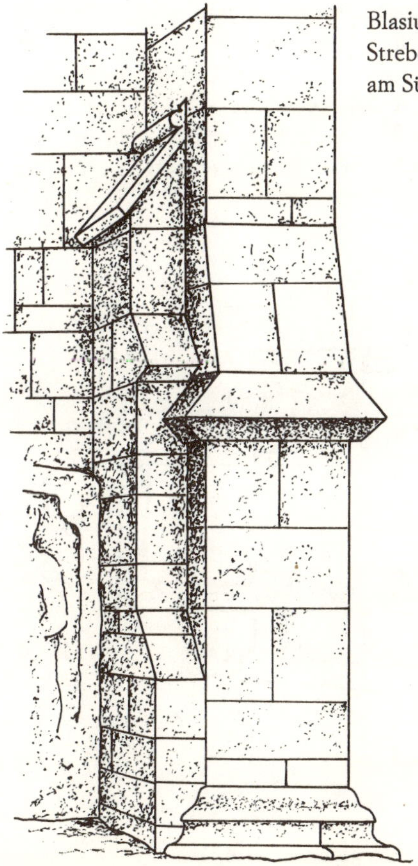

Blasiuskirche, Strebepfeiler am Südturm

DER FRÜHGOTISCHE UMBAU DER MARIENKIRCHE UND ANDERE PFARRKIRCHEN IM 13. JAHRHUNDERT ❧ Die frühgotischen Teile der Blasiuskirche geben am ausführlichsten Kunde von der ersten bedeutenden Bautätigkeit in Mühlhausen nach der Konsolidierung zu einem ausgereiften städtischen Gemeinwesen. Mit ihr hatte die Stadt teil an der Baukonjunktur des 13. Jahrhunderts in Deutschland vor dem Untergang des Stauferreiches. In Mühlhausen scheinen für diesen baulichen Aufschwung vor allem Aktivitäten des Deutschen Ordens verantwortlich gewesen zu sein, der seine Position durch Landerwerb (wohl aus ministerialer Hand) spätestens seit etwa 1240 festigen konnte und sich allmählich in den Besitz der meisten Pfarreien zu bringen verstand.

Diese Bauperiode war jedoch nicht allein auf die Blasiuskirche beschränkt. An der Marienkirche wurde ebenfalls gebaut, vom Südturm war schon die Rede. Bei den Ausgrabungen, die die Fundamente der salischen Kirche erbrachten, konnte auch ein frühgotischer Neubau des Chores festgestellt werden. Er ersetzte die drei Apsiden des Erstbaues durch eine dreischiffige Anlage mit geraden Ostendungen, in den Proportionen verschieden, aber sonst dem frühgotischen Chor der Blasiuskirche gleich. Die Chorschiffe dürften wie dort voneinander durch geschlossene Wände getrennt gewesen sein, auch wenn der archäologische Nachweis dafür nicht geführt werden kann; die Beibehaltung oder Wiederholung dieser Eigenart im hochgotischen Hallenbau analog zur Blasiuskirche ist für diese Annahme ein ausreichender Beleg. Die im Lapidarium verwahrten Details, profilierte Rundbogenfriese, hier auch mit Diamantbändern, freie Runddienste mit Tellerbasen sowie Schilfblatt- und Kelchkapitelle bestätigen den Formenzusammenhang dieser Bauphase mit der frühgotischen Blasiuskirche. Da im Fundament dieses Bauteils der Marienkirche Buckelquader gefunden wurden, wie sie für den staufischen Burgenbau charakteristisch sind, vermutet man die Verwendung von Abbruchmaterial aus der 1256 zerstörten, durch Friedrich I. Barbarossa wohl zuletzt (nach 1180) ausgebauten oder erneuerten Pfalz (U. Sareik 1982). Das würde ein keineswegs auszuschließendes Fortbestehen der zum Teil doch sehr altertümlichen Formen bis um 1260/70 bedeuten und ebenso für eine nicht zu zeitige Ansetzung des Beginns der frühgotischen Phase sprechen. Und wenn Winfried Korf sich für seine Rekonstruktion des Chores von Bau II der Mühlhäuser Marienkirche den 1235 begonnenen und 1267 geweihten Chor des Nordhäuser Domes zum Vorbild genommen hat, dessen Formen den gleichen maulbronnisch-walkenriedischen Ursprung haben, dann vermittelt er gewiß ein richtiges Bild. Man möchte es ebenso für den geplanten frühgotischen Chor der Blasiuskirche in Anspruch nehmen.

Zu den recht altertümlichen Restformen von Bau II der Marienkirche gehört ein Rankentympanon, das beim Bau der hochgotischen Halle an der Innenseite der Südwand wiederverwendet wurde. Vermutlich hatte es zu einer Pforte gehört, ähnlich denen in der Eingangshalle der Blasiuskirche. Im Turmbau des Halberstädter Domes ist ein Rankentympanon – in einem Portal von ähnlichem Aufbau – zumindest in seiner symmetrischen Komposition dem Mühlhäuser vergleichbar. Doch sind in Mühlhausen die Blattranken weitaus stilisierter, und der doppelleibige Löwe, aus dessen Maul das Lebensbaummotiv entwächst, wie auch das Pendant im Scheitel des Bogenfeldes wirken wieder mehr romanisch denn frühgotisch. Dagegen erscheinen die Vögel, die an den Trauben im Geäst pikken, recht natürlich und rechtfertigen am ehesten eine Datierung um die Mitte des 13. Jahrhunderts.

Man wird davon ausgehen können, daß die Bautätigkeit in Mühlhausen nach der territorialen und rechtlichen Konsolidierung der Stadt auch die Kirchen der peripheren Pfarrsprengel erfaßt hat. Sie waren die Mittelpunkte der Siedlungsteile, und es galt, sie im Stadtbild deutlich zu machen. Diese gestalterische Aufgabe hat gewiß schon im 13. Jahrhundert bestanden, auch wenn die bleibenden Ausführungen erst dem 14. und 15. Jahrhundert entstammen, also der Zeit, in der Mühlhausen sein gotisches Gesicht bekam. Von romanischen Vorgängern jedenfalls ist bei fast allen Pfarrkirchen am Rande der Stadt die Rede. Allerdings gibt es an den einzelnen Bauten nur Spuren oder archäologische Hinweise, die mehr als ihre bauliche Existenz nicht beweisen und über das Aussehen keine Schlüsse erlauben. So haben sich in der Südwand der Martinikirche zwei Rundbogenfenster erhalten, die einem vorgotischen Bau zuzurechnen wären, »falls sie wirklich romanisch sind« (E. Kettner 1911/12). An der

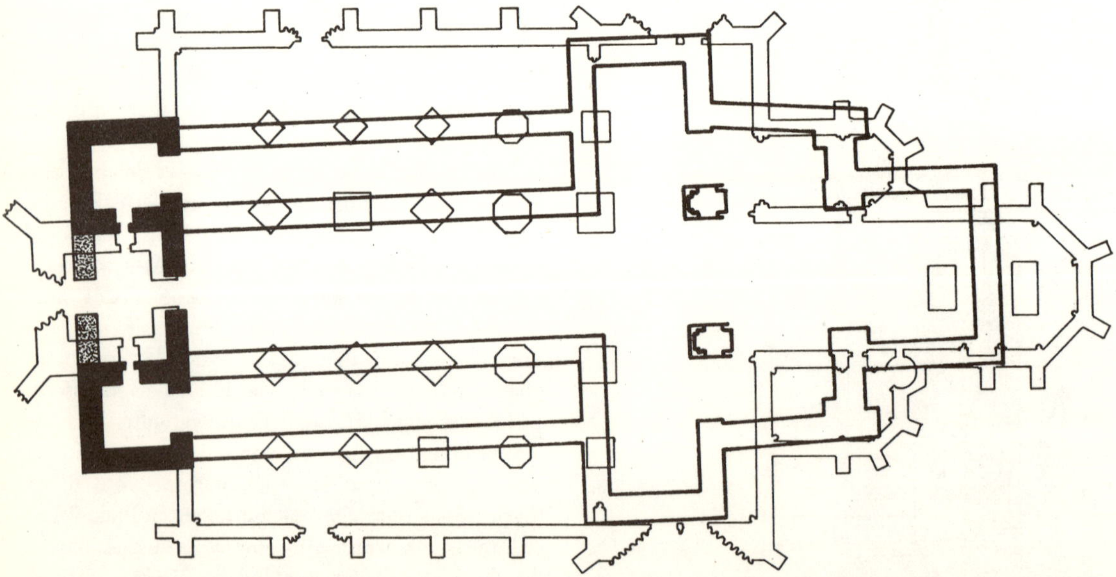

Marienkirche, Grundrißrekonstruktion des frühgotisch veränderten Vorgängerbaues (Bau II)

Marienkirche, Rankentympanon aus dem 13. Jahrhundert

Kilianikirche weisen Befunde am Turm und ein Profilstein im Chorfundament auf einen älteren Vorgängerbau, den man sich als Kaufmannskirche im ältesten Marktbereich der Stadt als größere romanische Anlage (als Saal?) vorstellen möchte. Und auch für die Georgikirche konnte ein romanischer Steinbau, möglicherweise älter als die hier in Rede stehende städtische Bauperiode – was auch für St. Kiliani gelten könnte – durch den Fund von entsprechenden Werksteinen bei einer Schachtung in der Sakristei festgestellt werden (R. Aulepp 1981).

Deutlicher sind die Anzeichen »vorgotischer« Bautätigkeit an St. Jakobi im Westen der Stadt. Ein romanischer Vorgängerbau, älter als die Stadtmauer, hat hier bereits im 12. Jahrhundert bestanden und könnte sogar in Größe und Aussehen der romanischen Gestalt von St. Marien vergleichbar gewesen sein. Einen ersten neuen Bauabschnitt des 13. Jahrhunderts stellt der rechteckige Chor mit dem östlichen Langhausjoch dar. Das Kreuzrippengewölbe des Chores mit schräggestellten Dienstkapitellen und stark ansteigenden Kappenscheiteln zeigt Nachwirkungen frühgotischer Formen der Blasiuskirche. Ebenso widerspiegeln die geraden Ostendungen der Jakobikirche die Gestalt der Hauptkirchen der Stadt vor deren hochgotischer Um- und Neubauphase. Eine Datierung nach der Mitte des 13. Jahrhunderts ist sicher zutreffend, wenn auch ein Baubeginn erst »um 1280« (W. Korf 1987) sehr spät erscheint.

DIE KIRCHE DES FRANZISKANERKLOSTERS »ZUM HEILIGEN KREUZ« Zwei Neugründungen von kirchlichen Einrichtungen sind als sicher in der städtischen Konsolidierungszeit zu verzeichnen, die des Antoniusspitals nahe dem Frauentor 1207 und die des Franziskanerklosters am Kornmarkt zwischen 1225 und 1232. Vermutlich ist auch die Niederlassung der Weißfrauen, ein Frauenkloster, in dem die Ordensregel des heiligen Augustinus befolgt wurde, zu dieser Zeit in der Brückenstraße an der Schwemmnotte entstanden. Als »Brückenkloster« (Monasterium b. Mariae Magdalenae ordinis s. Augustini in ponte Mulhusen) wurde es 1227 urkundlich erstmals genannt. Die Reste der fast völlig verschwundenen Baulichkeiten deuten in das 14. Jahrhundert. Am Antoniusspital zeigt das gotische Kapellenportal in der Holzstraße, daß in Mühlhausen nach der Mitte des 13. Jahrhunderts auch Formen anderer als der bisher beschriebenen Provenienz zur Verfügung standen.

Dagegen sind in der Kirche des Franziskanerklosters am Kornmarkt im Zuge der 1975 erfolgten Neugestaltung zur Gedenkstätte für den Deutschen Bauernkrieg Formen zum Vorschein gekommen, die wieder einen unmittelbaren Zusammenhang mit der frühgotischen Bautätigkeit an der Blasiuskirche herstellen. Es sind die Reste von Eckdiensten mit schräggestellten Sockeln (unter dem späteren Chorfußboden) zur Aufnahme von damals zumindest geplanten Kreuzrippengewölben. In der Nordwand des langgestreckten einschiffigen Saales sind verhältnismäßig hohe schlanke Rundbogenfenster erhalten, wie sie auch sonst im Verein mit den frühgotischen Formen auftreten. Allerdings vermutet man die Zugehörigkeit dieser als romanisch angesprochenen Fenster zu einer Eigenkapelle des Stifters (G. Günther/W. Korf 1986), die von den Mönchen zunächst als Oratorium genutzt und dann in einen Kirchenneubau einbezogen worden wäre. Auf jeden Fall kann man sie als die baulichen Anfänge der Bettelordensniederlassung überhaupt ansehen.

Der Kirche war wohl schon zu Beginn so geplant, wie sie schließlich nach Beschädigungen und Erweiterungen im 14. Jahrhundert zu Ende geführt worden ist, als ein langgestreckter Saal mit abgesetztem, gerade geschlossenem Chor. In dieser Gestalt würde er sich früher Bettelordensarchitektur in Thüringen einordnen, jenen großräumigen Kirchen, wie sie in Arnstadt und Eisenach – dort die Dominikanerkirche in den Ostteilen mit einem verwandten frühgotischen Formenschatz – erhalten sind und bei denen es zunächst offenbar nicht leichtfiel, in einer Umgebung repräsentativen Bauens die von den Ordensgeboten verlangte Schlichtheit einzuhalten. Der Verzicht auf beabsichtigte Wölbung und die schließliche Verwendung von Holzdecken machen das deutlich.

1225 sollen die Mönche des heiligen Franz von Assisi zum ersten Mal in Mühlhausen erschienen sein, im gleichen Jahr, in dem sich Ordensbrüder auch in Erfurt niedergelassen haben, nur wenig später, nachdem von ihnen in Eisenach, wohl durch Zutun der heiligen Elisabeth von Thüringen, ein Kloster gegründet worden war. Die mehr legendäre Überlieferung, die Franziskaner hätten Mühlhausen nach eineinhalb Jahren wieder verlassen müssen, weil sie untätig gewesen seien, läßt den Schluß zu, daß es ihnen schwer gemacht wurde, Fuß zu fassen. Es ist aus anderen Städten bekannt, daß die Ortsgeistlichkeit sich gegen die seelsorgetreibenden Barfüßer oder Minderbrüder (Fratres minores), so lauten andere Benennungen der Franziskaner, ablehnend verhielt. In Mühlhausen war in dieser Zeit der Deutsche Orden im Begriff, die städtische Pfarrseelsorge unter seine Hoheit zu bekommen; er dürfte neue reformierende Kräfte, die noch dazu auf eine zwar zahlenmäßig starke, aber sozial niedrig stehende Bevölkerungsschicht zielten, wenig geschätzt haben. Noch zu einem späteren Zeitpunkt schlossen die Deutschherren mit den Franziskanern einen Vertrag, der den Mönchen Einschränkungen bei ihrer Tätigkeit in der Stadt auferlegte.

Zunächst bedurfte es eines zweiten Anlaufes. 1232 erhielten die Barfüßer durch einen Miles (einen Ministerialen, von dessen Eigenkirche Reste in den erwähnten romanischen Fenstern erblickt werden?) Baugrund »mitten in der Stadt« geschenkt, um dort ihr Kloster zu bauen. Eine spätere Inschrift am Turm – sie 64
nennt allerdings das Jahr 1231 – läßt König Heinrich (VII.) am Gründungsvorgang beteiligt sein, wohl als ein Hinweis darauf, daß auch dieses Grundstück letztlich aus königlichem Besitz herrührt, oder als eine nachträgliche Manipulation der Gründungsgeschichte zugunsten der Klosterinsassen; für letzteres gibt es nicht nur bei den Bettelorden Parallelfälle. Bezeichnend ist auch die Nachricht, die besagt, die Franziskaner hätten sich zuerst beim Antoniusspital angesiedelt, also an der Mauer, am Rande der Stadt, an einem an

Reichsrechtsbuch im Ratsarchiv

sich üblichen Platz für Bettelordensklöster, aber auch andernorts kam der Umzug der Mönche aus anfänglich
7, 8 peripherer Lage in die Stadtmitte vor, in bevölkerungsreiche Viertel, wo sie ihre Tätigkeit besser entfalten konnten. Ausschlaggebend für den Ort, wo die Brüder ihr Kloster schließlich bauten, war die Stiftung eines Geländes; in Mühlhausen geschah das allem Anschein nach in einem ministerialen Wohnquartier. Doch war das Stadtwasser nicht weit, wo die Gerber und Färber ihre Werkstätten und Lager hatten und wo Angehörige ärmerer Bevölkerungsschichten wohnten, möglicherweise auch solche, die als besitzlose »Mitwohner« das volle Bürgerrecht nicht erlangen, sich aber in der Stadt aufhalten konnten und ihren Unterhalt als gemietetes Gesinde und Tagelöhner verdienten; für das Jahr 1292 ist eine solche für die städtische Sozialgeschichte überaus interessante Tatsache zum ersten Mal in Mühlhausen urkundlich überliefert (G. Günther 1975).

Die Entstehungsgeschichte des Franziskanerklosters um 1230 gehörte bereits einer Zeit an, in der die Stadtwerdung Mühlhausens ihrem Abschluß entgegenging, in der sich die Organe der Selbstverwaltung formierten, die Gesellschaftsstruktur sich differenziert hatte und soziale Spannungen den Keim für spätere Auseinandersetzungen zu bilden begannen.

DAS ENDE DER PFALZ ❧ Seit Anfang des 13. Jahrhunderts führte Mühlhausen als Reichsstadt ein Siegel mit dem Bild des thronenden Herrschers über einem Stadttor und mit der Mühlhaue, dem späteren städtischen Wappenzeichen. Um 1220/24 wurde das Mühlhäuser Rechtsbuch geschrieben, das »nach des Reiches Recht« über Bevölkerungsgliederung und Lebensverhältnisse in der Civitas Imperii Aufschluß gibt. Als den Verfasser dieser ältesten Rechtsaufzeichnung in deutscher Sprache hat man den Ministerialen Heinrich, der dem Deutschordenshaus in Mühlhausen 1246 das Dorf Pfafferode schenkte, ermittelt (H. Patze 1960/61). Die Ministerialen, als königliche Dienstleute mit beträchtlichem Grundbesitz zu erblichen Lehen ausgestattet, waren die Herrschenden. Einer von ihnen übte als Präfekt oder Schultheiß die Hoheitsrechte des Königs in der Stadt und dem umliegenden Reichsland aus, vor allem das Hochgericht mit Reichsministerialen und Rittern als Schöffen; seit 1238 scheinen allerdings Bürger beteiligt gewesen zu sein. Ihm, dem Präfekten oder Schultheiß, untergeordnet, aber spätestens ab 1231 bürgerlich geführt, war das Markt- oder Niedergericht. Neben dem königlichen Schultheißen oder Präfekten gab es einen bürgerlichen Schultheißen, der bereits städtische Forderungen durchsetzte. Einem Rat standen nur Rechte beim Marktgericht und bei der Aufnahme von neuen Bürgern zu. 1231 gelang es den Filzmachern, eine Innung zu bilden, wie sie die Kaufleute bereits besaßen. Freie Bürger, honesti viri oder burgenses, haben dabei geholfen. 1236 oder 1241 erkaufte sich die Stadt die Pacht von Zoll und Münze des Königs, 1251 überließ ihr Konrad IV. – nun nach dem Tode seines Vaters Friedrich II. im Jahr 1250 endlich als deutscher König gekrönt – das königliche Schultheißenamt auf fünf Jahre. Er gestattete auch, eine von den Bürgern zwischen Burg und Stadt errichtete Mauer zum Schutz vor Überfällen, die den Insassen der Burg galten und unter denen die Stadtbevölkerung zu leiden hatte, zu belassen. In diesem Zusammenhang wird ein magister muri, jener städtische Beamte, dem als wichtigste kommunale Bauaufgabe die Betreuung der Befestigung oblag, zum ersten Mal genannt.

Wilhelm von Holland, Gegenkönig seit 1247/48 und seit der Braunschweiger Nachwahl 1252 in Deutschland unangefochtener Herrscher, während Konrad IV. in Italien um sein sizilianisches Erbe kämpfte, versuchte der Stadt die erworbenen Rechte wieder zu nehmen, doch die Mitgliedschaft im 1254 gegründeten Rheinischen Städtebund schützte Mühlhausen davor. Nach dem Tode Wilhelms Anfang 1256 besetzten die Städter die Pfalzburg und zerstörten sie.

Von der tatsächlichen Existenz einer Pfalz in Mühlhausen erfahren wir eigentlich erst durch die Nachricht von diesem Ereignis, über ihre Gebäude ist nichts überliefert. Vermutet wird die Gestalt einer ovalen Niederungsburg, im Norden begrenzt vom Mühlgraben, im Süden durch den nachträglich errichteten, in die Stadt einbuchtenden Mauerzug. Es gab auf dem Pfalzgelände Wohnhöfe von Reichsministerialen und eine Burgkapelle. Die Bürger der Stadt gelobten später dem Erzbischof von Mainz, die zerstörte Kapelle durch eine neue Kirche in der Stadt zu ersetzen, und die obdachlosen Ministerialen durften sich im Quartier um die Allerheiligenkirche am Untersteinweg ansiedeln (G. Sommer 1881 nach K. Herquet 1874). Die Bossenquader im Fundament des frühgotischen Chores der Marienkirche erlauben die Annahme eines Rundturmes, eines stattlichen Bergfriedes aus der Zeit staufischer Erneuerung der Pfalz, die dadurch wohl erst den Burgcharakter erhalten und wahrscheinlich überhaupt zum ersten Mal einen wenigstens teilweisen steinernen Ausbau mit monumentalerem Gepräge erfahren hat. In dieser Gestalt, möglicherweise der Pfalz in Gelnhausen ähnlich, war die Pfalzburg (wie auch die Pfalzstadt) noch einige Male Schauplatz reichspolitischer Aktionen. Ein Aufenthalt Heinrichs VI. ist für 1192 bezeugt, wohl aus Anlaß erneuter Auseinandersetzungen mit Heinrich dem Löwen, die erst 1194 ein Ende nahmen. Im März 1198 fand die Huldigung der Fürsten des Reichs vor Philipp von Schwaben in Mühlhausen statt; man möchte sich dabei die Triumphstraße und die romanische Marienkirche noch einmal in voller Funktion vorstellen. Darauf geriet Mühlhausen erneut in den Thronstreit zwischen Welfen und Staufern; zeitweilig war es von den Vasallen Ottos IV., des welfischen Prätendenten, besetzt, denn allem Anschein nach hat Mühlhausen die staufische Partei für die rechtmäßige angesehen. Die Stadtentwicklung haben diese Machtkämpfe nicht beeinträchtigt, möglicherweise, weil sie eine Angelegenheit der auf der Burg ansässigen Gefolgsleute des Königs und nicht der Bürger waren. Der latenten Bedrohung begegneten die Stadtbewohner durch den erwähnten Bau einer Mauer zwischen Stadt und Burg, bis sie letztere zerstörten.

Mit der Vernichtung der Pfalz, in deren Schutz das Gemeinwesen ja zunächst entstanden war, wurde das bauliche Zeichen der Herrschaft des Königs und seiner Ministerialen über die Stadt beseitigt, und zwar so radikal, daß spätere Zeiten sich kein Bild mehr davon machen konnten. Das mittelalterliche Mühlhausen erschien von nun an als allein aus eigener Kraft erwachsen. Es ist das Schicksal der meisten bekannten Pfalzanlagen gewesen, auch bei bedeutenderer architektonischer Gestalt, schließlich von der kommunalen Institution, die sich in ihrem Umkreis gebildet hatte, bis zur Unkenntlichkeit aufgesogen zu werden oder vom Erdboden gänzlich zu verschwinden. Selbst dort, wo wir uns heute noch im Besitz der baulichen Substanz einer einst berühmten Kaiserpfalz wähnen wie etwa in Goslar, verdanken wir das den rekonstruierenden Architekten des 19. Jahrhunderts. In Mühlhausen kam es damals zum Bau einer künstlichen Ruine auf dem Gelände der Burgbrauerei, als man sich in der Zeit des Historismus an diese Periode der Stadtgeschichte wieder erinnerte.

Blütezeit Die freie Reichsstadt

MÜHLHAUSEN IN DER ZEIT NACH 1256 ❧ Die zwei Jahrhunderte nach dem Sturz der königlichen Stadtherrschaft, insonderheit das 14. Jahrhundert, gelten als die Blütezeit der mittelalterlichen Stadt. Unmittelbar nach der Erstürmung der Burg aber dürfte die Lage einige Jahre oder Jahrzehnte unsicher gewesen sein. Das Interregnum, die »kaiserlose« Zeit nach dem Tode Wilhelms von Holland, war den Städten im allgemeinen günstig. »Kaiserlos« meint dabei weniger das Fehlen eines gekrönten deutsch-römischen Imperators als vielmehr den völligen Zusammenbruch der Führungsrolle des deutschen Königtums. Die Wahl ausländischer Prätendenten durch das sich erst herausbildende Gremium der sieben Kurfürsten gewährleistete gleichsam seine Schwäche zugunsten des Landesausbaus der Territorialfürsten, die ihr Interesse auf das »herrenlose« Reichsland richteten. In diesem Sinne waren auch die Reichsstädte bedroht. Mühlhausen hatte Angriffe des Herzogs von Braunschweig und der Landgrafen von Thüringen abzuwehren. Mit letzteren konnte sich die Stadt 1265 vertraglich einigen und dabei festlegen, daß die Bürger eigenem und nicht landgräflichem Gericht unterstanden.

Nach der Entmachtung des königlichen Präfekten und der Ministerialen übte die Bürgerschaft die städtische Hoheit aus. Sie wählte den Schultheißen, und aus dessen Gerichtskollegium bildete sich schließlich der Rat als Bürgervertretung. Als mit der Wahl Rudolfs von Habsburg zum deutschen König im Jahre 1273 eine Stabilisierung im Reich eintrat, fehlte es nicht an Versuchen, die Machtverhältnisse in der Stadt so wiederherzustellen, wie sie vor 1256 bestanden hatten. Eine Assimilation der Ministerialen, ihre Integration in die städtisch-bürgerliche Gesellschaft, vollzog sich nur schwerfällig. Immerhin hatten sie bis zum Zusammenbruch der Stauferherrschaft ein Konzept für Reichslandstädte verteidigt, das durchaus dem sozialökonomischen Fortschritt Rechnung trug, nicht aber dem Freiheitswillen der Kommunen (H. Stoob 1970). Diejenigen Ministerialen, die Mühlhausen nicht verließen, traten nur zum Teil dem Kaufmannsstand bei. Sie siedelten sich, wie schon andere vor 1256, am Untersteinweg an, und die Bürger mußten ihnen dort als Sühne für die Zerstörung der Burgkapelle die Allerheiligenkirche erbauen. 1287 wurde die Kirche durch ehemalige Ministeriale mit Einkünften aus Grundbesitz begabt, woraus auf eine noch immer starke ministeriale Gruppierung in der Stadt mit dem Streben nach Restauration zu schließen ist (G. Günther 1975).

Im Jahre 1290 verzieh Rudolf von Habsburg die Zerstörung der Reichspfalz. Auf die Rechte des Reichs an der Stadt verzichtete er dabei allerdings nicht. Sie wurden dem deutschen König und römischen Kaiser erst allmählich in einem bis zur Mitte des 14. Jahrhunderts andauernden Kampf abgerungen. Zunächst mußte sich Mühlhausen mehrfach Verpfändungen gefallen lassen, von denen es sich, um die Reichsunmittelbarkeit zu sichern, nur mit Geld befreien konnte. Im Jahre 1332 – nach abermaliger Verpfändung durch Ludwig den Bayern – gelang es der Stadt jedoch, das Privileg der Befreiung von zukünftigen Pfandherrschaften zu erkaufen. Dies zeigt deutlich: Die Geldkraft des städtischen Bürgertums war die entscheidende Gewähr seiner Freiheit geworden.

Grundlage städtischer Wirtschaft blieben Ackerbau und Viehzucht, aber nicht im Sinne von Eigenversorgung feudaler Höfe, sondern zur Marktbelieferung und Rohstoffproduktion für das Handwerk, vor allem Flachs für die Tuchweberei als einem der Hauptgewerbezweige in Mühlhausen, dann Waid, eine Pflanze zur Herstellung von blauer Textilfarbe, und schließlich Schafwolle; um 1300 soll schon Baumwolle importiert und verarbeitet worden sein (G. Günther 1975).

Die Gewerke waren in Zünften zusammengeschlossen, zuerst die Filzmacher 1231, dann bis zum Ende des 13. Jahrhunderts die Gerber, Kürschner, Sattler, Schuhmacher und Schmiede, im 14. Jahrhundert gefolgt von den Leine- und Wollwebern sowie den Schneidern und Bäckern, Fleischern und Krämern. Von Bauleuten und Steinmetzen erfahren wir nichts. Daß sie aber zahlreich in der Stadt waren, beweisen die Großbauten des späten 13.und 14. Jahrhunderts, durch die Mühlhausen in der deutschen Architekturgeschichte des Mittelalters einen Namen bekommen hat.

Die wirklich Geldkräftigen waren die Fernhändler. Sie bildeten die Zunft der Gewandschneider und besaßen das Monopol des Tuchhandels, von dem die produzierenden Handwerker ausgeschlossen waren. Daß sich daraus soziale Spannungen entwickelten, war eine natürliche Folge, um so mehr, als die Mehrheit der Bevölkerung, und zwar nicht nur die besitzlosen Schichten der »Mitwohner«, ebenso auch diejenigen, die im Besitz des Bürgerrechts, also Vollbürger waren, Handwerker, Zunftmeister, kleine Händler, ein Mitspracherecht beim Stadtregiment nicht besaßen. Die Gewandschneider bildeten das Patriziat und beherrschten den Rat, die Exekutive der städtischen Selbstverwaltung.

DER RAT UND SEIN HAUS ❧ Der Rat einer Stadt war im Mittelalter ein Gremium zur selbständigen Führung kommunaler Angelegenheiten, er dokumentierte die Höchstform errungener Unabhängigkeit. Er stellte eine gewählte Bürgervertretung dar, jedoch nicht im Sinne neuzeitlichen Wahlrechtes und auch keineswegs von Anfang an. Wo es ein Schöffenkollegium gab wie in Mühlhausen, bildete in der Frühphase dieses den Rat. In Zusammenhang mit dem Marktgericht und mit der Aufnahme von Bürgern in die Stadt ist er im Mühlhäuser Rechtsbuch um 1220 erwähnt. Von dieser Funktion leitete sich später, als dem Rat die gesamte Stadtverwaltung zugefallen war, seine Eigenschaft als höchstes rechtsprechendes Organ ab. Um die Mitte des 14. Jahrhunderts besaß der Mühlhäuser Rat neben allen anderen ehemals königlichen Befugnissen auch die Hohe Gerichtsbarkeit in der Stadt und im gesamten zu ihr gehörenden Land sowie das Recht zu eigener Gesetzgebung. Auf ehemaligem Reichsgut liegend, wurde Mühlhausen weiterhin als Reichsstadt bezeichnet, nun mit dem Zusatz »frei«. Eine Fixierung des verfassungsrechtlichen Status einer freien Reichsstadt hat allerdings nie existiert (G. Möncke 1976). Kriterien dafür scheinen gewesen zu sein: weitgehende Befreiung von Huldigungen an mögliche andere Stadtherren, Befreiung auch von Heerfahrt und Steuerlasten, ferner das genannte Privileg, nicht weiter verpfändet zu werden, wie es für Mühlhausen seit 1332 verbrieft war, und schließlich der königliche Verzicht auf Ausübung der Reichsvogtei (H. Planitz 1975). Zwar zählte Mühlhausen nicht zu den »gefürsteten« Reichsstädten, aber in seiner mittelalterlichen Geschichte gab es keine andere gültige Hoheit mehr als die des Königs. Eigene Gesetze, die Statuten des Rates, waren schon 1278 erlassen, 1351 wurden sie erstmals in deutscher Sprache verfaßt. Zum Zeichen seiner Selbständigkeit führte der Rat das Stadtsiegel, das aus den Händen der Vertreter des königlichen Stadtherrn in seine Verwahrung übergegangen war und von den Ratsherren seit 1260 »unser Siegel« genannt wurde.

Interessant ist, daß der Rat in seiner Zusammensetzung auf lange Zeit die Topographie der Stadtentwicklung widerspiegelte. Man wählte Jahr für Jahr je sieben Ratsherren (consules) aus der Alt- und aus der Neustadt. Zwei Rats- oder Bürgermeister sind seit 1286 bezeugt, jede Gruppe wählte den ihren aus der jeweils anderen, so daß der regierende Rat im ganzen aus zwölf Mitgliedern und zwei Ratsmeistern bestand. Drei bis vier Jahrgänge von Ratsherren wechselten sich dergestalt ab, daß die ersten nach zwei oder drei Jahren wieder zur Amtsführung kamen; zusammengenommen ergab sich ein zahlenmäßig recht starker Gesamtrat. Angehörige waren die reichen Kaufleute, doch sie blieben nur kurze Zeit allein. Die Zunfthandwerker drängten in den Rat. Seit 1311 stellten die Zünfte zehn zusätzliche Mitglieder, das Stadtregiment lag nunmehr in den Händen von 24 Ratsherren. Weitere Bemühungen um Mitsprache brachten den Rat schließlich auf 28 bis 32 Mitglieder. 1406 erlangten die Handwerker die Parität zwischen den Zünften und den alten Ratsgeschlechtern. Jetzt allerdings konnte nur noch in den Rat gewählt werden, wer eine vorgeschriebene Höhe von Vermögen besaß. So übten schließlich die großen Familien die Herrschaft in der Stadt aus.

Der Rat hatte seinen Sitz im Rathaus. Es war wie die Stadtmauer und das Stadtsiegel bedeutungsvolles Zeichen für die Autonomie des Gemeinwesens. Man erwartet demzufolge ein repräsentatives Bauwerk dort, wo sich das öffentliche Leben in der Stadt konzentriert, am oder auf dem Markt. Tatsächlich sind auch in

Mühlhausen auf den Hauptmärkten der Ober- und der Unterstadt Einrichtungen des Gerichts, sogenannte Lauben, als eine Art Vorläufer von Ratsgebäuden überliefert; in dem Namen Brotlaube für das jetzt barocke Gebäude am Obermarkt wirkt diese Erinnerung nach, auch, daß diese Gebäude nicht ausschließlich der Verwaltung dienten, sondern wesentlich Handelshäuser waren. Das eigentliche Rathaus suchen wir jedoch auf den Märkten von Mühlhausen vergeblich. Es liegt im vollen Sinne des Wortes mitten in der Stadt, beinahe demonstrativ über der Schwemmnotte, dem Stadtbach, der dort die Grenze zwischen der Altstadt und der Neustadt markiert, die beide durch den Rat gemeinsam zu regieren waren.

Groß mußte ein Rathaus für den Zweck der Verwaltung nicht sein. Notwendig waren ein Saal für die Ratssitzungen und für Gerichtsverhandlungen sowie Räume für den Stadtschreiber und für den Verwalter des Geldes, die Kanzlei und die Kämmerei. Aber die Bauaufgabe erschöpfte sich eben nicht allein in der Schaffung von Amtsräumen für den Rat, in der Regel war außerdem eine Kaufhalle Bestandteil des Rathauses, ja, nicht selten nahm dieser Teil mehr Raum ein als derjenige, für dessen Nutzung das Gebäude seinem Namen nach errichtet wurde.

In dieser seiner Funktion wird das Mühlhäuser Rathaus in den Jahren 1310 und 1320 zum ersten Mal urkundlich erwähnt, wobei man in der Benennung Capitolium (1310) einen recht hohen Anspruch für das ansonsten sehr bescheidene Bauwerk erkennen kann. In beiden Fällen wurden Personen aufgefordert, sich ins Rathaus zu begeben, das damals bereits die Ratsstraße mit einer spitzbogigen und kreuzgewölbten Durchfahrt charakteristisch übertunnelte. In dem quadratischen
85 Gebäudeteil über der Ratsstraße sieht man den ältesten, um 1300 datierten Kern des Konglomerates, zu dem die späteren Erweiterungen und Anbauten zusammengewachsen sind. Er enthält im Obergeschoß die als notwendig für die Ratsgeschäfte erwähnten Räumlichkeiten, den Ratssaal und, von diesem aus durch spitzbogige Türen zugänglich, die Schreib- und die Kassenstube. Im Untergeschoß dagegen befanden sich Räume, durchweg gewölbt, die mit Bögen zur Straße geöffnet waren und dem Verkauf, vielleicht auch dem Lager von Waren dienten; in einem dieser Räume vermutet man die Stadtwaage (G. Günther/W. Korf 1986).

Baukünstlerisch wird hier kaum der hohe Anspruch deutlich, den man bei der Bedeutung des Rates für die Entwicklung kommunaler Autonomie erwarten möchte. Wie in vielen anderen Städten sind auch in Mühlhausen die Kirchen die architektonischen Zeichen städtischer Repräsentation und auf jeden Fall die besseren Zeugen eines in einer mittelalterlichen Stadt möglichen Niveaus der Baukultur. In der Architektur des Rathauses kommt dagegen mehr der auf den Zweck gerichtete praktische Sinn der Bürger zum Ausdruck. Interessant ist in diesem Zusammenhang die Feststellung, daß der älteste Ratssaal – es handelt sich nur um den östlichen Teil der später erweiterten heutigen Rathaushalle – ursprünglich keine hölzerne Tonnenwölbung besaß, sondern eine flache Decke oder ein offener Dachstuhl den oberen Raumschluß bildete. Der Saal entbehrte gewiß nicht einer bedeutsamen Wirkung, aber die eingesetzten künstlerischen wie materiellen Mittel waren äußerst bescheiden. Am ehesten werden die gleichzeitig im Bau befindlichen Gebäude des benachbarten Franziskanerklosters am Kornmarkt vergleichbar gewesen sein.

Doch genügte dieses Gebäude der Stadt und ihrem Rat bald nicht mehr. Bei den Bauarbeiten um die Mitte des 14. Jahrhunderts ging es aber nicht um eine repräsentativere Gestalt, sondern um die Gewinnung von mehr Raum für einen zahlenmäßig gewachsenen Rat und für die Festlichkeiten, die auszustatten ihm oblag, Empfänge, Festessen, Tanzveranstaltungen und ähnliches mehr. Sie mögen auch dem Kaiser gegolten haben. Ob jedoch Karl IV. im Jahre 1362 tatsächlich als Gast in seiner Stadt geweilt hat, bleibt nach wie vor umstritten. An die westliche Schmalseite des alten Hallentraktes wurde noch vor 1341 ein langgestreckter, nach Süden um etwas verbreiteter Flügel angebaut. Sein Obergeschoß enthält einen weiträumigen, von Anfang an mit einem ziemlich tief ansetzenden hölzernen Spitztonnengewölbe gedeckten Saal, der mit dem 95
älteren durch einen raumhohen Spitzbogen zu der bis heute erhaltenen festlichen Rathaushalle verbunden wurde, möglicherweise erst, als nach einem Brand im Jahre 1367 auch der ältere Teil in Angleichung an den neuen ein Tonnengewölbe erhielt. Dieses Gewölbe ist

Kernbau des Rathauses,
Grundrisse des Erd- und
des Obergeschosses
sowie Nordansicht
im 14. Jahrhundert

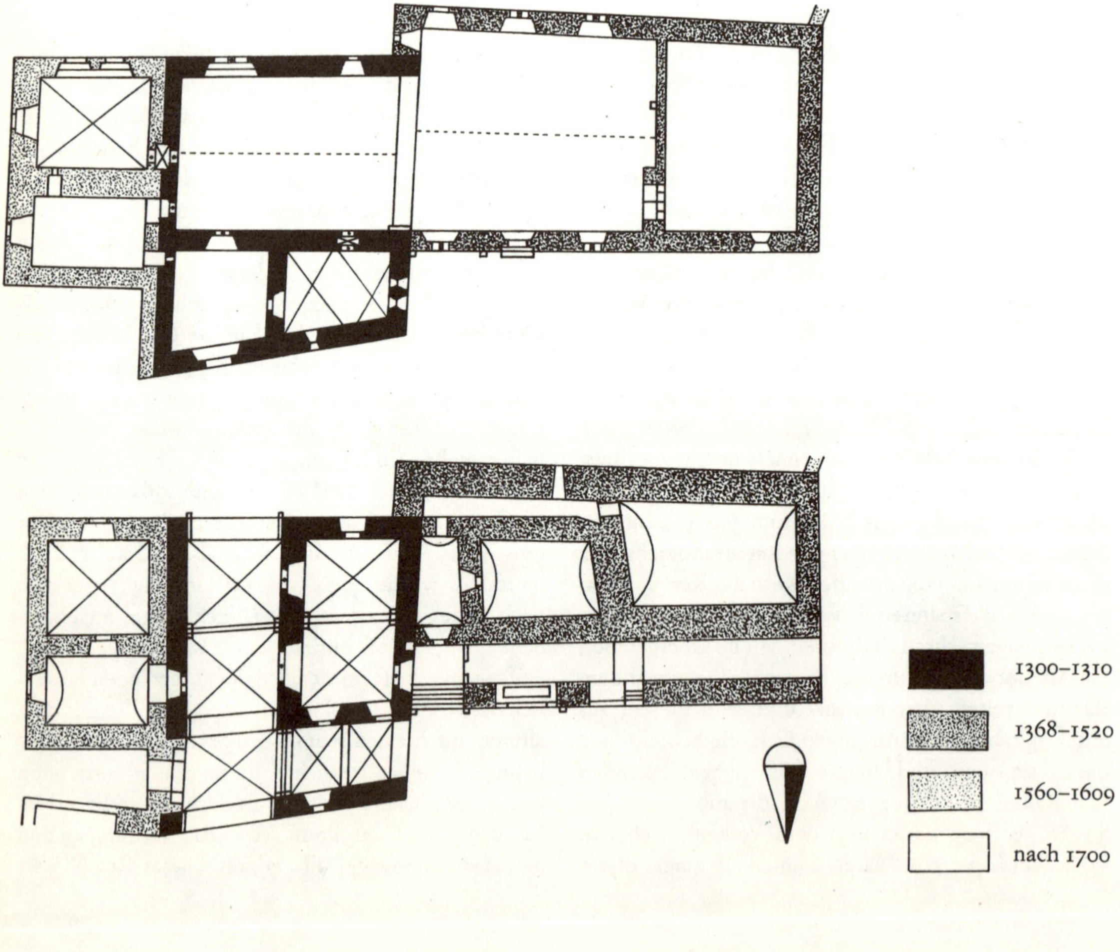

Grundriß des Rathauskomplexes

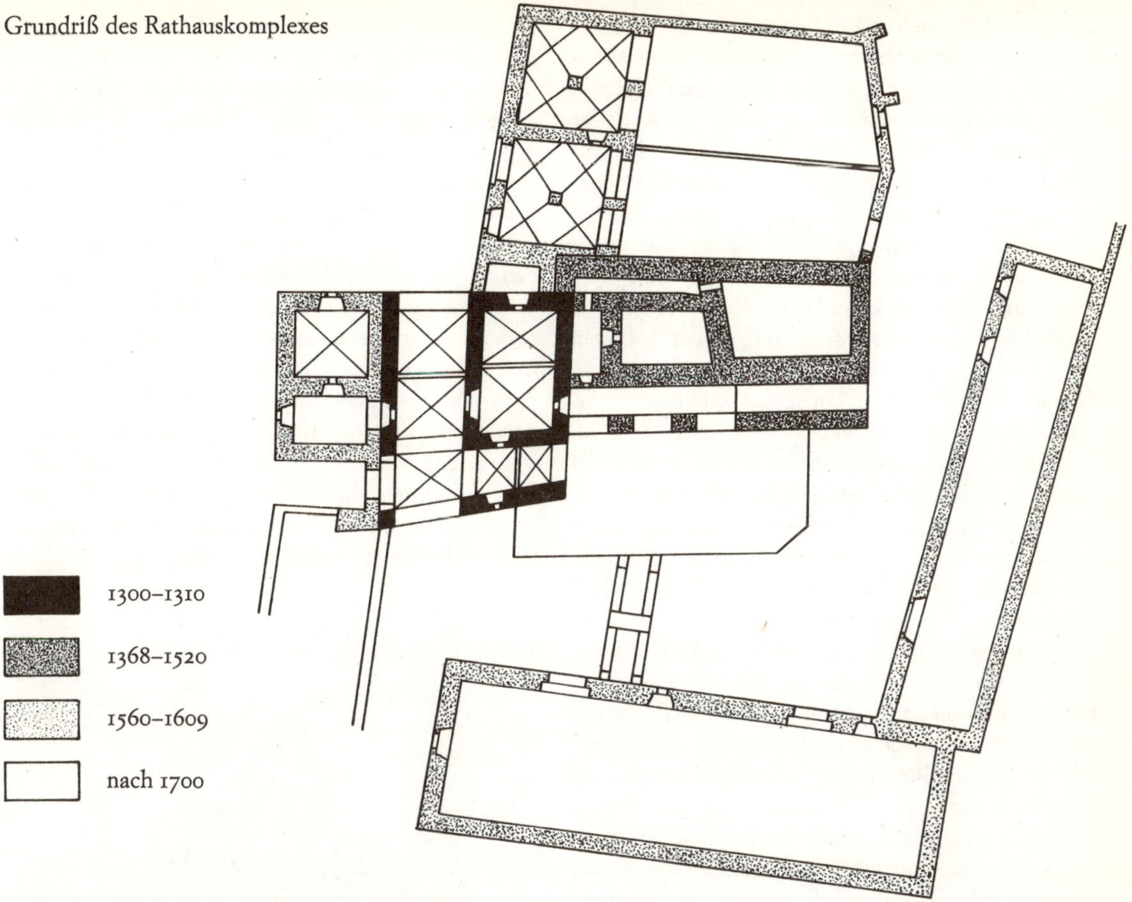

1747 erneuert und dabei mit den von Kartuschen umrahmten Bildern der vier Weltreiche des Altertums bemalt worden. Entsprechend der Vision des Propheten Daniel in Kapitel 2 und 7 des gleichnamigen bibli-
91– schen Buches stehen deren Herrscher Nebukadnezar
94 für Babylon, Darius für Persien, Alexander für Griechenland und Julius Cäsar für Rom. Wie bei den meisten Erneuerungen dieser Art wird man auch hier davon ausgehen können, daß frühere, vielleicht noch mittelalterliche Malereien und deren Thematik wiederholt worden sind.

An der Westseite des Erweiterungsanbaus wurde ein Raumteil von der Halle abgetrennt, anfangs durch eine Bohlenwand, später massiv. In dieser dem regierenden Rat vorbehaltenen Stube hielt das Gremium seine Sitzungen ab. Die Ausstattung mit getäfelten Wänden und geschreinerter Kassettendecke stammt zusammen mit dem Eingangsportal aus dem Jahre 1571 und ist von einem gewissen Georg Hecht gearbeitet. Reste von spätgotischer Malerei wurden 1913 freigelegt. Es handelt sich um Burg- und Landgrafen, die
wohl zu einem Ständebild gehörten. Wahrscheinlich 96,
war solch eine Darstellung an den Wänden der Rats- 97
stube eine Demonstration der Reichsfreiheit, die es zu verteidigen galt. Durch die Ereignisse des Bauernkrieges ging sie 1525 tatsächlich für einige Zeit verloren. Der Wiedergewinnung der Privilegien im Jahre 1547, gewährt von Kaiser Karl V. und erreicht durch die Beibehaltung des katholischen Glaubens gegen die protestantischen, die Stadtherrschaft nach 1525 ausübenden Fürsten Hessens und Sachsens, sind dann offenbar die 1572 entstandenen Bilder des Kaisers Maximi-

lian II. und der sieben Kurfürsten einschließlich der Wappen der Reichsstände zu verdanken, die die Westwand der Ratsstube schmücken. Die Darstellung von König oder Kaiser – dieser ist häufig als Karl der Große gekennzeichnet – zusammen mit den Kurfürsten, gehört zum Bildprogramm mittelalterlicher Rathäuser von Städten, die die Reichsfreiheit besaßen oder sie zu erlangen trachteten (H. Boockmann 1987), und an diese Tradition ist in Mühlhausen bei der Neuausmalung mit gutem Grund angeknüpft worden.

Im Erdgeschoß des Erweiterungsbaues befinden sich tonnengewölbte, von dicken Mauern umgebene Räume, die wie Keller zu Lagerzwecken benutzt wurden und auch eingetieft angelegt sind; zeitweilig beherbergten sie das Gefängnis. Ein vor diesen Räumen verlaufender Gang mit neuerlich freigelegten spitzbogigen Arkaden, jetzt durch einen neuzeitlichen Fachwerkbau verdeckt, war vermutlich zu Verkaufszwekken eingerichtet. Die Zugänge zum Obergeschoß bildeten beim älteren wie beim jüngeren Teil des mittelalterlichen Rathauses hölzerne Freitreppen und Galerien an den Außenwänden, so an der Nordseite des Erweiterungsbaus, wo sich eine spitzbogige Pforte mit profiliertem Gewände in entsprechender Lage erhalten hat. An der Südseite des Kernbaues hat es möglicherweise auch einen Treppenturm gegeben.

In dieser Gestalt aus kleinem, fast quadratischem Erstbau und weitaus größerem Erweiterungsbau auf längsrechteckigem Grundriß bestand das Rathaus während des späteren Mittelalters. Es stellte eigentlich einen Normalfall dar, der weder durch Größe noch durch baukünstlerischen Aufwand hervorgehoben war. In seiner Ausführung glich es gewiß der vornehmeren Wohnbebauung der Stadt, die schon früh, nachweislich aber erstmals 1370, steinerne Häuser aufwies. Auch die Höfe der Eichsfeldklöster in der Stadt waren Steinbauten. Das Mühlhäuser Rathaus macht also in Bezug auf das Baumaterial keine Ausnahme unter den Profanbauten der Stadt.

Zu Gestaltänderungen kam es in der zweiten Hälfte des 16. Jahrhunderts, und so verbirgt das Mühlhäuser Rathaus, abgesehen von der spitzbogigen Straßendurchfahrt, seinen mittelalterlich-gotischen Kern unter einer Renaissancehülle. 1595/96 baute Christoph Schnabel einen Südflügel im rechten Winkel an das gotische Rathaus. An dessen Ostseite war bereits 1568/69 ein zweiachsiger Trakt über einer mittelalterlichen Dreikönigskapelle neu errichtet worden. Der neue Südflügel enthielt im Erdgeschoß den Marstall und weist zur Ratsstraße hin sehr schöne Renaissance-
portale auf. Im Mittelgeschoß befindet sich seit der Er- 89,
bauung das reichsstädtische Archiv. 90

Ein Jahrzehnt später errichteten die Ratsmaurermeister Klaus Schnabel und Hans Rinke die beiden Flügel an der Nord- und an der Westseite. Sie bestim-
men mit ihren drei Geschossen, den schönen Portalen 86
und den hohen Zwerchhäusern auf dem steilen Sattel- 88
dach den Gesamteindruck und lassen heute, zusammen mit der in Formen der Neorenaissance gehaltenen Verbindungsbrücke von 1874 den stimmungsvollen Rathaushof entstehen, in dem 1746/47 eine Triumph-
säule und ein sogenannter venezianischer Brunnen aus 87
weißem Kalkstein ihren Platz fanden.

Braumeisterhaus Wahlstraße 69

Das Mühlhäuser Rathaus bietet somit das Bild einer Architekturleistung der Renaissance mit geringen barocken Veränderungen und neuzeitlichen Zutaten, ein ansprechendes und wohl auch das bedeutendste erhaltene baukünstlerische Zeugnis aus einer Zeit, in der durch die Reichsunmittelbarkeit der Stadt noch etwas von der Idee ursprünglicher Reichseinheit entgegen dem sonst blühenden territorialstaatlichen Partikularismus in Deutschland bewahrt blieb.

Stilistisch verwandt ist heute allein noch das 1607 erbaute Braumeisterhaus in der Wahlstraße Nr. 69 mit der breit gelagerten Hausteinfassade, die gewiß zurecht den Rathausbaumeistern Klaus Schnabel und Hans Rinke zugeschrieben wird (G. Günther/W. Korf 1987). Der Giebel ist durch ornamentierte Lisenen und Gesimse in zahlreiche rechteckige Felder gegliedert, die man sich bemalt vorstellen könnte, wie überhaupt die ganze Fassade farbig gefaßt und nicht steinsichtig grau zu denken ist, ähnlich der Erscheinung, die das kürzlich restaurierte Rathaus jetzt bietet.

SPITÄLER UND KLÖSTER ❧ Der Rat war als die höchste Körperschaft der kommunalen Selbstverwaltung verantwortlich für alle öffentlichen Belange in der Stadt. Nächst seiner Funktion als Rechtspflegeorgan hatte er für die Sicherheit des Gemeinwesens im militärischen Sinne Sorge zu tragen. Der Unterhalt der Befestigungsanlagen, Reparaturen und Neubau, bildete für das städtische Bauwesen die erste und teuerste Aufgabe; das zuständige Ratsmitglied war häufig zugleich Verwalter der Finanzen. Ein Hauptinteresse des Rates galt der Versorgung der Stadt mit Brauchwasser sowie der Gewährleistung der Abwasserbeseitigung. In Mühlhausen wurde die Brauchwasserversorgung in der Oberstadt durch eine künstliche Führung der Breitsülze über den Höhenrücken mit einem Minimalgefälle von 0,33 mm pro Meter und in der Unterstadt durch den Popperöder Bach, die Schwemmnotte, gesichert. Eine technische Höchstleistung war die Anlage einer unterirdischen Kanalisation in Form gemauerter und durch Platten abgedeckter Rechteckschächte, den sogenannten Ayzuchten oder Abzügen, welche die Oberstadt durchziehen und vermutlich seit Ende des 13. Jahrhunderts gebaut wurden.

Zur Kranken- und Altenpflege verfügte der Rat
zuerst nur über das 1207 gegründete Antoniusspital, im 9
Nordosten unmittelbar an der Stadtmauer, aber innerhalb der Befestigung gelegen. Seine Kapelle besitzt mit dem Portal noch Reste aus einer Bauzeit des 13. Jahrhunderts um 1270; später ist sie mehrfach erweitert und umgebaut worden. Obwohl an Ausdehnung nicht gering, reichte das Antoniusspital bald nicht mehr aus, und es bedurfte weiterer Spitäler, die nun außerhalb des inneren Mauerringes angelegt wurden, das Margarethenspital im Norden nahe der dort überlieferten Andreaskirche in der Mitte des 14. Jahrhunderts, ein Jakobispital 1462 in der Georgivorstadt und schließlich noch zwei Siechenhäuser ganz außerhalb der ummauerten Stadt. Außer dem Antoniusspital ist keines von ihnen erhalten geblieben.

Caritative Aufgaben dürften auch die Weißfrauen im Brückenkloster übernommen haben. Sie unterlagen jedoch nicht der Zuständigkeit des Rates, was auch für die Klöster der Bettelorden – zu den Franziskanern gesellten sich 1289 die Dominikaner – wie für das gesamte Kirchenwesen in der Stadt überhaupt galt, denn die Pfarrkirchen befanden sich in der Hand des Deutschen Ordens. Daß es zwischen den Mönchen und den Ordensherren als unterschiedlich intendierten Geistlichen nicht immer zum Besten stand, war schon erwähnt.

Noch schwieriger gestaltete sich das Verhältnis zwischen den Orden und dem Rat. Dieser machte den Deutschherren wie auch den Klöstern, und zwar nicht nur denen in der Stadt, auch denen in der Umgebung, die alle Höfe in der Stadt besaßen, die Abgabenfreiheit streitig. Es gelang dem Rat, die kirchlichen Institutionen zu veranlassen, ihr Grundeigentum in der Stadtflur an Bürger zu verkaufen und vom Erwerb neuer Güter abzusehen. Die Ausdehnung dieser Bestimmung auf das gesamte reichsstädtische Gebiet, also auch auf die umliegenden Dorffluren, die der Rat bis zur Mitte des 14. Jahrhunderts auf einem Territorium von etwa 220 Quadratkilometern vermutlich aus dem ehemaligen Reichsland erworben hatte, führte zum offenen Konflikt. Die Stadt verfiel dem Kirchenbann und der Reichsacht, im Mittelalter existentielle Strafen, die den Ausfall der seelsorgerlichen Betreuung der Bevölkerung bedeuteten. Der Einsatz von Kirchenstrafen in einer Auseinandersetzung, die rein politische oder ökonomische Ursachen hatte, ist eine gerade für das 14. Jahrhundert typische Erscheinung. Die Unterstellung von Ketzerei traf die Gegner der Pfarrgeistlichkeit, nicht nur die Stadtbewohner und den Rat, häufig auch die Franziskanermönche, die dann ihrerseits als Verbündete der Städte auftraten und die verweigerten Sakramente spendeten, wie auch die korporativ lebenden Frauen, die oft einer mystischen häresieverdächtigen Frömmigkeit huldigten. In Mühlhausen sind entsprechende Nachrichten über die Bettelmönche oder die Frauen im Brückenkloster nicht bekannt. Hier übernahm in der Zeit des Interdikts zwischen 1357 und 1362 die dem Rat unterstehende Geistlichkeit des Antoniusspitals die Seelsorge. Im Jahre 1362 schlichtete Kaiser Karl IV. mit einem im Wortsinne teuer bezahlten Urteil den Streit zugunsten der Stadt.

Die Zahl der Klöster in der Stadt scheint der Rat schon 1302 kraft eines vom König erwirkten Privilegs auf die drei bestehenden beschränkt zu haben. Weder die Augustinermönche – die ausdrückliche Erwähnung läßt auf einen entsprechenden Versuch dieses Bettelordens schließen – noch ein anderer Orden sollte ohne Zustimmung des Rates eine Niederlassung in der Stadt gründen dürfen. So bestanden um 1300 in Mühlhausen zwei Männerklöster und ein Frauenkonvent. Die eigentlichen Klostergebäude gingen sämtlich verloren, von den Kirchen ist nur die der Franziskaner erhalten geblieben.

Über die Gestalt des Brückenklosters, in dem Frauen nach der Regel des heiligen Augustinus lebten, geben alte Ansichten Auskunft. Es bestand aus bescheidenen, zwei- und dreigeschossigen Baulichkeiten um einen Hof. Zu ihnen gesellte sich an der Südseite die äußerlich kaum abgehobene Kirche in Form eines einfachen gestreckten und ungewölbten Rechtecksaales. Ein verhältnismäßig hoher und voluminöser Achteckturm, in barocker Zeit mit geschweifter Haube versehen, akzentuierte den Gebäudekomplex im Stadtbild wirkungsvoll. Die letzten Reste einschließlich des Turms beseitigte man erst 1904.

Das Dominikanerkloster am Nordostrand der Stadt machte durch seine Lage unweit der zerstörten Burg und umgeben von den Wohnungen ehemaliger Ministerialen eine stärkere Beziehung zu den Oberschichten in der Stadt deutlich. Ob ihm aus der Nähe zur Stadtmauer auch besondere Funktionen im Verteidigungsfalle erwuchsen, wie in anderen Städten für ähnliche Situationen überliefert (W. Braunfels 1978), ist nicht bekannt. Die Quellen geben über das fast gänzlich vom Erdboden verschwundene Kloster, auch über seine Gestalt, nur wenig her. Lediglich über die erst am Ende des 18. Jahrhunderts endgültig abgetragene Kirche lassen ältere Abbildungen Aussagen zu (vgl. S. 68). In den Klausurgebäuden konnte der Rat nach der Aufhebung des Klosters im Jahre 1542 ein Spital und Armenhaus einrichten, doch bereits 1583 begann man mit dem Abbruch der Baulichkeiten.

So ist von den drei Klöstern das der Franziskaner durch die vollständig erhaltene Kirche und die an ihrer Nordseite kenntlichen Spuren des Anschlusses der Klausur substantiell noch am deutlichsten präsent. Es füllte in etwa das Geviert zwischen Kornmarkt, Ratsstraße und Linsenstraße und reichte bis an die Schwemmnotte. An der Nordwestecke geriet es in unmittelbare Nachbarschaft zum Rathaus. Es gibt Spuren, die auf einen gewölbten Kreuzgang schließen lassen, dessen Fußbodenniveau möglicherweise niedriger lag als das der Kirche. Hochgelegene, jetzt zugesetzte Türöffnungen in der Nordwand der Kirche weisen auf eine durchaus übliche Mehrgeschossigkeit der Klostergebäude hin. Ein Kloster in der Stadt konnte sich nicht beliebig ausbreiten, aber es brauchte ausreichende Räumlichkeiten für caritative Zwecke und für die Bildungstätigkeit. Die Franziskaner in Mühlhausen unterhielten eine Schule und besaßen eine bedeutende Bibliothek, so daß die Baulichkeiten wohl wie größere steinerne Stadthäuser, auch mit entsprechenden Eingängen, in den Straßen gestanden haben und sich nach innen wahrscheinlich um mehrere Höfe gruppierten.

1568 wurden die Gebäude abgetragen und über das Gelände des Klosters die Neue Straße gelegt, eine überraschend schnelle Aktion, die noch wie eine Straf- und Sühnemaßnahme angesehen werden könnte, weil im Frühjahr 1525 hier aus Kirchenglocken Geschütze für die aufständischen Bauern gegossen worden waren. Doch wird es sich mehr um eine Demonstration des Sieges der Reformation gehandelt haben. Die Kirche des Klosters aber beließ man unversehrt. In ihr wurde bis 1566 katholischer Gottesdienst gehalten, obwohl der neue Glaube schon 1557 endgültig in Mühlhausen eingeführt worden war.

DIE KIRCHEN DER BETTELORDEN ❧ Im Volksmund heißt die ehemalige Kirche der Franziskaner in Mühlhausen bis heute Kornmarktkirche, insofern völlig zu Recht, als die gesamte Nordseite des Platzraumes von der fensterreichen Wand des gestreckten, 66 Meter langen Saalbaues eingenommen wird. Einen Markt hat es wohl schon früher hier gegeben, aber die gegenwärtige Situation ist erst 1582 entstanden, nachdem der auf dem Gelände angelegte Barfüßerfriedhof
65 aufgehoben worden war. Der abgesetzte Rechteckchor der Kirche ist etwas schmaler als das Langhaus und weicht in seiner Achse leicht nach Norden aus, tritt dadurch aber mit hoch aufragender Giebelwand und drei schlanken, in ihrer Höhe gestaffelten Maßwerkfenstern um so wirkungsvoller in den Straßenraum der Linsenstraße. Der erst nach 1400 (1422?) an der Südostseite im Winkel zwischen Schiff und Chor über einer 1392 hinzugefügten Kapelle errichtete Turm ist von vielen Straßen und Gassen aus sichtbar. So zufällig und einfach die Baugestalt der Kornmarktkirche auch sein mag – sie gibt sich geradezu exemplarisch als Bettelordenskirche zu erkennen –, so sensibel ist sie in die städtebaulichen Räume hineinkomponiert und bil-
7, 8 det mit ihrem langgestreckten Dach gleichsam nur ein großes Haus unter den vielen anderen Häusern in der Stadt.

Eine genauere Betrachtung der Bausubstanz lehrt, daß diese beeindruckende Gestalt in einem Zeitraum von rund 160 Jahren gewachsen ist, mit Resten in der Nordwand, die auf einen romanischen Bau vor der Klostergründung zurückgeführt werden (vgl. S. 54), und im Chor, die die Absicht einer frühgotischen Rippenwölbung dokumentieren (vgl. S. 54). Von Anfang an aber war Einschiffigkeit und im Langhaus gewiß keine steinerne Wölbung vorgesehen, so, wie der Bau dann auch in der zweiten Hälfte des 13. Jahrhunderts durch eine Erweiterung nach Westen zu einem vorläufigen Ende geführt wurde. Die Westwand zeigte sich mit einer bis in das Giebeldreieck reichenden Dreifenstergruppe. Einen Eingang gab es an der Westseite nicht, denn das restliche Gelände bis zur Ratsstraße war mit einem bebauten Grundstück, vermutlich dem eines Ministerialen, besetzt. Die Dreifenstergruppe setzt im Inneren eine hölzerne Tonnenwölbung oder, dem ältesten Rathaussaal vergleichbar, einen offenen Dachstuhl als Raumschluß voraus. Das Maßwerk war aus Kreisen, Drei- und Vierpässen gebildet, etwas reicher und nicht so geometrisch klar und einfach wie der Kreis über doppeltem Spitzbogen in den westlichen Fenstern der Marktseite (Rekonstruktionen U. Sareik 1980). Ursprünglich wiesen auch die östlichen Fenster des Langhauses diesen einen Kreis über den beiden spitzbogig geschlossenen Bahnen auf, doch fiel dieser

Grundriß der Kornmarktkirche

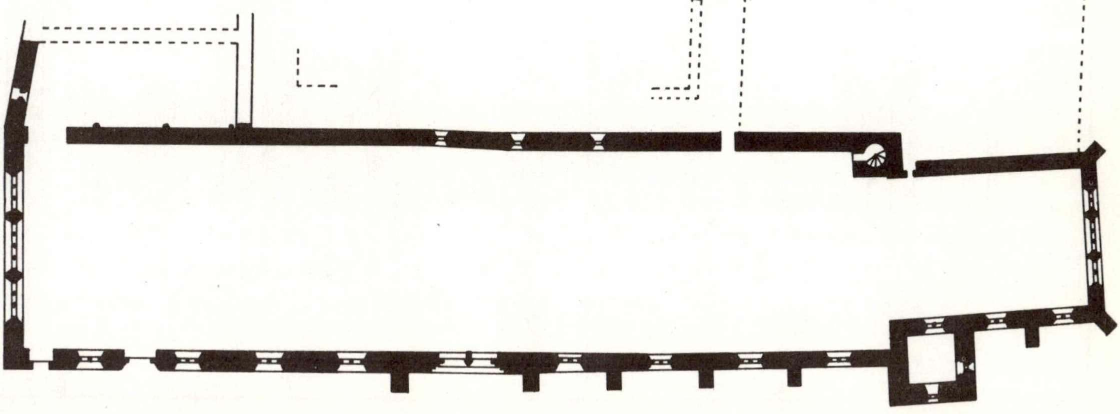

Teil der Wand 1346 oder 1348 einem Erdbeben, vermutlich auch Baugrundveränderungen zum Opfer, und beim Wiederaufbau trat ein sphärisches Dreieck an die Stelle. Damals bekamen die östlichen Achsen der Südwand ihre Strebepfeiler wie schon der Chor bei seinem Um- oder Neubau nach 1307.

An der Marktseite besaß die Kirche drei Eingänge, was auf eine vielfältige Begehbarkeit hinweist, aber
63 nur der mittlere war aufwendiger gestaltet: ein breites vierteiliges Maßwerkfenster mit Profilleibung – alle anderen Fenster sind zweigeteilt und haben einfache Leibungsschrägen – bietet gleichsam Rahmen und Erhöhung des unter ihm befindlichen Eingangs. Das »Fensterportal« ist in der Mühlhäuser Kirchenbaukunst der Gotik zwar eine häufige und charakteristische Form, an der Kornmarktkirche jedoch bildet es als das einzige aus der städtischen Pfarrkirchenarchitektur übernommene Repräsentationsmotiv eine Ausnahme.

Die Einschiffigkeit, die enorme Streckung des Saalraumes und den Verzicht auf eine rhythmisch gliedernde Rippenwölbung hat die Mühlhäuser Franziskanerkirche mit frühen Bettelordenskirchen vor allem in Thüringen gemeinsam, doch waren einschiffige und in der Regel ungewölbte Saalbauten bei den Franziskanern auch in anderen Landschaften verbreitet. Diese unkonventionelle, zum Profanen neigende Einfachheit muß einem Bauideal des Ordens entsprochen haben. Baubestimmungen waren 1260 auf dem Generalkapitel in Narbonne erlassen worden. Danach soll-

Kornmarktkirche,
Rekonstruktion der Westansicht
und des Langhausquerschnittes

ten Kirchen außer über dem Altarplatz nicht gewölbt sein, was dem ursprünglichen Mühlhäuser Konzept entspräche. Aber vielleicht sind die prononcierte Einschiffigkeit und die hölzernen Decken auch mit Ordenskirchen in Italien (Cortona, San Francesco) zu vergleichen, die als »Gebrauchstyp« (R. Wagner-Rieger) für die frühen Klosterkirchen der Franziskaner in Deutschland ein Vorbild gewesen sein könnten – völlig unrepräsentativ, aber durch das Volumen ihres Raumes und die Dimension seiner Hülle bedeutsam im Stadtbild stehend.

Welche Größe des Raumes diese Art des Bauens mit dem Charakter des scheinbar Unabsichtlichen oder Zufälligen hervorbringen konnte, ist in Mühlhausen seit 1975 wieder erlebbar. Die nach der Säkularisierung des Klosters weiter, seit 1566 protestantisch genutzte Gottesdienststätte ist 1709 und 1722 noch einmal barock erneuert worden, ehe man sie 1802 zur städtischen Waage profanierte und 1881 schließlich zu Lager-, Büro- und Wohnzwecken um- und ausbaute, die architektonische Schöpfung entstellte und entwertete. Durch eine hervorragende Restaurierungsmaßnahme konnte 1973 bis 1975 der Innenraum der Korn- 66
marktkirche in seiner Ganzheit wiedergewonnen werden. Er ist seitdem museal eingerichteter Bestandteil der Gedenkstätte »Deutscher Bauernkrieg« und erinnert an die Ereignisse der Jahre 1524 und 1525, als in reformatorischem Eifer die religiöse Bildkunst, mit der Bettelordenskirchen dank bürgerlicher Stiftungen meist recht reich ausgestattet waren, beseitigt wurde und das Kloster Versammlungsstätte der revolutionären Bevölkerungsschichten war. Damit hält der in seiner unbekümmerten Einfachheit durchaus volkstümliche Bau die Erinnerung an jene Menschen wach, die damals, vom Markt oder aus den Werkstätten kommend, den großen Raum werktags wie feiertags füll-

Kornmarktkirche, Rekonstruktion der Maßwerke in den westlichen und in den östlichen Jochen der Südwand

Kornmarktkirche, Ornamentfries an den Langhauswänden

ten, die, weniger privilegiert, in den ärmeren Stadtvierteln wohnten und für die die Franziskaner ihre künstlerisch anspruchslosen Predigthäuser eigentlich gebaut hatten, nicht weil sie den Armen nichts Besseres zugestanden, sondern weil sie darin das Ideal wahren Christentums erblickten. In dieser Frömmigkeitshaltung lag gewiß ein Keim jenes Gedankengutes, das am Anfang des 16. Jahrhunderts die frühbürgerliche Revolution ausgelöst hat.

Obwohl in ihrem Ursprung mit den Franziskanern verwandt, waren die Dominikaner und ihre Rolle in der mittelalterlichen Gesellschaft weitaus mehr von Konventionen bestimmt und auf die Stabilisierung bestehender Verhältnisse gerichtet. Man würde das auch in Mühlhausen ihrer Kirchenarchitektur ablesen können, wenn von Kloster und Kirche der Prediger, wie die Mönche vom Orden des heiligen Dominikus noch genannt wurden, etwas mehr erhalten wäre. 1593 verlor das mittelalterliche Kirchengebäude sein Gewölbe, durch den Stadtbrand 1689 auch das Dach. Seitdem Ruine, wurden die Reste des einst stattlichen Bauwerkes zwischen 1775 und 1790 abgetragen.

Allerdings wissen wir über die Predigerkirche St. Peter und Paul am Untersteinweg durch alte Abbildungen gut Bescheid, und einige in der heutigen Wohnumbauung enthaltene Reste ermöglichen dem Kundigen, sich ein Bild von der baulichen Gestalt zu machen. Die Kirche der Dominikaner war wie die der Franziskaner langgestreckt mit einem im Stadtbild gewiß deutlich hervortretenden mächtigen Satteldach, möglicherweise auch schon im Mittelalter wie in der Barockzeit mit einem Dachreiter bekrönt, sonst aber, wie es scheint, gänzlich turmlos. Die südliche Langseite zeigte sich in strenger Regelmäßigkeit mit einfachen, unterhalb des Dachgesimses endenden Strebepfeilern und mit elf Fensterachsen, von denen drei mit Portalen – dasjenige im fünften Joch von Osten bezeichnenderweise in der Straßenachse der Allerheiligengasse gelegen – zusammengefaßt waren; als Maßwerk sind Dreipässe in den durch Pfosten zwei- und dreigeteilten Fenstern zu erschließen. Die Strebepfeiler sind hier nicht die Folge einer Reparatur, sondern von Anfang an Bestandteil des Bauwerks gewesen. Die dreischiffige Hallenkirche wurde unmittelbar nach der Gründung des Klosters im Jahre 1289 angeblich zunächst nur mit acht Jochen errichtet, nach 1338 dann auf elf Joche erweitert und schließlich 1348 geweiht. Die drei Schiffe wiesen nicht gleiche Höhe auf, denn die auf jeden Fall gewölbten Seitenschiffe waren niedriger als das Mittelschiff, dessen steinerne Wölbung nicht gewiß ist (R. Aulepp 1980). Als Typ war die Mühlhäuser Dominikanerkirche somit eine Staffel- oder Stufenhalle, wie sie in der Baukunst der Bettelorden nicht selten auftritt. Sie hatte ihre früheste Verbreitung in der Kunstlandschaft um den Harz, zu der Mühlhausen durchaus in Beziehung stand und die westfälisch-niedersächsisch geprägt war. Etwa gleichzeitig mit der Mühlhäuser Dominikanerkirche sind die Dominikanerkirchen in Halle an der Saale, der heutige Dom, und in Göttingen von ähnlichem Typ gebaut worden. Auch die Franziskanerkirche in Halberstadt gehörte ihm an. Mit der Hallenser Kirche hatte die Mühlhäuser die Längsstreckung, auch den kurzen einschiffigen und polygonal geschlossenen Chor gemeinsam, die beiden anderen Bauten bevorzugen den mehrjochig gestreckten Langchor. Charakteristisch sind bei allen schlanke achteckige Pfeiler, die kaum eine trennende Wirkung haben und vielmehr ein Zusammenfließen des Gesamtraumes der dreischiffigen Halle in der Art eines lediglich unterteilten Saales ermöglichen. Dies gilt es im Hinblick auf einen Vergleich mit den an kathedralen Vorbildern orientierten Hauptpfarrkirchen festzuhalten: Die Bettelorden stellen neben diese eine völlig andere Architekturqualität, im ganzen unrepräsentativ, antikathedral, verbunden mit einem neuen, beinahe unmittelalterlichen Raumempfinden, das aber in einer vom Mönchtum bewahrten Tradition frühchristlichen Ursprungs stand, näm-

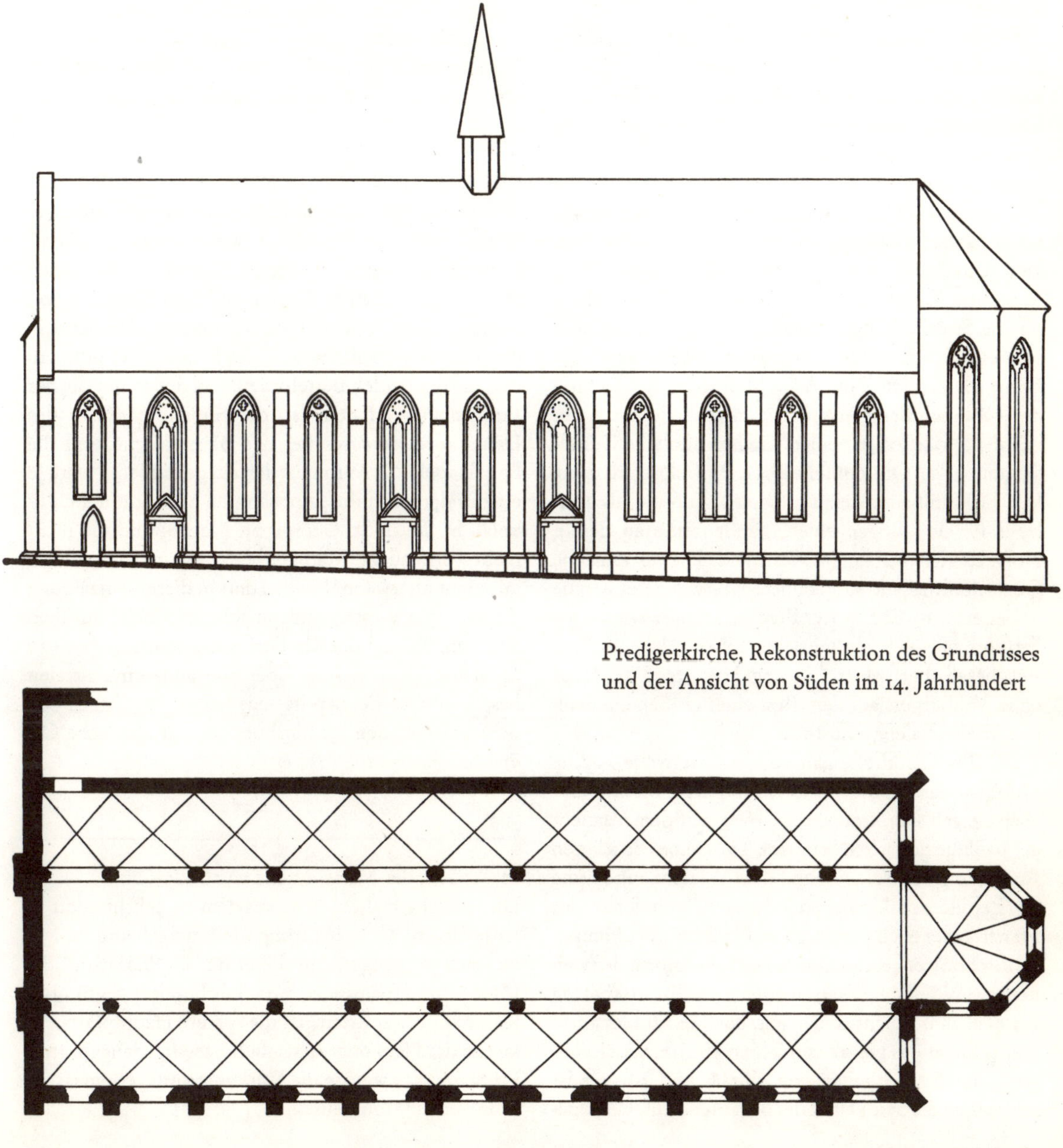

Predigerkirche, Rekonstruktion des Grundrisses und der Ansicht von Süden im 14. Jahrhundert

lich in erster Linie bergende Hülle für eine sich versammelnde Gemeinde zu sein. Die städtische Gemeinschaft, auf die sich das Interesse der Bettelorden richtete, mit allen, besonders aber den niederen Schichten, war zahlreich, und daher erklärt sich die beachtliche Größe der eigentlich nur wie Zweckbauten errichteten Kirchen.

Bei den Franziskanerkirchen ist diese baukünstlerische Gegenposition deutlicher spürbar als bei den Kirchen der Dominikaner. Man kann diese Beobachtung auch in Erfurt machen, und der dortigen Predigerkirche scheint die Mühlhäuser am nächsten verwandt gewesen zu sein. Obwohl die Erfurter Kirche eine Basilika mit einem Lichtgaden im höheren Mittelschiff darstellt, lassen die hohen Arkaden auf schlanken achteckigen Pfeilern einen hallenartigen Raum entstehen. Mit der Erfurter Kirche hatte die Mühlhäuser die Streckung des Grundrisses und das im Osten vortretende, hier möglicherweise allein gewölbte Chorjoch mit dem Fünf-Achtel-Polygon als Abschluß des Mittelschiffes gemein. Die ungegliederten Achteckpfeiler dürften in beiden Kirchen ähnliche Gestalt gehabt haben. Die kapitellartigen Profilabschlüsse belegt in Mühlhausen eine erhaltene Konsole als Aufleger für den Bogen einer Arkadenreihe an der in Hofgebäuden verbauten Westwand. Die als einfache Querschnittfassade ausgebildete Westwand der Kirche – wieder ist an die Erfurter Predigerkirche zu denken – verfügte nur über ein mittleres höher gelegenes Fenster, besaß aber keinen Eingang. Hier stand das Haus eines Vollbürgers auf dem Rest eines großen ehemaligen Ministerialengrundstücks.

Die Predigerkirche galt als die drittgrößte Kirche Mühlhausens nach St. Marien und Divi Blasii. Aber auch sie gab sich, trotz ihrer Größe, mit dem Verzicht auf baukünstlerischen Schmuck – von einer bezeugten Ausmalung abgesehen – und dem Verzicht auf Türme als Bettelordenskirche zu erkennen, von jener der Franziskaner eben nur durch eine spürbare baukompositorische Strenge und durch die Hoheitsform der steinernen Wölbung unterschieden. An Kunstschätzen hat es auch ihr nicht gemangelt, doch der Bildersturm von 1524 hat das meiste vernichtet. Und durch die Tilgung der Baulichkeiten von Kirche und Kloster ist schließlich die Stadt eines der bedeutendsten Denkmäler ihrer Architekturgeschichte, das nicht nur lokales Interesse beansprucht hätte, verlustig gegangen, auch eines städtebaulich gewiß recht wirksamen Ensembles, zu dem die Dominikanerkirche mit der am Untersteinweg gegenübergelegenen Allerheiligenkirche zusammengewachsen war. Möglicherweise erübrigte der elegante hohe Turm der ansonsten äußerst bescheidenen 75
Allerheiligenkirche, der im Stadtbild mit dem der Kornmarktkirche konkurriert und korrespondiert, einen weiteren Turm an der Dominikanerkirche.

DIE KIRCHEN DES DEUTSCHEN ORDENS

Noch zwölf mittelalterliche Kirchbauten stehen heute in der Stadt. Im Mittelalter waren es nach unserer Kenntnis sechzehn: In der inneren Stadt die beiden Hauptpfarrkirchen St. Marien und Divi Blasii, die drei Nebenkirchen St. Jakobi, Allerheiligen und St. Kiliani, die Klosterkirchen, die »auf der Brücke« (ad pontem) und die der beiden Bettelorden, von denen nur die der Franziskaner erhalten ist, die Kapelle St. Anna des Deutschordenshauses bei der Blasiuskirche und die Spitalkapelle St. Antonius, dazu in der äußeren Stadt je eine in den nach ihnen benannten Vorstädten, St. Nikolai, St. Petri, St. Georgi, St. Martini und die nicht mehr vorhandene Margarethenkirche mit ihrem Spital; nicht unerwähnt bleiben darf in dieser Aufzählung die seit 1571 verschwundene Johanniskirche auf dem Blobach. Sie und die Kirche des Antoniusspitals allein unterstanden dem Rat. Über alle anderen Pfarreien besaß, soweit sie bereits existierten, spätestens seit dem ausgehenden 13. Jahrhundert, der Deutsche Orden das Patronat.

---

10 Ansicht der Marienkirche von Südosten
Die gotische Hallenkirche aus dem 14. Jahrhundert hatte eine romanische, frühgotisch umgebaute Basilika zum Vorgänger. Aus dieser für die Pfalzstadt Mühlhausen spätestens im 11. Jahrhundert gegründeten königlichen Kirche ist die spätere Hauptpfarrkirche der Neu- oder Oberstadt hervorgegangen. Im Frühjahr 1525 war sie die Wirkungsstätte Thomas Müntzers in Mühlhausen.

10–39 Marienkirche
11, 12 Der spätromanische Nordturm und der in frühgotischen Formen erneuerte Südturm

Folgende Seiten:
13, 14 Chor sowie Querschiff und Langhaus von Norden

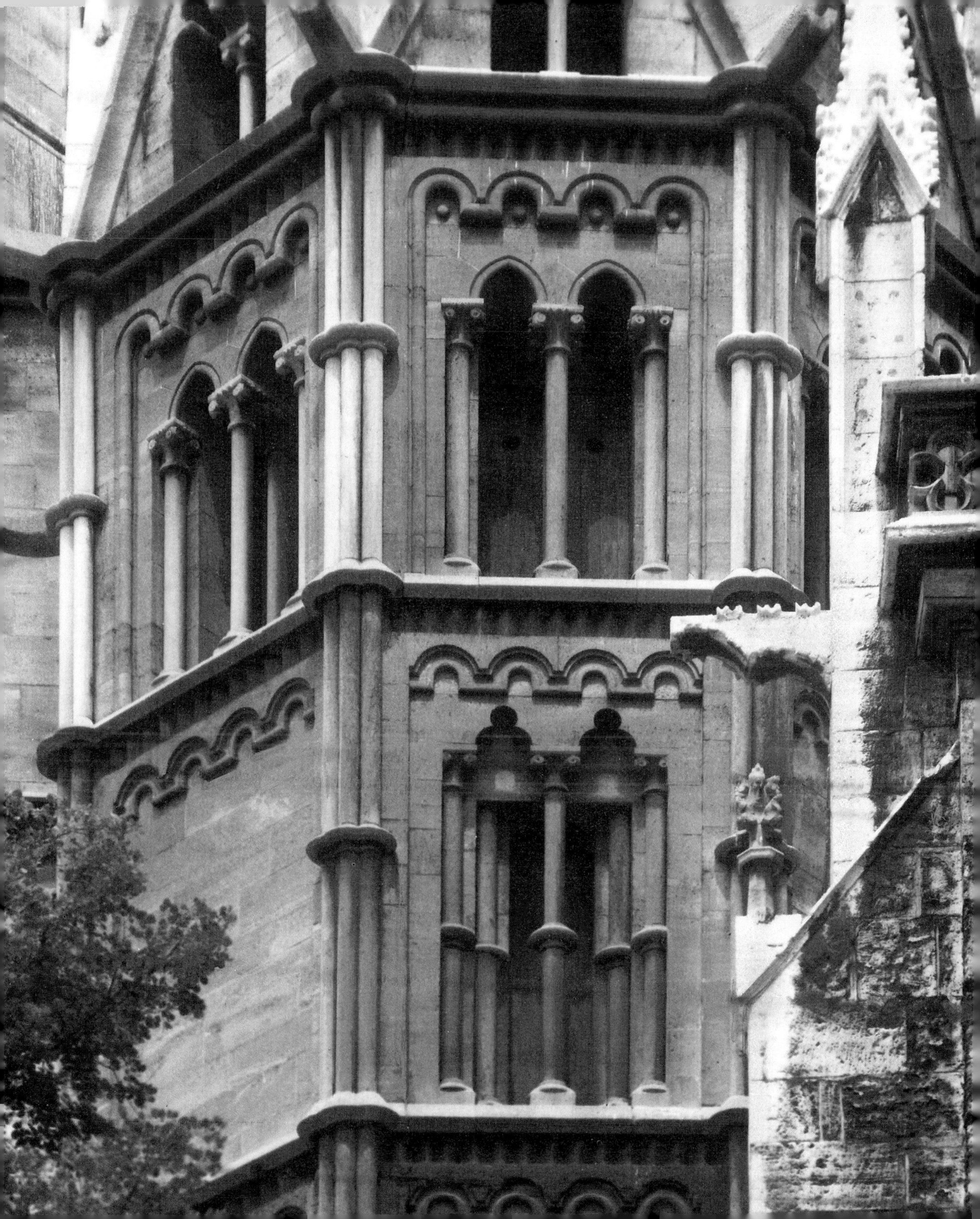

10–39 Marienkirche

15 Blick durch das fünfschiffige Langhaus nach Nordwesten

16 Fenster im Polygon des Hauptchores

Die eng gestellten Bündelpfeiler bestimmen die Bewegungsrichtung in den Achsen der Schiffe und erschweren die Verschmelzung zur Raumeinheit der Halle.

10–39 Marienkirche
17 Pfeiler und Gewölbe des Hallenlanghauses
18, 19 Marienkrönung und das von Untieren bedrohte Lamm Gottes, Gewölbeschlußsteine im Chorpolygon und im Mittelschiff

10–39 Marienkirche

20 Das Langhaus nach Westen

21 Südfassade des Querhauses

Folgende Seiten:

22 Figurengruppen am Südgiebel des Querhauses: An der Brüstung des Scheinaltans der Kaiser und sein Gefolge, zwischen den Fenstern die Anbetung der Heiligen Drei Könige

10–39 Marienkirche

23 Der Kaiser und sein Gefolge unter der Anbetung der Könige am Südgiebel des Querhauses

24, 25 Kaiserin und Kaiser

Als Kaiserpaar können Karl IV. und Elisabeth von Pommern oder sein Sohn Wenzel und dessen Gemahlin Johanna von Wittelsbach dargestellt sein. So ungewöhnlich das Bild eines szenisch agierenden zeitgenössischen Herrschers in der Plastik des Mittelalters auch sein mag, die Erscheinung des Königs in der Kirche unter dem Bilde der die Ankunft Christi bezeugenden Heiligen Drei Könige hat eine weit zurückreichende Tradition.

10–39 Marienkirche

26–29 Figuren der Anbetung der Heiligen Drei Könige am Südgiebel des Querhauses

Der Stil der Skulpturen am südlichen Querhausgiebel der Marienkirche zeigt Verwandtschaft mit der Erfurter Plastik der siebziger Jahre des 14. Jahrhunderts, weist aber mit einigen Merkmalen nach Prag und nach Wien; sie sind bedeutsame künstlerische Zeugen der böhmischen Reichsherrschaft in Thüringen.

30 Reliquienkreuz

Folgende Seiten:

31, 32 Altarflügel mit der Legende des heiligen Nikolaus

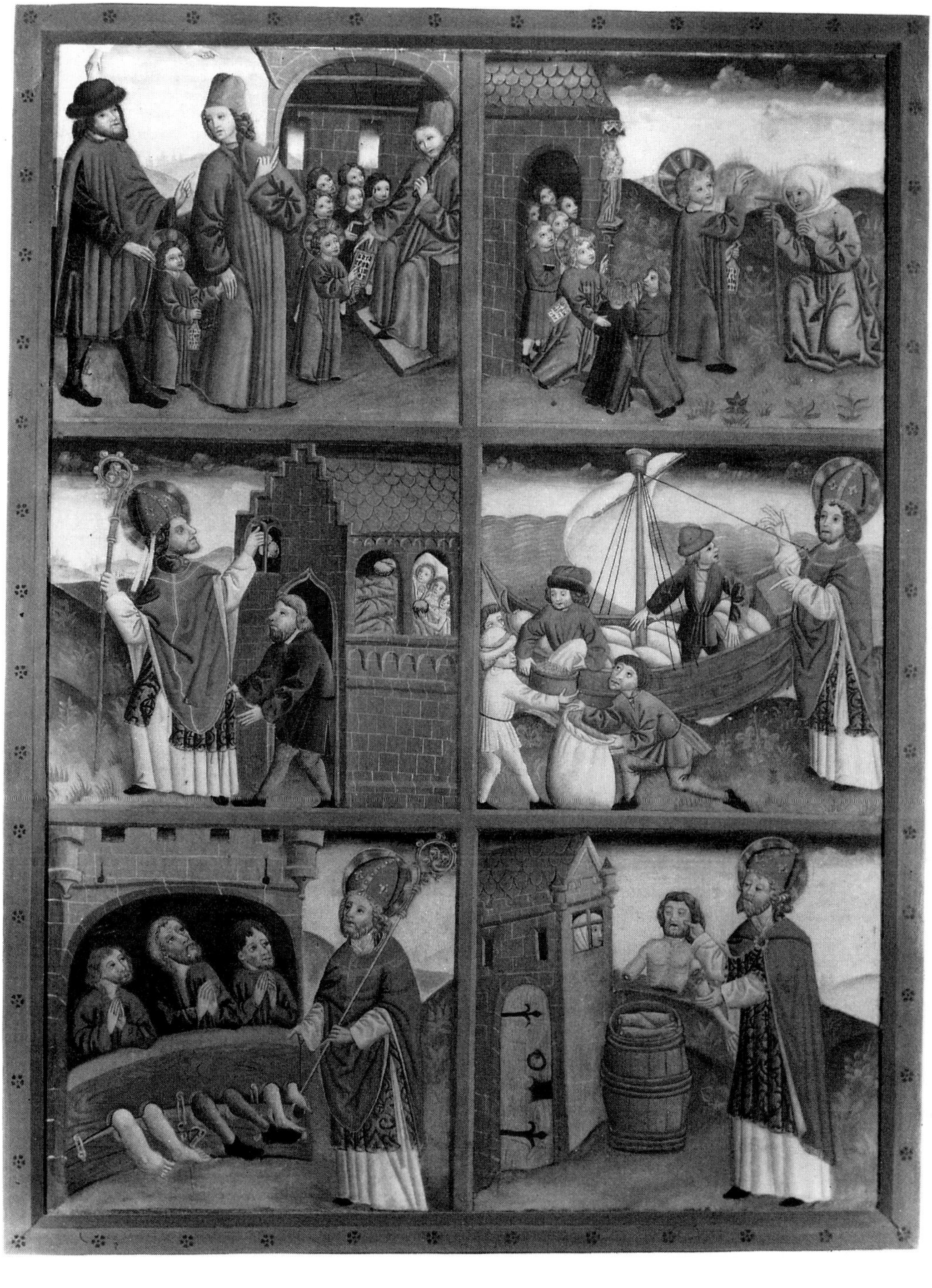

10–39 Marienkirche
33–35 Anbetung der Heiligen Drei Könige, spätmittelalterliche Figuren an den Vierungspfeilern

10–39 Marienkirche

36, 37 Flügelgemälde vom Hochaltar der Marienkirche mit Johannes dem Täufer und Anna Selbdritt sowie Maria mit dem Kind und Johannes dem Evangelisten

38 Schnitzfiguren aus dem linken Flügelschrein des Hochaltars: Die Apostel Jakobus der Ältere und Bartholomäus sowie der heilige Bischof Valentin

Der Deutsche Orden war eine Bruderschaft, die Bremer und Lübecker Kaufleute im Verlauf des dritten Kreuzzuges in Palästina gegründet hatten, um durch sie ein während der Belagerung von Akkon im Jahre 1190 eingerichtetes Spital betreuen zu lassen. Zu ihren geistlichen und caritativen Aufgaben traten militärische hinzu, als die Korporation 1198 den Status eines Ritterordens, dem älteren Templerorden und dem Johanniterorden gleich, erhielt. Unter den deutschen Fürsten, die auf einer Versammlung in Akkon diese Umwandlung beschlossen, befand sich auch Landgraf Hermann von Thüringen. Das Habit der nunmehrigen Ordensritter bestand aus einem weißen Mantel mit einem schwarzen Balkenkreuz. Das höchste Amt in der Organisation führte der Hochmeister. Im 13. Jahrhundert, schon vor seinem Rückzug aus Palästina – die Feste Akkon konnte bis 1291 gehalten werden –, fielen dem Deutschen Orden reiche Stiftungen in Deutschland selbst zu, besonders in Thüringen und Hessen. Aus diesen Gegenden mit einer starken Reichsministerialität kamen viele der Ordensritter. Auch in Mühlhausen stammten die Mitglieder des Ordens im wesentlichen von den ansässigen Ministerialenfamilien ab. Als Verwaltungszellen des Ordensbesitzes entstanden die Komtureien, deren Sitz das »Haus« war. Mehrere Komtureien bildeten eine Ballei, ein Landkomtur stand ihr vor.

1225 und 1226 nahm der Orden das ihm zu Lehen übereignete Weichselland in Besitz und begann 1231 die heidnischen Preußen (Pruzzen) zu unterwerfen und zu christianisieren. 1309 wurde die Marienburg an der Nogat Sitz des Hochmeisters und Zentrum des ordenspreußischen Staates. Der schwarze Adler Preußens gelangte in das Wappen des Ordens. Als sein Zeichen finden wir ihn auch in Mühlhäuser Kirchen.

In Mühlhausen hatte sich der Deutsche Orden während der Regierungszeit Friedrichs II. niedergelassen, gewiß nicht zufällig in einer Reichsstadt. Der Staufer förderte den Orden, und Hermann von Salza, ein Angehöriger einer thüringischen Ministerialenfamilie und von 1210 bis 1239 vierter im Amt des Hochmeisters, fungierte als Berater Friedrichs bei dessen Städtepolitik. 1227 wurde die Blasiuskirche und 1243 die Marienkirche in Mühlhausen dem Deutschen Orden übertragen, und seitdem festigte dieser seine Stellung, die er in der Stadt bis über das Ende des Mittelalters hinaus zu bewahren verstand.

Die Verbindungen zwischen Preußen und den deutschen Balleien brachten es mit sich, daß auch Angehörige Mühlhäuser Ministerialenfamilien Ämter im Ordensstaat bekleideten. Der namhafteste von ihnen war ohne Zweifel Kristan von Samland. Zunächst als Geistlicher an Divi Blasii tätig, wurde er 1276 zum Bischof im preußischen Samland ernannt. Vermutlich hielt er sich nur zeitweilig in seiner Diözese auf, er wirkte in Mühlhausen bis zu seinem Tode im Jahre 1295 und fand in der Blasiuskirche seine letzte Ruhestätte. Bei der Wahrung reichsstädtischer Freiheit während und nach dem Interregnum scheint er mit diplomatischem Geschick eine entscheidende Rolle gespielt zu haben (G. Sommer 1881 nach K. Herquet 1874).

Die beiden Mühlhäuser Hauptkirchen erhielten die Deutschherren aus königlicher Hand, und der Bauwille des Ordens hat gewiß den aristokratischen Zug von Divi Blasii und St. Marien bei ihrem Neubau im späten 13. und 14. Jahrhundert, ihren »kathedralen« Charakter wesentlich geprägt, der in einer Stadt, die nie Bischofssitz war, zunächst überrascht. Die Neben- und Vorstadtkirchen treten bescheidener in Erscheinung, lassen aber doch auch einen Hang zu hoheitsvoller Formgebung spüren. Nur die Klosterkirchen trugen ganz betont eine andere Baugesinnung vor und stellten sich in einen gestalterischen Gegensatz zur Pfarrkirchenarchitektur der Stadt. Entscheidend war der ordensbedingte Verzicht auf Türme bei Franziskanern und Dominikanern. Erst im frühen 15. Jahrhundert (1422?) gaben allein die Franziskaner ihre Zurückhaltung in dieser Hinsicht auf und bauten einen Turm,
gut situiert an der Südseite ihrer Kirche, zwischen 65
Langhaus und Chor, dominant auf dem Platz und auch deutlich in den Sichtachsen mehrerer Straßen und

39 Kanzel der Marienkirche
Sie wurde zwischen 1608 und 1614 von dem Mühlhäuser Tischler und Schnitzer Hans Croberger gefertigt, der noch weitere Ausstattungsstücke im Stil der späten Renaissance schuf, darunter auch den Baldachin über dem spätmittelalterlichen Hochaltar und den Ratsstuhl.

Gassen, nicht zuletzt von der Schwemmnotte aus,
8 »Auf dem Damme«, wo die Lohgerber ihre Speicher und Werkstätten hatten. Interessant ist, daß die beiden schlanken Achteckgeschosse, mit denen sich der Turmaufsatz über quadratischem Stumpf oberhalb des Dachgesimses der Kirche erhebt, Kantenprofile aus gebündelten Rundstäben und Wasserschläge als Einfassungen der hochrechteckigen Wandfelder besitzen, die an die Türme des 13. Jahrhunderts erinnern. Diese Türme waren an den Hauptkirchen zwar in Form von Doppelturmfassaden errichtet worden, hatten aber in
75 dem Turm der Allerheiligenkirche schon einen ersten einzeln stehenden Nachfolger bekommen, dessen Fenster klassisch gotisches Maßwerk füllt und eine Datierung in das frühere 14. Jahrhundert rechtfertigen. Wie schon vermerkt, ersparte der Allerheiligenturm infolge seiner Nähe zur Dominikanerkirche dieser einen eigenen Turm, und der Deutsche Orden, der die Allerheiligenkirche von Anfang an als Kapelle ehemaliger Ministerialen verwaltete, könnte sich einen solchen dort auch verbeten haben. Der Turm des Brückenklosters war, nach den erhaltenen Abbildungen zu urteilen, vermutlich gleichzeitig mit dem Allerheiligenturm entstanden – die Bauarbeiten sollen erst 1343 beendet gewesen sein –, besaß aber trotz ähnlicher Gestalt kaum dessen zierlich schlanke Eleganz. Mit beiden Türmen im Stadtbild zu korrespondieren mag ein bauästhetisches Ziel der Errichtung des Barfüßerturms dann im 15. Jahrhundert gewesen sein. Bis heute tun das die zwei erhaltenen Türme am Kornmarkt und am Untersteinweg mit ihren nachmittelalterlichen Hauben aus der Renaissance (Barfüßer 1568) und dem Barock (Allerheiligen 1719).

Das türmereiche Bild der Stadt möchte man durchaus auf baukünstlerische Intentionen des Deutschen Ordens zurückführen. Ein burghaftes Bild vermittelten auch seine Städte im Weichselland. Die Kirchen am östlichen Stadtrand von Mühlhausen zeigen heute ihre Türme mit barocken Hauben, von 1707 an St. Kiliani, von 1735 an St. Martini, und von 1748/49 an St. Georgi; hier war es ein völliger Turmneubau. Bis dahin sind mittelalterliche Spitzhelme überliefert. An die Vorstadtkirche St. Martini ist der Turm erst nach der (erneuten?) Übernahme durch den Deutschen Orden 1364 angefügt worden, mit einer nur von außen zugänglichen Kapelle im Untergeschoß, kreuzrippengewölbt und mit Wandmalereien des 15. Jahrhunderts versehen. Eine ursprünglich ebenfalls nur von außen zugängliche Kapelle wurde um 1370 auch der wenig früher als rechteckiger Saalbau neu errichteten Georgikirche an der Südseite hinzugefügt, sechseckig und im Gegensatz zum holzgedeckten Schiff rippengewölbt; der Schlußstein zeigt den Adler des Deutschen Ordens.

So bescheiden sich diese Kirchen heute auch darbieten, so deutlich lassen sie doch Ansätze oder Spuren einer anspruchsvolleren Gestaltung erkennen, die sie im 14. Jahrhundert erfahren haben oder zumindest er-

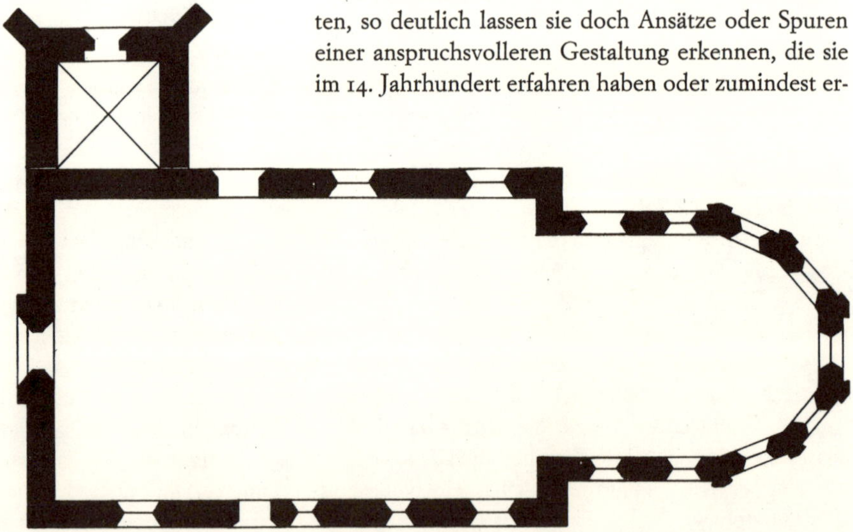

Grundriß der Martinikirche

fahren sollten. An St. Georgi sind es die Portale der Südseite mit den kräftig profilierten Gewänden und den Baldachinen für flankierende Figuren, die hoheitsvolle Dreifenstergruppe an der gerade geschlossenen Ostseite und ein repräsentatives Fensterportal an der Nordseite, bei der Martinikirche das Fünf-Zehntel-Polygon, das an dem älteren Kirchenschiff, nach Aussage der Fenstermaßwerke im ausgehenden 14. Jahrhundert, vermutlich einen älteren Chor ersetzte. Die Formen wie auch die architektonische Wirkung der
84 neuen Bauteile haben eine Vornehmheit, die wohl der aristokratischen Haltung der Bauherren zu verdanken ist. Überall ist die Ausstrahlung der in Vollkommenheit errichteten Hauptkirchen zu verspüren. Nur das
81 Fragmentarische einschließlich neuzeitlicher Überformungen verleiht den Nebenkirchen eine gewisse Volkstümlichkeit.

St. Petri ist unter den mittelalterlichen Kirchen Mühlhausens die jüngste. Sie wurde 1352 bis 1356 auf dem Pestfriedhof als dreischiffige gewölbte Hallen-
78 kirche mit einschiffigem, aus fünf Seiten des Achtecks geschlossenem Chor unter der Ägide des Pfarrers der Oberstadt erbaut. Anklänge an die Hauptkirchen auch hier: Die Ostjoche der Seitenschiffe sind ähnlich den dortigen Seitenchören vom Hauptschiff als Kapellen getrennt. Ansonsten ist gerade die Petrikirche ein interessantes Beispiel dafür, wie durch doktrinär historistische Überformung des Äußeren und durch die Erneuerung der gotischen Gewölbe (1893 bis 1895 durch Gottfried Koethe) die Mittelalterlichkeit der baulichen Erscheinung nach der Vorstellung des späten 19. Jahrhunderts verstärkt werden konnte.

In ähnlicher Weise kann das von der Nikolaikirche, der größten Vorstadtkirche, gesagt werden. Sie erhielt 1897/98 durch Wilhelm Röttscher, den Architekten des neugotischen Mittelturmes der Marienkirche, die regelmäßige Gestalt einer dreischiffigen kreuzrippen- 72,
gewölbten Hallenkirche, wie sie »im 14. Jahrhun- 73
dert beabsichtigt, doch nicht erreicht worden war« (G. Günther/W. Korf 1986). Dabei stand am Anfang eine basilikale Planung, die der Deutsche Orden um 1314 mit einem Fünf-Achtel-Polygon als Chor und abgetrennten Kapellen in den östlichen Teilen der Seitenschiffe noch beibehielt. Der Baugedanke der Halle hat sich erst spät durchgesetzt und ist nur fragmentarisch ausgeführt worden. Der Turm steht an der Stelle des östlichen Jochs des südlichen Seitenschiffs und endet mit einem aus dem Quadrat ins Achteck übergehenden Geschoß, das von einer Maßwerkbrüstung zwischen Eckfialen am Fuße der schiefergedeckten Helmspitze bekrönt ist. Er gilt als um 1340 vollendet.

Der Turm der Nikolaikirche am Bastmarkt, einem frühstädtischen Markt vor dem ehemaligen Felchtaer
Tor, bietet beim Blick zur Stadt zusammen mit den bei- 6
den Türmen der unmittelbar hinter der inneren Mauer gelegenen Jakobikirche das schönste Architekturbild Mühlhausens. Fast möchte man darin eine Widerspiegelung jener städtebaulichen Komposition erkennen, die für die Oberstadt als breite Einzugstraße auf die Westfassade der Marienkirche hin erschlossen werden konnte. Im Fortgang der Straße in die Unterstadt (Wanfrieder Straße und Felchtaer Straße) ist dann, bei der im Mittelalter vorauszusetzenden niedrigeren Be-

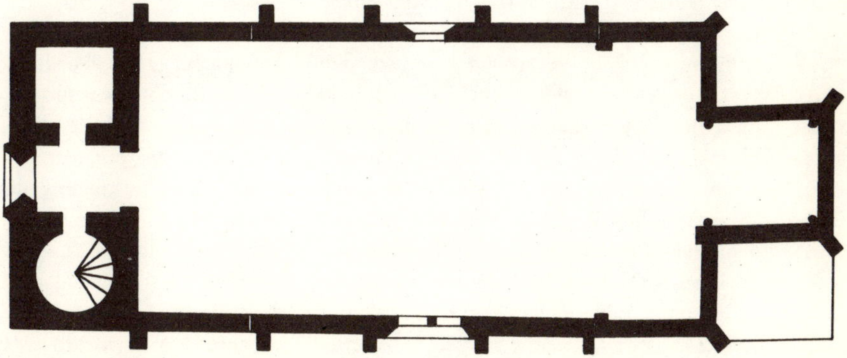

Grundriß der Jakobikirche

bauung zumal, die Blasiuskirche mit ihren stattlichen, weiß leuchtenden Türmen ins Blickfeld getreten.

67 So bedeutsam die Jakobikirche im Stadtbild steht, so sehr ist sie doch durch ihre Schicksale in Mitleidenschaft gezogen (Brand 1539, Gewölbe- und Pfeilereinsturz 1592, Umbau zum Saal 1597 mit 1765 bemalter Holzdecke), und ihre Schließung im Jahre 1826 kam offenbar einer Erneuerung analog der Petri- oder der Nikolaikirche zuvor. Das ist um so erstaunlicher, wenn man bedenkt, daß die Jakobikirche ihrer architektonischen Gestalt nach als die dritte Hauptkirche der Stadt angesehen werden muß. Den Einfluß der frühgotischen Blasiuskirche hatten wir bereits festgestellt. In den Ostteilen zunächst eine Planung von niedrigerer Gebäudehöhe anzeigend, folgten um 1300 drei Joche einer einheitlich konzipierten dreischiffigen gewölbten Hallenkirche mit relativ enger Stellung der wandhohen Strebepfeiler und sehr hohen Maßwerkfenstern, von denen die mittleren als Fensterportale ausgebildet sind, besonders stattlich das südliche mit Mittelpfosten und Baldachinen für Skulpturen. Be-
68– merkenswert sind die Türsturzkonsolen und der zum
71 Teil figürliche Archivoltenschmuck, darunter eine Kaiserfigur in der Bogenkehle des Nordportals, die als CESAR. HENRIC. DE. LUZELBURCH bezeichnet ist, womit eine Datierung in die Jahre 1312 und 1313, zwischen Kaiserkrönung und Tod des deutschen Königs Heinrich VII. aus dem Hause Luxemburg, möglich wird. Diese Datierung gilt für die Nordwand, die südliche scheint jünger zu sein und wurde gleich mit einer vierten Jochachse nach Westen aufgeführt, die Nordwand dann entsprechend verlängert und mit dem Unterbau der Türme begonnen. Den relativ späten Abschluß der Bauarbeiten im Jahre 1363 unter einem Ordenspriester Paulus nennt eine Inschrift an der Südwand. Die Türme selbst sind erst nach 1400 entstanden und sollen 1418 vollendet gewesen sein (A. Brzozowski 1922). Ihre asymmetrische Gestaltung, die nicht wie an den Hauptkirchen eine Folge stilistischen Wandels war, wirft ein bezeichnendes Licht auf das bauästhetische Selbstverständnis der Entstehungszeit. Die Tradition der aus dem späten 12. und 13. Jahrhundert her-
67 rührenden Turm- und Fassadenform hat hier ihren lokalen Endpunkt gefunden. Die Details und die Auffassung vom Baukörper erinnern an den annähernd gleichzeitigen Barfüßerturm, doch wiederholt der Turmbau von St. Jakobi auch im Inneren das Muster der Marien- und der Blasiuskirche: Mit großer Arkade öffnet sich eine Empore zum Mittelschiff des Hallenraums. Gerhard Günther und Winfried Korf haben darauf hingewiesen, daß die Jakobikirche sich baugeschichtlich »als Vermittler zwischen Divi Blasii und St. Marien präsentiert«: Der Beginn des Weiterbaus der frühgotischen Basilika von Divi Blasii mit dem Übergang zum Hallenplan ging der Errichtung der Jakobikirche voraus, der Neubau der Marienkirche wirkte sich dann im Laufe des Bauvorgangs auf die endgültige Gestalt bestimmend aus. Die Türme vervollkommneten das Stadtbild im Sinne eines von Höhendominanten geprägten Konzepts.

DER HOCHGOTISCHE NEUBAU DER BLASIUSKIRCHE Im Normalfall unterstanden in einer mittelalterlichen Stadt die Pfarrkirchen, obwohl die größten und für das öffentliche Leben wichtigsten Gebäude, nicht dem Rat, sondern waren oft zunächst Filialen weitaus älterer kirchlicher Institutionen auf dem Lande. Dies trifft auch auf die Mühlhäuser Pfarrkirchen zu; wann sie sich aus der Abhängigkeit der Mutterkirche St. Martin in Görmar gelöst haben, ist nicht bekannt. Auf jeden Fall geschah dies aber, bevor sie in die Hände des Deutschen Ordens fielen. Bemühungen des Rates, sie unter seine Kontrolle zu bringen, führten in Mühlhausen nicht zum Erfolg. Der Deutsche Orden blieb bis 1599 uneingeschränkt im Besitz der Pfarrhoheit in der Stadt. Die Blasiuskirche und die Marienkirche, beide jünger als die Kirchen in peripherer Lage, aber inzwischen Hauptkirchen der zur Stadt gewordenen Siedlung, erhielt der Orden aus königlicher Hand, die älteren gewann er später hinzu; neu gegründete beanspruchte er von vornherein.

Die Schenkung der Hauptkirchen schuf die Grundlage für die spätere Vorrangstellung des Ordens in der Stadt. Die Übertragung der Blasiuskirche im Jahre 1227 scheint noch ein erstes Fußfassen gewesen zu sein. Ein königlicher Kaplan blieb bis 1246 im Amt des Pfarrers. Das Gelände an der Stadtmauer, auf dem dann ein neues Ordenshaus mit einer Kapelle St. Anna errichtet wurde, erwarb der Orden erst 1262. Jetzt aber war er kirchlicher Herr in Mühlhausen und, wie es scheint, auch ein Verbündeter des Rates bei seinen Bemühungen um die Wahrung des reichsstädtischen Status gegen Freiheitsbeschränkungen durch umliegende Territorialgewalten nach der Zerstörung der Pfalz und während des Interregnums. Als historische Persönlichkeit tritt uns in diesem Zusammenhang der bereits erwähnte Ordensherr Kristan von Samland entgegen. Er war Bauherr von Divi Blasii im letzten Drittel des 13. Jahrhunderts, als die Kirche ihre bis heute bewahrte Gestalt bekam.

Kristan muß einen Bau vorgefunden haben, der schon bestanden hatte, als die Schenkung an den Orden erfolgte, dazu, mit diesem wohl verbunden, den danach errichteten westlichen Querriegel mit dem vielleicht bereits vollendeten Nordturm und dem vermutlich nur begonnenen Südturm, ferner im Osten, möglicherweise außerhalb der älteren Kirche, die Anfänge eines neuen Chores (und eines Querschiffes?), dreischiffig, mit kapellenartig abgetrennten und gerade geschlossenen Seitenschiffen; das Mittelschiff mag gleichfalls rechtwinklig geendet haben. Daß diese begonnene Kirche eine langgestreckte und wohl kreuzförmige Gewölbebasilika werden sollte, geht aus den Baubefunden am Westbau und im Chor hervor. Wann der Neubau angefangen wurde – die Provenienz der Formen ist eindeutig die frühgotische Zisterzienserarchitektur –, ob er um 1256 unterbrochen werden mußte und wie weit er ausgeführt war, als man den Plan einer Basilika aufgab, um die Kirche als Halle zu vollenden, darauf gibt es keine definitive Antwort. Nahtlos gehen die frühgotischen Sockelpartien in die hochgotischen Wände über, die zwischen den Chorschiffen öffnen sich ab etwa drei Meter Höhe in aufschießende spitzbogige Arkaden, so daß die nun gleich hoch gewölbten Raumteile miteinander verbunden sind. Die Pfeiler bewahren die grundgelegte Kreuzform mit vorgelegten und eingestellten Diensten, aber an die Stelle von Kelchknospenkapitellen sind Kelchblattkapitelle getreten, in unterschiedlicher Höhe dem jeweiligen Bogenansatz der Gewölbezone entsprechend. Die raumhohen, durch Pfosten zweigeteilten Fenster nehmen der Wand viel Substanz und sind im spitzen Bogenfeld mit Maßwerk aus Kreisen und Dreipässen gefüllt. Der Schluß des Mittelschiffes ist nach Osten vorgeschoben und polygonal gebrochen.

An den Chor schließt sich das im Norden und Süden über die Seitenschiffe vorspringende Querhaus über dem Grundriß dreier nicht ganz regelmäßiger Quadrate an. Die frühgotischen Formen treten hier allmählich zurück, nur der umlaufende Sockelwulst und Eckdienstanfänger mit Schaftringen bilden eine Reminiszenz. In die nach innen sehr geschlossen wirkenden Stirnwände – am ehesten vergleichbar bleiben immer noch zisterziensische Innenräume – sind über den Portalen größere Rundfenster eingeschnitten, an der Südseite mit Kreisen und einbeschriebenen Sechspässen als Maßwerkfüllung, an der Nordseite mit beeindruk-

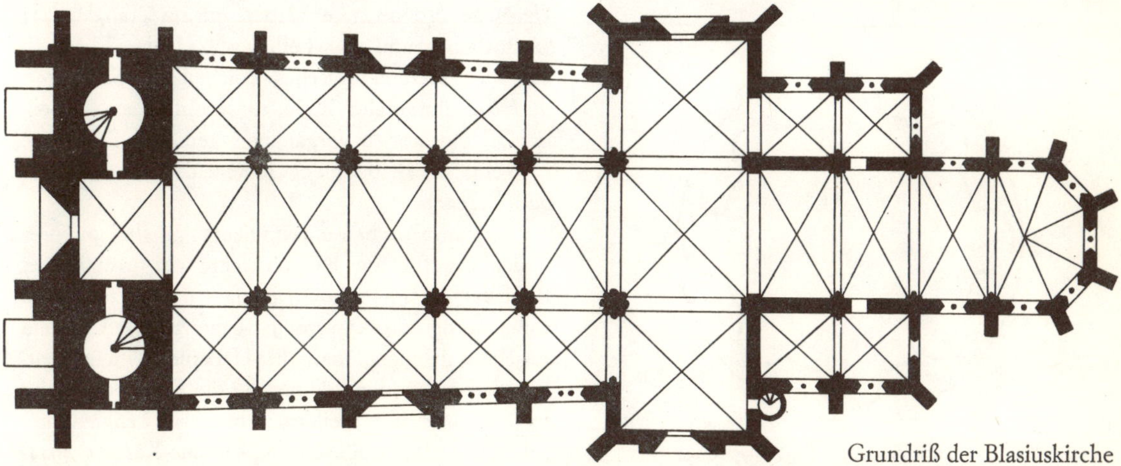

Grundriß der Blasiuskirche

kender Rose in hochgotisch kathedralen Maßwerkformen.

Entscheidend am Querhaus aber ist der Wechsel der Stützenform von Ost nach West: am Choreingang die Pfeiler auf kreuzförmigem Grundriß, an der Seite zum Langhaus Rundpfeiler, mit acht Diensten umstellt, vier stärkeren – »alten« – für die Gurt- und Scheidbögen und vier dünneren –»jungen« – für die Diago-
55, nalrippen des Gewölbes. Diese Pfeiler, auf Sockel-
57 trommeln stehend und mit laubwerkgeschmückten Kapitellbändern einheitlich in gleicher Höhe abschließend, teilen mit zwei Reihen das fünfjochige Langhaus in drei Schiffe bei querrechteckigen Gewölbefeldern im Mittelschiff und annähernd quadratischen in den Seitenschiffen. Die Stützen stehen relativ eng. Bei angestrebter gleicher Scheitelhöhe aller Gewölbebögen macht sich eine Stelzung der Scheidbögen und der Gurte in den Seitenschiffen erforderlich, die Krümmungsansätze sind zusätzlich durch eine Profilleiste markiert. An den Außenwänden werden die Gewölbebögen von Blattkonsolen abgefangen, so daß die im Langhaus breiteren (dreigeteilten) Fenster mit ungegliederten Wandflächen wechseln, eine Vereinfachung des Vorbildes, die zu der gegliederten Körperhaftigkeit der Pfeiler in einem bemerkenswerten Gegensatz steht.

Welches Vorbild liegt dem Hallenlanghaus von Divi Blasii zugrunde? Die Leitform ist der »kantonierte« Pfeiler, dessen zylindrischem Kern so viele Rundstäbe angelehnt sein können, wie es Bögen im Gewölbebereich zu tragen oder besser – weil konstruktiv von geringer Bedeutung – zu markieren gibt. Er hat seinen Ursprung in den hochgotischen französischen Kathedralen des 13. Jahrhunderts, tritt in Frankreich im basilikalen Verband auf und ist in der Kathedrale von Reims in klassischer Form ausgebildet. In Amiens weiterentwickelt und von dort übernommen, ist er in Köln anzutreffen; wir finden ihn in reicherer Form im Dom und in einfacherer, um nicht zu sagen, reduzierter Form in der Minoritenkirche. Andernorts ist die in Deutschland gern rezipierte Stützenform Champagneser Gotik nicht mit basilikalen Bau- und Raumtypen verbunden, dagegen mit einem Zentralbau in Trier (Liebfrauenkirche) und mit einer Hallenkirche in Marburg (St. Elisabeth).

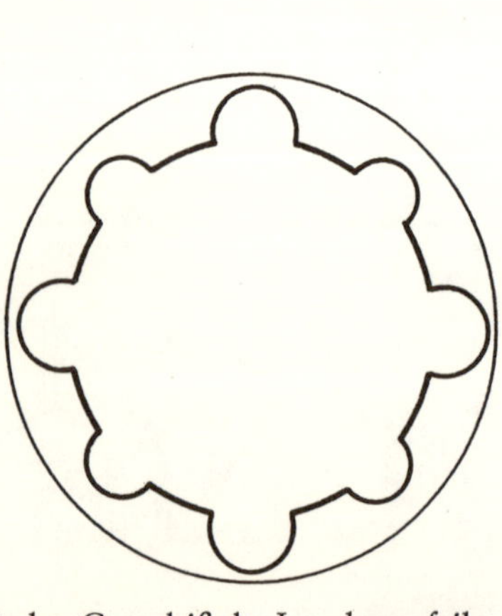

Blasiuskirche, Grundriß der Langhauspfeiler

Die Elisabethkirche in Marburg, »der erste gotische Bau auf deutschem Boden« (Richard Hamann 1938), war für die Rolle einer Hauptkirche des Deutschen Ordens an einem Ort bestimmt, der aus staufisch-reichspolitischen wie aus thüringischen, nach 1247, nach dem Aussterben der Landgrafen aus ludowingischem Hause, hessischen territorialherrschaftlichen Gründen für ein überregionales Zentrum der Deutschherren vorgesehen war und dies bis zum Beginn des 14. Jahrhunderts auch gewesen ist. Die Landgräfin von Thüringen hatte in Marburg, ihrem Witwensitz, 1228 ein Hospital zu Ehren des Heiligen Franz von Assisi gegründet, das die seit den Anfängen in Palästina und bis zu dem Gebietserwerb im baltischen Raum miteinander verbündeten thüringischen Landgrafen und der Deutsche Orden 1234 erwarben, um am Grab der 1231 verstorbenen und 1235 heiliggesprochenen Elisabeth ein auch architektonisches Zeichen weitgesteckter, durchaus imperialer Ziele zu setzen. Kaiser Friedrich II. war an den Vorgängen beteiligt und im Jahre 1236 bei der Erhebung der Gebeine der heiligen Elisabeth zugegen.

Diese historischen Zusammenhänge sind in ihrer Bedeutung für die Baugeschichte der Mühlhäuser Blasiuskirche nicht hoch genug zu bewerten, auch wenn streng kunstwissenschaftliche Analysen zu dem Ergebnis gelangen, daß die Hallenidee im wesentlichen vom Mindener Dom und die Form der Pfeiler von dem östlichen Pfeilerpaar in dessen Langhaus abgeleitet werden müßten (K. Wilhelm-Kästner 1924) oder daß die Pfeiler »letztlich in dieser Form, mit acht anstatt vier Diensten wie in Marburg auf Köln zurückzuführen« und das Gewölbesystem mit »vierungsbreiten Scheidbögen und rippengleichen Gurten nicht von Minden oder Marburg, sondern von Köln bzw. Trier her bestimmt« seien (W. Schenkluhn 1983). Es sollte keinem Zweifel unterliegen, daß die planändernde Wahl des Hallensystems mit der ausschließlichen Verwendung hochgotischer Formen die zwischen 1235 und 1285 errichtete Marburger Elisabethkirche zur Grundlage hat, und zwar vom Anfang der Fortführung des basilikal begonnenen Baues an, nicht erst im Langhaus. Kristan von Samland, der die Vollendung des Ganzen nicht mehr erlebt hat, dürfte die Wahl des Marburger Musters getroffen haben. Vor seinem Tode stiftete er drei Altäre, seine Bestattung ist im Chor überliefert; große Teile der Kirche müssen also 1295 bereits benutzbar gewesen sein.

Daß die Rezeption des hochgotischen Hallensystems nach Marburger Vorbild einschließlich der rheinisch-westfälischen Elemente mehr eine Sache des Ordens und weniger der Stadt, daß sie eine aristokratische und keine bürgerliche Intention war, ist schon von den Umständen der Entstehungsgeschichte her deutlich, vom baulichen Erscheinungsbild einmal ganz abgesehen. Doch die ungegliederten Wände zwischen den Fenstern – in Marburg stehen dort innere Dienstbündel im Verband mit den äußeren Strebepfeilern – empfindet man als feste Raumgrenze und die Rundpfeiler als von Raum umflossene plastische Körper, die Wirkung des Raumes beginnt über die Sichtbarmachung von Baustruktur die Oberhand zu gewinnen, eine Tendenz, die zum architekturästhetischen Ideal der spätmittelalterlichen Stadt führt. Und auch am Außenbau der Blasiuskirche kann man Elemente entdekken, die anzeigen, daß das Gebäude der Stadtgestalt integriert werden sollte, daß es bereits im Verlauf seiner Errichtung gleichsam anfing zu verbürgerlichen.

Zunächst wirkt der Außenbau einheitlicher als das
51 Innere. Über einem gemeinsamen Sockel erheben sich die Wände mit ihren mehrteiligen Maßwerkfenstern und werden, der inneren Jochteilung entsprechend, durch Strebepfeiler gegliedert. Das Fenstermaßwerk besteht in den Ostteilen aus einfachen Kreisen und Dreipässen, am Langhaus aus sphärischen Formen mit einbeschriebenen Drei- und Vierpässen, und deutet damit den Bauablauf von Ost nach West an. Die Strebepfeiler springen durch Abtreppungen nur wenig zurück und stehen als klar akzentuierende Vertikalen an den Wänden; sie werden in Fenstersohlbankhöhe durch ein umlaufendes Kaffgesims dem Baukörper verbunden, und das weit vorkragende Profil des Dachgesimses verkröpft sich ebenso zusammenbindend mit ihren Abschlüssen, worin sich einschließlich der Wasserspeier eine starke Verwandtschaft mit dem Außenbau der Marburger Elisabethkirche zeigt. Gar nicht marburgisch allerdings sind die hohen Fialen auf den Strebepfeilern und die maßwerkbelegten Giebel über jeder Jochachse der Langhauswände. Die jeweils mittlere der fünf Achsen hebt sich durch freistehendes Maßwerk (nur an der Nordseite) und durch die Vierteilung des Fensters ab. Die Fensterleibung ist reicher profiliert, an den meisten übrigen Fenstern einfach abgeschrägt. Die Leibungsprofile der Mittelfenster sind bis zum Gebäudesockel herabgeführt, so daß sie gleichzeitig das Gewände für ein Portal abgeben: Hier haben die vielen »Fensterportale« der Stadt ihr Muster. Doch ist das Mittelfeld der Langhauswände nicht nur allein hervorgehoben, sondern die anderen Wandfelder sind in ihrer Gestaltung auf diese Mitte hin symmetrisch bezogen. Wir haben es mit einer auf den Freiraum gerichteten Fassadenkomposition zu tun, ein frühes Beispiel an der Langseite einer mittelalterlichen Kirche. Sie mag in der Tat durch westfälische Beispiele wie den Dom in Minden angeregt worden sein und setzt die Blasiuskirche deutlicher von der Marburger Elisabethkirche ab als alle anderen festgestellten Formverschiedenheiten, und sie macht die Ordenskirche zur Stadtkirche. Die weniger auf den Gesamtkörper des Bauwerkes als vielmehr auf den äußeren Umgebungsraum zielende Fassadenbildung ist wohl charakteristisch für das Baugefühl, das andererseits zum Hallenraum geführt hat.

Ganz deutlich auf den Platzraum des Untermarktes, zu dem die Blasiuskirche ja gehört, zeigt sich ihr Chor orientiert: Mit seinen Giebeln über jeder Fensterachse des Polygons und über den Nebenchören stellt er sich als eine der ersten »Chorfassaden« in Mitteldeutschland dar (W. Groß 1967). Vergleichbares bieten vor allem Kirchen in Braunschweig. Für die städtebauliche

Blasiuskirche, Ansicht des Chores vom Untermarkt, um 1880

Raumbildung wurde diese Fassade der Kirche die relevanteste. Die Doppelturmfassade an der westlichen Eingangsseite, von der ursprünglichen »kathedralen« Idee des Gesamtbaukörpers her gesehen die wichtigste, verlor dagegen ihre Bedeutung und verkümmerte in ihrer Gestalt noch während der abschließenden Bauvorgänge. Der in seinen Höhenproportionen zum Hallenbau in ein Mißverhältnis geratene Querriegel ist zwar durch die Umstellung mit Strebepfeilern der neuen Gesamtbauerscheinung angeglichen worden, doch hatte man sich nicht gescheut, die Westwand mit Strebemauern zu verbauen, wahrscheinlich, weil die Schiefstellung der Türme Sorge machte, die wegen Baugrundveränderungen (durch Erdbeben, wie sie für 1346, 1348 und 1366 belegt sind?)schon vor der Errichtung der Halle eingetreten war (G. Patzelt 1987). Geblieben ist eine fensterlose Wand mit einem anspruchslosen Portal unter der Maßwerkbrüstung eines Austritts in Emporenhöhe, damit aber eine Marburger Situation erinnernd.

Die Querhausfronten geben noch einen Eindruck von der eigentlichen Absicht, nämlich die hoheitsvolle Gestalt einer Kirche nach dem Vorbild der französischen Kathedralen in die Stadt zu stellen. Wimpergportale und Fensterrosen sind die wesentlichen Motive der Gestaltung, dazu diagonal gestellte Strebepfeiler als Einfassung und mit Stabwerkgitter geschmückte Giebel, an deren Schrägen der charakteristische Krabbenbesatz, als oberer Abschluß der hochgereckten Fassaden. Die Muster sind nicht in Marburg und auch nicht an den französischen Vorbildbauten der Elisabethkirche, etwa in Reims, zu suchen, sondern in der Île-de-France, an Bauten aus einer Zeit, in der die Gotik ihre klassische Phase bereits überschritten hatte und die plastischen Gliedergerüste sich in glasverspanntes Gitterwerk aufzulösen begannen wie etwa an den Querschiffarmen der Kathedrale Notre-Dame in Paris oder der Klosterkirche von St-Denis. Und tatsächlich ist die Nordrose in Mühlhausen denen in Paris nachgebildet, eher der nördlichen als der südlichen, aber eben nur die Rose. Es ist der große Reiz der Mühlhäuser Fassade, daß das Radfenster wie aus der Mauer ausgeschnitten erscheint, während es in Paris und St-Denis diese Mauer oder Wand gar nicht gibt, sondern nur ein lichtdurchlässiges Stabwerk. Mögen die Giebel in Mühlhausen eine Widerspiegelung davon sein, sie haben jedoch ihre nächsten Verwandten an den Querhausgiebeln der Dome in Magdeburg und Meißen; mit ersterem hat die Blasiuskirche übrigens die mit Stabwerk belegten Giebel an den Langhausseiten gemeinsam.

Die südliche Rose der Blasiuskirche ist weitaus kleiner und lediglich mit Maßwerkkreisen, sieben an der
Zahl, und einbeschriebenen Sechspässen – diese erinnern doch an Reims – ausgefüllt. Damit sie ungestört 54
zur Geltung kommen kann, ist die Spitze des Portalwimpergs gekappt. Mehr als an der Nordseite dominiert die Fläche der geschlossenen Wand. Das Portal

Blasiuskirche, Grabplatten des Kristan von Samland († 1295) und des Dietrich von Ammern († 1352)

selbst hat Säulen im schrägen Gewände mit Blattkapitellen, die die wulstigen Bögen der Archivolten tragen; dem Bogenfeld ist ein profilierter Dreipaß aufgelegt.

Der Wimperg des Nordportals dagegen, von elegantem Maßwerk durchbrochen, der Rosette adäquat, überschneidet diese mit seiner kreuzblumenbekrönten Spitze und bildet mit ihr eine kompositorische Einheit.
50 Das Portalgewände ist profiliert und erscheint in steilerem Spitzbogen geführt; auf eine Kapitell- oder Kämpferzone ist verzichtet. Seitlich flankieren Säulen und Baldachine, unter denen Figuren aufgestellt waren, dieses Portal. Im ganzen mutet die Nordfassade stilistisch jünger an als die südliche. Ob die beiden Fassaden in ihrer Entstehung deshalb zeitlich auseinanderfallen, bleibt dahingestellt. 1281 ist die Glocke aus dem Südturm datiert, der gleichfalls Assoziationen an Paris, an die Turmabschlüsse von Notre-Dame, zu wekken vermag. Kann man das Querhaus von Divi Blasii in die achtziger Jahre des 13. Jahrhunderts datieren, obwohl seine Fertigstellung nicht vor 1314 nachgewiesen werden kann, als nämlich eine Altarstiftung nahe dem Kreuzaltar genannt wird? Der Gottesdienst im alten Kirchbau wurde 1287 eingestellt, das Querhaus könnte damals bereits vollendet gewesen sein. Es wäre eine frühe, aber mögliche Rezeption der genannten Vorbilder.

Bedeutsam sind die beiden Skulpturen vom Nordportal, die heute im Inneren des Querhauses aufgestellt sind. Es handelt sich um zwei überlebensgroße
52, Figuren, einen Bischof, in dem man den Titelheiligen
53 der Kirche vermutet, und eine Madonna. Als stilistisch vorbildlich ist schon seit längerem die Plastik der Kathedrale von Amiens erkannt und auf die sehr breite Vorbildwirkung der Vierge dorée, der Madonnenfigur vom südlichen Querschiffportal, hingewiesen worden (H. Kunze 1925), doch wird man einschränken müssen: den typisierten Figuren dort, gleichsam erstarrt in Geschmeidigkeit und Eleganz, stehen die Figuren hier noch vom kraftvollen Realismus des 13. Jahrhunderts geprägt und recht individuell modelliert gegenüber. Wenn man so will, ist der plastische Gehalt der Mühlhäuser Skulpturen deutlicher, bei aller Derbheit der Faltenführung und der zum Groben neigenden breiten Gesichter. Bei einem Vergleich des Blasius mit der Figur des Kristan von Samland auf dessen um 1295 entstandener Grabplatte fällt allerdings der qualitative Unterschied zu dessen Ungunsten aus. Um so mehr ist es gerechtfertigt, die Portalfiguren früher und auf jeden Fall noch vor 1300 zu datieren. Sie entstammen einer im mitteldeutschen Raum tätigen Bildhauerwerkstatt, die, offenbar einheimischer Tradition stärker verhaftet, französisch-gotische Einflüsse aufnahm und zusammen mit Architekturelementen gleicher Herkunft zur Anwendung brachte, ohne jedoch größere bauplastische Zyklen oder Programme zustande zu bringen. Vergleichbares findet sich vor allem in Halberstadt am Dom, später in Heiligenstadt, in Erfurt, in Stadtilm. Ein bauplastisches Programm begegnet in Mühlhausen erst in der zweiten Hälfte des 14. Jahrhunderts an St. Marien.

Für sich genommen, ist die Grabplatte des Kristan von Samland jedoch ein beachtliches Beispiel dieser Kunstgattung. Als Pendant steht ihr heute im Chor der Blasiuskirche die Platte des Dietrich von Ammern († 1353) gegenüber, gleichfalls ein Ordensherr aus einer Mühlhäuser Familie und wie jener auch Bischof. Beide Platten tragen die nahezu vollplastische Figur des Verstorbenen und nennen in schönen Unzialen die Namen und Sterbedaten auf umlaufendem Schriftband. Die Figuren sind stehend dargestellt, durch ein Kissen unter dem Kopf aber als liegend gekennzeichnet. Dieser für die mittelalterliche Grabmalkunst charakteristische Dualismus wird beim Kristan noch besonders betont durch die deutliche und dabei etwas unbeholfene Differenzierung zwischen Stand- und Spielbein unter der Gewandung. Dies und die schwere Plastizität des bischöflichen Ornats kennzeichnen die Figur als ein Werk des ausgehenden 13. Jahrhunderts. Die in weitaus stärkerem Maße als beim Blasius typisierte Kopfform und die Haartracht des Kristan erinnern übrigens an die Grabdenkmäler der Landgrafen in der Marburger Elisabethkirche aus der gleichen Zeit.

Ganz anders ist die Figur des Dietrich von Ammern auf der sonst äußerst ähnlichen Grabplatte an der Chorwand gegenüber beschaffen. Die Stofflichkeit in der Wiedergabe des Gewandes und das Durchscheinen des darunter verborgenen Körpers sind gewichen. Das Gewand scheint verselbständigt, seine Falten verlaufen mit scharfen Stegen nach einem feststehenden Schema unabhängig von der Körperlichkeit des Dargestellten. Der Kopf ist scharfkantig modelliert, fast porträthaft anmutend. In der Figur des Dietrich von Ammern ist eine Stilstufe der deutschen Plastik um die Mitte des 14. Jahrhunderts vertreten, deren Merkmale die Entkörperlichung des Dargestellten und die Dominanz vorgegebener Formen und Bewegungen sind. In der breiten Anlage der Figur aber deutet sich bereits die Überwindung dieser Körperlosigkeit in der Plastik nach der Mitte des 14. Jahrhunderts an.

DER NEUBAU DER MARIENKIRCHE IM 14. JAHRHUNDERT ❧ Als Kristan von Samland im letzten Drittel des 13. Jahrhunderts die Kirche der Unterstadt, seine Kirche, nach dem Muster der Hauptkirche seines Ordens, nach einem sehr modernen Muster also, neu errichten ließ, stand in der Oberstadt, der ehemaligen Pfalzstadt, noch die alte Marienkirche, vermutlich zu großen Teilen, mit dem Langhaus und dem Querschiff, aus dem 11. Jahrhundert und mit den Erneuerungen des 12. und 13. Jahrhunderts an den Westtürmen und an den Ostteilen. Die jüngsten Erneuerungen, nach den Baubefunden an den Ostteilen, hatten erst nach 1256 stattgefunden und lagen um 1270 kaum zwei Jahrzehnte zurück. Den gefundenen Spolien zufolge waren noch die frühgotisch-zisterziensischen Formen, spätromanisch vermischt, in Gebrauch, mit denen auch schon vor der Jahrhundertmitte an den beiden Hauptkirchen, vornehmlich an den Türmen, gebaut worden war. An St. Marien dürfte die Übergabe an den Deutschen Orden das auslösende Moment für die Modernisierungen gewesen sein, die dann angesichts des hochgotischen Neubaus von Divi Blasii so schnell veralteten.

Kann dies einen ausreichenden Grund für die Beseitigung der romanischen Marienkirche im 14. Jahrhundert abgegeben haben? Sie erfolgte jedenfalls so radikal, daß man zwar von deren vermuteter Existenz ausgehen konnte, bis zu den jüngsten Ausgrabungen aber, vor allem was ihr Aussehen und ihr tatsächliches Alter anbetraf, auf Spekulationen angewiesen war. Bis auf die Türme sind Reste des Vorgängers im Neubau nicht bewahrt worden. Waren die Beschädigungen durch den gar nicht sicher nachzuweisenden Stadtbrand, den Landgraf Friedrich der Gebissene 1315 gelegt haben soll, so total, daß sich Übernahmen oder wenigstens irgendeine im Neubau abzeichnende Rücksichtnahme auf noch vorhandene Altbauteile verboten? Oder hat es für die Errichtung einer neuen Kirche
als äußerst regelmäßige fünfschiffige Halle mit einem IX,
ausgeprägten Querschiff und einem gestaffelten drei- 10
schiffigen Chor, dessen Polygone schon vom Grundriß 13–
her die angestrebte kathedrale Erscheinung suggerie- 15
ren, hat es für solch hochgreifende Bauabsicht nicht doch andere Gründe gegeben als die des Bestehens neben der modernen, ebenfalls an kathedralen Vorbildern orientierten Blasiuskirche? Ohne die Frage beantworten zu können oder zu wollen, sei eine solche Vermutung doch geäußert. Mit solcher Deutlichkeit steht diese Erscheinung in den Städten Mitteldeutschlands jedenfalls allein. Dabei ist die Größe der neuen Kirche beinahe die des Vorgängerbaues, lediglich ein wenig in der Länge gestreckt (um die Chorpolygone) und in der Breite gedehnt (um die äußeren Seitenschiffe), was noch einmal die Dimensionen und damit die Bedeutung der alten, ersten Marienkirche vor Augen führt.

Der Stadtbrand von 1315 und ein 1317 gewährter Ablaß des Erzbischofs von Mainz, Peter Aspelt, für diejenigen, die zur Errichtung der Pfarrkirche Beatae Mariae Virginis in der Neustadt Mühlhausen mit Händen oder anderweitig beitragen, gelten als Hinweis auf den Beginn des Neubaus. Die Einheitlichkeit der Anlage legt die Vermutung nahe, daß ein von Anfang an vorliegender Plan bis zur Vollendung beibehalten und ausgeführt worden ist, obwohl der Bau nur langsam vonstatten ging. Stiftungen zweier Messen in den Jahren 1327 und 1328 könnten die Fertigstellung des Chores anzeigen, scheinen aber, da sie sich auf den Altar des heiligen Nikolaus beziehen, nur den nördlichen Nebenchor zu meinen, der zusammen mit dem Chorpolygon und der Ostwand des nördlichen Querhausarmes den ältesten Teil des Neubaus darstellt. Doch gibt es keine auf eine Bauunterbrechung hinweisende Zäsur zum südlichen Nebenchor. Wenn sich die seit 1341 eingerichtete Bibliothek auf der Empore über der Sakristei befunden hat (G. Sommer 1881), wäre dies das späteste Vollendungsdatum für den gesamten

Chor. Querhaus und Langhaus gehörten dann erst der zweiten Hälfte des 14. Jahrhunderts an, aber man vermag sich kaum vorzustellen, daß nicht schon die Umfassungen wenigstens des Querhauses grundgelegt waren. Die im wesentlichen an stilistischen Merkmalen des an sich recht sparsamen Baudekors ablesbare längere Bauunterbrechung hat ihre Ursachen ohne Zweifel in innerstädtischen Unruhen, wie sie für die Mitte des 14. Jahrhunderts in ganz Mitteleuropa überliefert sind.

Freikäufe der Stadt von Verpfändungen und von der Pflicht zur Heeresfolge, der Erwerb restlicher Reichsgüter in der Umgebung sowie der Gewinn des Reichsschultheißenamtes bezeugen die Geldkraft Mühlhausens in der ersten Hälfte des 14. Jahrhunderts. 1348 verzichtete Karl IV. auf die Stadtsteuer. Mühlhausen war nunmehr tatsächlich frei und verfügte im Sinne einer Feudalherrschaft über territoriale Hoheit. Im Jahr darauf wurde Mühlhausen in den Sog der Judenpogrome gezogen. Man lastete den Juden die Einschleppung und Verbreitung der Pest an, die in den Jahren 1348 und 1349 die Städte Europas heimsuchte. Aus Nürnberg, aus Köln und anderswoher werden Verfolgungen berichtet, bei denen die Wohnviertel vernichtet wurden und die meisten der jeweils ansässigen Juden ums Leben kamen. Ähnliches geschah in Mühlhausen. Eine Inschrift neben dem Portal am nördlichen Querhausarm der Marienkirche teilt mit: »Anno Domini MCCCXLIX du wurden di yuden erslagen.« In der Regel genossen die Juden jedoch den Schutz des Stadtherrn, sie zahlten ihm dafür; in Mühlhausen war wie in anderen Reichsstädten der deutsche König der Garant ihrer Sicherheit. Karl IV. zog die Stadt deshalb zur Rechenschaft und erhob Anspruch auf die Güter und verlangte Ersatz für die nun ausstehenden Abgaben der Ermordeten. Rat und Bürgerschaft widersetzten sich der Forderung und verweigerten die Zahlung einer Entschädigungssumme, zu der sie 1352 durch ein königliches Gericht verurteilt worden waren. 1353 verfiel Mühlhausen zum ersten Mal der Acht, die Karl IV. 1354 nach einem getroffenen Vergleich wieder aufhob.

Doch trat in der Stadt noch keine Beruhigung ein. Die Gewohnheit, Schenkungen um des Seelenheils willen an die Geistlichkeit, in Mühlhausen insonderheit an den Deutschen Orden zu machen, wodurch der bürgerliche Besitz im städtischen Territorium geschmälert wurde, veranlaßte den Rat zu einschränkenden Verordnungen. Es kam darüber zu Auseinandersetzungen zwischen der Bürgerschaft und dem Orden, die in den Jahren 1356 und 1357, als die Pest erneut auftrat, kulminierten. Der Rat verbot aufwendige Bestattungszeremonien. Der Deutsche Orden, der die Pfarrgerechtsame, also auch das Beerdigungsrecht, innehatte, protestierte und verlangte das Interdikt über die Stadt. Der vor Karl IV. gebrachte Konflikt wurde von diesem zugunsten des Ordens entschieden. Der Rat erkannte das Urteil nicht an und hatte dabei die Unterstützung des Erzbischofs von Mainz. Der Orden dagegen, keiner Diözesangewalt, nur dem päpstlichen Stuhl zu Gehorsam verpflichtet, vermochte sich der erzbischöflichen Autorität zu entziehen und sogar das Interdikt zu erwirken. Der Streit zog sich hin, 1361 sperrte der Rat die Ordensgeistlichkeit aus der Stadt aus. Die Seelsorge und die Spendung der Sakramente übernahm in dieser Zeit die Geistlichkeit der unter städtischem Patronat stehenden Kirchen St. Antonius und St. Johannis.

Am 11. Februar 1362 schließlich verfügte Karl IV. zugunsten der Stadt, man vermutet, aufgrund einer geheimen Geldzahlung, und bestätigte alle Erlasse des Rates, die sich gegen den Orden gerichtet hatten. Die Stadt wurde am 18. Juni 1363 durch den Propst des Severistiftes in Erfurt vom Bann gelöst und aus der Acht entlassen. Die Kirchen und die Friedhöfe erhielten neue Weihen. Der Streit, der für mittelalterliche Lebens- und Denkweise existentielle Dimensionen angenommen hatte, war beigelegt, das Verhältnis zwischen dem Deutschen Orden und der Bürgerschaft ent-

40 Westtürme der Blasiuskirche
Die Formen der stattlichen Doppelturmfassade lassen die Kenntnis früher und hoher Gotik spüren, wenngleich ihre Anwendung noch viel von der spätromanischen Freude am Dekorativen zeigt. Die Baugestalt ist von der späten Stauferzeit geprägt, mehr königlich als bürgerlich, und erinnert daran, daß die Blasiuskirche im Mittelalter nicht der Stadt, sondern dem König und dann dem Deutschen Orden gehört hat.

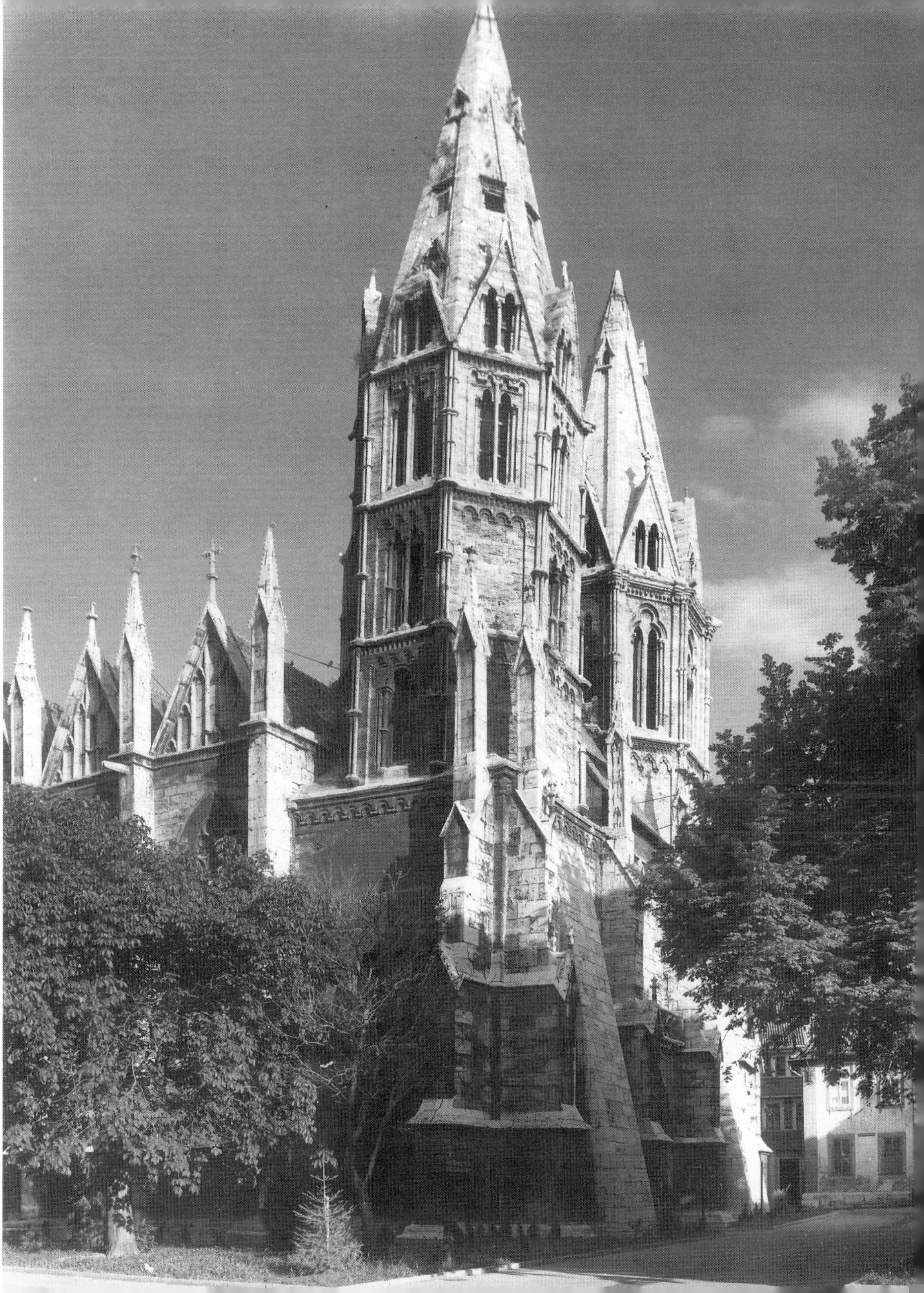

40–62 Blasiuskirche
41, 42 Ausschnitte vom Nord- und vom Südturm

40–62 Blasiuskirche
43 Fenster an der Südwand der Turmfassade
44 Vorhalle zwischen den Türmen
45–49 Portal zur Turmtreppe und Kapitelle in der Vorhalle

So derb und altertümlich die Formen in der Turmvorhalle der Blasiuskirche auch anmuten, im einzelnen lassen sich alle auf frühgotische Muster vornehmlich in der Zisterzienserbaukunst zurückführen.

40–62 Blasiuskirche

50 Nordfassade des Querhauses

51 Südseite des Langhauses

Am hochgotischen Neubau der Blasiuskirche kennzeichnen das Wimpergportal und die Maßwerkrosette, Stabwerkgitter vor den Giebeln und Strebepfeiler mit hohen Fialen eine neue Ära, die ihre baukünstlerischen Vorbilder in der französischen Kathedralarchitektur des 13. Jahrhunderts sah.

40–62 Blasiuskirche

52, 53 Figuren eines Bischofs, wohl des heiligen Blasius, und einer Madonna vom nördlichen Querhausportal

54 Südliches Querhausportal

Folgende Seiten:
57 Mittelschiff nach Osten
58 Chorgitter
Die steinerne Kanzel ist laut einer Chronik erst 1564 entstanden. Das Chorgitter trägt die Jahreszahlen 1640 und 1707 als Daten der Entstehung und der Veränderung.

40–62 Blasiuskirche
55 Mittelschiff nach Westen
56 Kanzel

DES DANCKENS VND DA MAN PREDIGET ALLE DEINE WUNDER

40–62 Blasiuskirche

59 Hochaltar

60, 61 Verkündigung an Maria und Geburt Christi, Flügelreliefs vom spätgotischen Retabel des Hochaltars

Wie der Hochaltar in der Marienkirche ist auch derjenige der Blasiuskirche von einem Renaissancebaldachin überdacht, in dem spätgotische Schnitzfiguren wiederverwendet worden sind.

62 Christus und Maria vor Gottvater (Fürbitte?), Flügelgemälde vom spätgotischen Retabel des Hochaltars in der Blasiuskirche

spannte sich. Der Orden erhielt erneut Kirchen übertragen, 1365 die des Margarethenspitals und 1371 die Petrikirche, beide dem Pfarrer der Neustadt unterstellt, und 1364 wird die alte Martinikirche erstmals in der Hand des Pfarrers der Altstadt erwähnt. Die in diesem Jahrzehnt auflebende Bautätigkeit ist allenthalben spürbar, auch an der Marienkirche. Eine wohl auf diese Zeit zurückgehende Legende hat die lange, nun überwundene Bauunterbrechung zum Inhalt: So wenig die gebratenen Rebhühner auf seinem Teller wieder fliegen würden, meinte einer im Gasthaus nahebei, so wenig würde die angefangene Marienkirche zu Ende gebaut werden. Alsbald schwangen sich die Vögel empor und ließen sich auf den Giebelspitzen des schon fertigen Chores nieder.

Obwohl schriftliche Belege aus der zweiten Hälfte des 14. Jahrhunderts fehlen, wird man davon ausgehen können, daß die Bauarbeiten an der Marienkirche nach 1362 wieder aufgenommen wurden. Ein Bauherr ist namentlich greifbar, Heinrich von Sambach; seine Grabplatte in St. Marien nennt ihn »buwmeyster unser liben vrowe« und das Sterbejahr 1382. Unter seiner Ägide sind Querschiff und Langhaus in ihren Umfassungen (bis auf das westliche Joch?) und die östlichen Langhauspfeiler errichtet worden. Vor der Vollendung wird noch eine zweite Bauunterbrechung vermutet, erst nach dieser seien die westlichen Joche, die restlichen Langhauspfeiler und schließlich – in zwei Etappen – die Wölbung ausgeführt worden. Ein Wechsel der Formen und Bauweise schlägt sich in veränderten Wasserspeiern an den Westjochen und im Aufgeben eines in den Ostjochen feststellbaren ikonographi-
18, schen Programms der Schlußsteine nieder – mit Tier-
19 symbolen ist die Passion Christi und das Jüngste Gericht angedeutet –, Besonderheiten, die man bei der Einheitlichkeit der großen Gestaltgebung leicht übersieht. Deshalb die Fertigstellung – Weihedaten fehlen – erst nach 1400 (G. Günther/W. Korf: »gegen 1430«) anzusetzen ist jedoch nicht überzeugend.

In vollendetem Zustand, so, wie wir die Marienkirche heute vorfinden, ist sie eine fünfschiffige Hallenkirche mit einem Langhaus von fünf Jochen – querrechteckig im Mittelschiff, quadratisch in den Seitenschiffen –, einem Querschiff, dessen Fronten über die Breite des Langhauses nicht hinaustreten, mit quadratischer Vierung und längsrechteckigen Jochen in den Armen, den Langhausseitenschiffen entsprechend, und einem dreischiffigen Chor, dessen Seitenschiffe nach einem quadratischen und dessen Mittelschiff nach drei queroblongen Jochen jeweils mit fünf Seiten des Achtecks schließen. Die Chorseitenschiffe sind im unteren Teil durch massive Wände vom Hauptchor getrennt, das nördliche gibt eine nebenchorartige Kapelle (St. Nikolaus?) ab, das südliche beherbergte die Sakristei; erst in ca. vier Meter Höhe beginnen die großen Arkaden, die die gleich hohen Raumteile miteinander verbinden.

Der Chor stellt ganz offensichtlich in seiner Raum- 13
gliederung eine Adaption des Chores der Blasiuskirche dar, bedingt doch wohl durch eine liturgische Praxis des Ordens. Allerdings verfügte auch die Chorerweiterung des Vorgängers, die im 13. Jahrhundert an die Stelle dreier paralleler Apsiden am Querhaus des Erstbaus aus dem 11. Jahrhundert getreten war, über Dreischiffigkeit und Staffelung, und vielleicht kann man in den apsidialen Endungen des hochgotischen Chores noch eine Reminiszenz an die Anfänge der Marienkirche in salischer Zeit erkennen. Die polygonale Brechung der östlichen Abschlüsse mehrschiffiger Choranlagen gilt aber auch als Reflexion auf den Chorumgang klassisch-hochgotischer Kathedralen des Westens, der mit einem Kranz von polygonalen Kapellen umgeben ist. Es handelt sich dabei um eine für die hochgotische Baukunst in Deutschland typische Vereinfachung. Im Vergleich mit Mühlhausen werden gern die Domchöre in Regensburg (begonnen 1254 und fertiggestellt 1325) und in Wien (begonnen 1304) angeführt. Das älteste thüringische Beispiel ist der Chor der Liebfrauenkirche in Arnstadt (nach 1273), der zugleich als die erste Umwandlung des »Regensburger Domchortypus« in die Hallenform angesprochen wird (P. Findeisen 1978). Ebensogut kann man auf die Wiesenkirche in Soest (Grundsteinlegung 1314 oder 1331) hinweisen, denn der Vergleich trifft nur die allgemeine Form der Erscheinung, die aber die wesentliche Tendenz der baukünstlerischen Lösung verrät, nämlich die »Kathedralisierung« der städtischen Pfarrkirche, wie sie ähnlich, doch mit anderen Mitteln, im norddeutschen Backsteingebiet zum Ausdruck gekommen ist.

Im Dienst dieser Tendenz werden in Mühlhausen als weitere Elemente der Baugestalt das Querschiff und die Fünfschiffigkeit des Langhauses eingesetzt. Querschiffe an Pfarrkirchen stellen eine Ausnahme dar, und so ist das der Marienkirche durch die Flucht-
14 tung seiner Stirnwände mit den Langhauswänden im Grundriß etwas verschleiert, aber im Raumgefüge und vor allem am Außenbau nicht weniger präsent als das der Blasiuskirche. Selten tritt in Querschiffen an deutschen Kirchen die Teilung der Arme in längsrechteckige Joche auf; auch diese Entlehnung aus den hochgotischen Kathedralen fügt sich der Bauabsicht deutlich ein. Schließlich ist die Fünfschiffigkeit, nicht als Folge einer sukzessiven Erweiterung wie vielfach andernorts, sondern als von Anfang an befolgter Plan, ein »kathedrales« Zitat, das zum Zeitpunkt seiner Anwendung in Mühlhausen sonst in Deutschland noch keine Realisierung in dieser Vollständigkeit und Vollkommenheit erfahren hatte. (Für die Severikirche in Erfurt gelten ganz andere Entstehungsvoraussetzungen.) Wenn der Kölner Dom das Vorbild war, dann nur in Gestalt eines Baurisses vom Grundplan – gebaut war um 1310/20 in Köln allein der Chor – und im Sinne eines Vermittlers dieser Form französischer Kathedralen.

Marienkirche, Grabplatte des Heinrich von Sambach († 1382), »buwmeyster unser liben vrowe«

Von den behaupteten Zusammenhängen und Vorbildern weicht in Mühlhausen allerdings die Wahl des Typs der Halle ab, die annähernd gleiche Gewölbehöhe in allen Schiffen erfordert. Der Mühlhäuser Marienkirche wegen geringfügiger Überhöhung des Mittelschiffes einen Zug zu pseudobasilikalem Querschnitt zu unterstellen (P. Findeisen 1978) ist wohl übertrieben. Es ist festgestellt worden, daß die Seitenschiffe des Kölner Domes die Hallenraumqualität gleichsam in die basilikale Kathedrale bringen (H. J. Kunst 1969), wodurch eine räumliche Eigenwertigkeit gegenüber dem höheren Mittelschiff geschaffen wird, die dessen Dominanz entgegensteht und den Assistenzcharakter der Seitenschiffsräume aufhebt. Gleichwertigkeit aller Raumteile, eine Raumeinheit zu erreichen ist das Entwicklungsziel der Hallenform im mittelalterlichen Sakralbau, und man erkennt darin ein bürgerlich-städtisches Bauideal. Ausgangspunkt kann der einfache Saal sein – und in der Tat finden sich Früh- und Primitivformen dieser Art im städtischen Pfarrkirchenbau während des ganzen Mittelalters; die Mühlhäuser Neben- und Vorstadtkirchen zählen zu solchen Beispielen –, aber auch ein baukünstlerisch wie ikonologisch hochentwickelter Leittyp, wie ihn eben die gotische Kathedrale des 13. Jahrhunderts darstellt,hat die gewählte Form bestimmt. Ihr folgen in Mühlhausen die Kirchen Divi Blasii, St. Marien und St. Jakobi.

Die raumhohen Pfeiler, die den Innenraum der 15,
Marienkirche in fünf Schiffe teilen, weisen gegliederte 17
Sockel mit Basisprofilen für die Dienste und blattgeschmückte Kapitellbänder als Abschluß auf. Sie er-

scheinen als Bündelpfeiler, aber die »alten« und die »jungen« Dienste sind nicht selbständige Glieder, sondern Bestandteile des im ganzen profilierten Stützenkörpers. In dieser Form lassen sie am deutlichsten sowohl ihre späte Entstehungszeit als auch ihre stilistische Abhängigkeit von südostdeutsch-böhmischer Architektur der zweiten Hälfte des 14. Jahrhunderts erkennen (H. u. F. Möbius 1969). Die Pfeilerprofile setzen sich in den Scheidbögen fort, Gurte und Diagonalrippen bilden eigene Querschnitte. Dadurch entsteht, unterstützt durch die Farbigkeit der Gewölbebögen, durchaus der Eindruck einer raumvereinheitlichenden Deckenzone. Dem wirken jedoch die raumgliedernden Bahnen der auch farblich abgesetzten Scheidbögen über den relativ eng gestellten Pfeilern entgegen, so daß sich eine allseitig weitende Räumlich-
IX, keit kaum bildet. Die Raumbewegung der Halle von
20 St. Marien erscheint längsaxial determiniert. Daß dieses an einem aristokratischen und nicht an einem städtisch-bürgerlichen Bauideal angelehnte Gestaltungsprinzip auch noch am Ende der langen Bauzeit eingehalten wurde, überrascht, um so mehr, als der axiale Eingang im Westen durch die inzwischen vollzogene Aufsiedelung und Bebauung der einstigen Triumphstraße seine Bedeutung als Hauptportal und königliche Einzugspforte längst verloren hatte und die vom Altbau übernommene Turmfassade in ein proportionales Mißverhältnis zum Neubau geraten war, die sie für das Gesamtbauwerk wie auch für dessen Rolle im Stadtbild belanglos machte.

Daß die Kirche aber in und über der Stadt gesehen werden, sich darstellen, ein Abbild des himmlischen
Jerusalems sein sollte, zeigt ihre äußere Gestalt. Über 10
einheitlich umlaufendem Sockelprofil steigen die

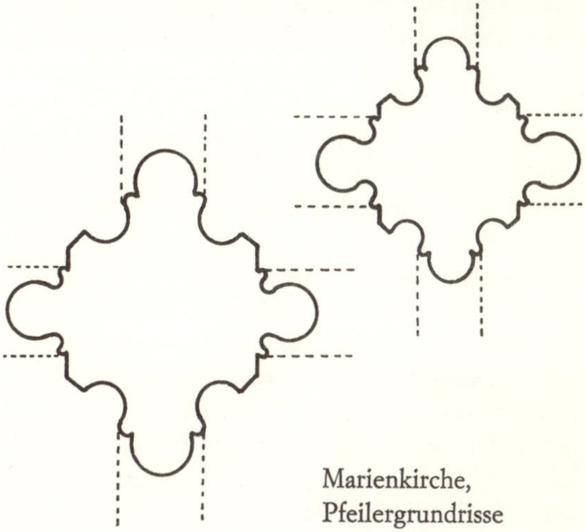

Marienkirche, Pfeilergrundrisse

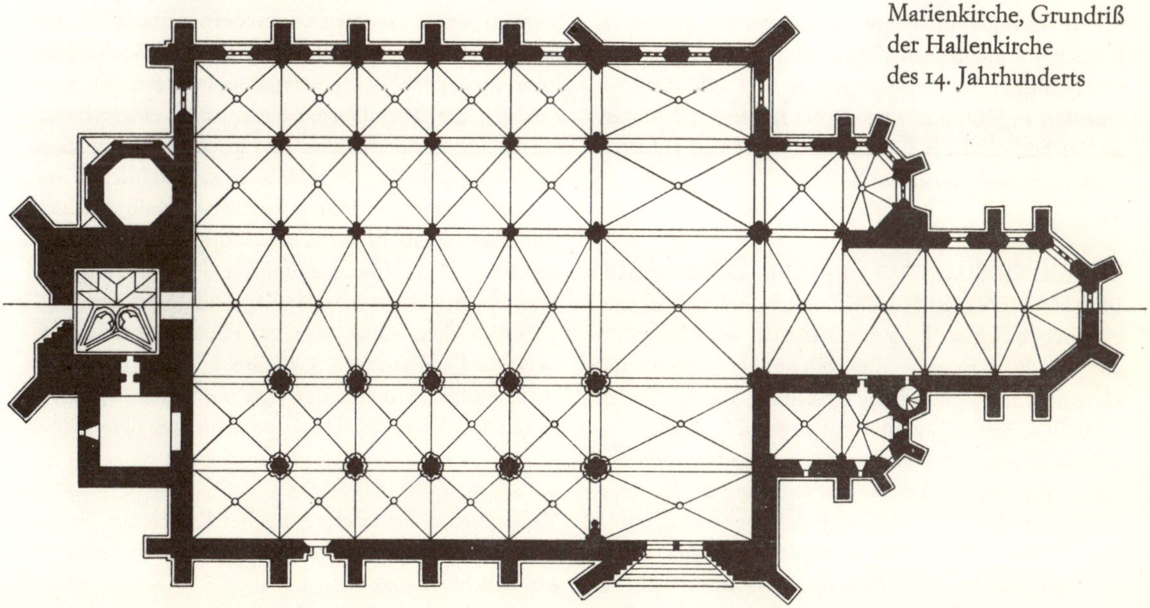

Marienkirche, Grundriß der Hallenkirche des 14. Jahrhunderts

Wände auf. Hohe, nur durch eine Schräge in ihrer Vertikalstreckung unterbrochene Strebepfeiler gliedern sie in schmale, von meist dreigeteilten Maßwerkfenstern durchbrochene Felder. Die straffe Reihung der Bauglieder und eine überaus schlanke Eleganz der Proportionen verhindern Monotonie, die durch die sonst merkwürdige Gleichförmigkeit der Einzelheiten aufkommen könnte. Die Fensterachsen werden wie
13, bei der Blasiuskirche von Giebeln bekrönt. Am Chor
16 sind es maßwerkdurchbrochene Dreiecksgiebel zwischen hohen Fialentürmchen, die über einem das Wandfeld horizontal begrenzenden Gesims unmittelbar aufsetzen und deshalb die Vorbildlichkeit etwa der Fensterwimperge am Kölner Domchor oder am Langhaus der Oppenheimer Katharinenkirche (G. Günther/W. Korf 1986) gar nicht so leicht erkennen lassen, am Langhaus sind es dem (ordensdeutschen?) Profanbau entlehnt scheinende Treppengiebel (G. Rudolph 1930) hinter einer maßwerkdurchbrochenen Laufgangbrüstung, die als waagerechtes Band die fünf hochschießenden Wandfelder zu einer beinahe als aufgerastert zu bezeichnenden Fassadenfläche zusammenbindet. Der Giebelkranz macht die Marienkirche zur Stadtkrone und zur Civitas Dei gleichermaßen, zum Bild der himmlischen über der irdischen Stadt, nicht anders als die gotische Kathedrale auch. Bei diesen vervollständigten figurengeschmückte Eingangsfronten vor allem an der Westseite, aber auch an den Querschiffen, das Gebäude zu einem Abbild des Universums. In Mühlhausen stellt der figürliche Schmuck an der Südwand des Querhauses mit seinen Inhalten keinen geringeren Anspruch.

DIE KÖNIGSGALERIE AN DER SÜDFASSADE DER MARIENKIRCHE ❧ Zunächst scheint für bauplastischen Schmuck an den Fassaden der Marienkirche kein Platz zu sein. Alles zielt auf eine strenge und klare, rein architektonische Gestaltung ab. Wir finden deshalb an den Wänden von Langhaus und Chor bis auf die Wasserspeier in Traufhöhe des Kirchendaches nichts Figürliches. Um so erstaunlicher ist die geradezu flächenhafte Auffaltung der Querhausfronten mit schräggestellten Eckstrebepfeilern, ganz offensichtlich vorbereitet zur Aufnahme von figürlicher Plastik, weniger ausgeprägt an der Nordseite, wo die Fassade bis zur Stadtmauer gerade noch ein Quartier vor sich hat, deutlich dagegen an der Südseite, der ja die Rats- und die Unterstadt gewissermaßen zu Füßen liegt.

Vor die Südwand des Querschiffes ist zwischen die 21
Strebepfeiler bis in halbe Höhe der Fassade eine Mauermasse gespannt, in die das mächtige, fast die gesamte Breite der Stirnseite einnehmende Portal mit tiefer profilierter Leibungsschräge gleichsam hineingetrieben ist, umrahmt vom Kaffgesims, das seinen Umrissen folgt. Diesem Rahmen sitzen Pfosten auf, die eine mit Maßwerkbrüstung abgeschlossene Blendbogengalerie tragen. Die Gewändefiguren und die Tympanonreliefs des Portals waren 1524/25 Bilderstürmen zum Opfer gefallen und sind erst 1901/02 durch neue ersetzt worden, durch Apostel und Propheten nach Vorbildern vom mittleren Westportal des Straßburger Münsters im Gewände – der Bildhauer Ferdinand Riedel kam aus Straßburg –, durch eine Marienfigur am mittleren Türpfeiler und durch eine Kreuzigungsgruppe im Tympanon. Im Dekor der äußeren Archivolte allein finden sich vielleicht noch Reste mittelalterlicher Originale.

Unbeschädigt blieben 1525 dagegen die vier über- 22
lebensgroßen Figuren, die sich über die Brüstung beugen, womit sie einen betretbaren, tatsächlich aber unzugänglichen Altan über dem Portal vor der Fenstergruppe der Querhauswand suggerieren. Sie wenden sich mit ihren Gesten nach unten, einem imaginären Gegenüber zu, sind also in einer momentanen Handlung begriffen dargestellt. Es sind weltliche Figu- 23–
ren, die beiden mittleren herrscherlichen Standes, 25
König und Königin oder Kaiser und Kaiserin, die beiden äußeren als Hofdame und Kanzler oder Notar, als Vertreter des Hofes und der Regierung, gedeutet.

Hinter dem Altan, um einiges zurückspringend, steigt die Querhauswand, von drei Fenstern durchbrochen, auf und schließt mit einem monumentalen Treppengiebel, der in den Umrissen aber ganz denen über

Marienkirche, Portal der südlichen Querhausfassade mit Gewändefiguren von Ferdinand Riedel aus dem Jahre 1902

Marienkirche, Christus als Weltenrichter im Giebel der südlichen Querhausfassade

den Langhauswänden folgt. Zwischen den Fenstern und im Winkel zwischen Strebepfeilern und Stirnwand haben in Höhe der maßwerkgefüllten Bogenfelder abermals vier Figuren auf Blattkonsolen und unter
26– Baldachinen ihren Platz gefunden, die Heiligen Drei
29 Könige und eine Marienfigur, zur Szene der Anbetung
vereinigt. Die Giebelfläche selbst ist mit einer kleineren Doppeltür und einem realen Balkon davor versehen. Darüber ist in der Spitze des Giebels Christus als Weltenrichter in der Mandorla dargestellt; von seinem Munde gehen zwei (metallene) Schwerter aus, unter seinen Füßen krümmen sich zwei Verdammte. Seitlich knien Maria und Johannes der Täufer, die Hände fürbittend erhoben, und bilden mit dem thronenden Richter die Gruppe der Deesis; über ihnen verkünden posaunenblasende Engel den Anbruch des Jüngsten Gerichts, welches Thema hier mit den Relieffiguren in verkürzter Weise ins Bild gebracht ist.

An der südlichen Giebelwand des Querhauses der Mühlhäuser Marienkirche ist somit trotz des Verlustes von mittelalterlichen Originalen im Portalbereich noch ein plastisches Bildprogramm erhalten geblieben, dessen Inhalt für die Kunstgeschichte des Mittelalters, insbesondere für die der zweiten Hälfte des 14. Jahrhunderts von höchster Bedeutung ist. Denn es bleibt trotz unterschiedlicher Ansetzung der Entstehungszeit durch die Fachwissenschaftler – die Datierungen schwanken zwischen »nach 1362« und »um 1380« – kein Zweifel daran, daß die Plastiken und das ikonographische Programm ein Werk der Zeit böhmischer Herrschaft über das Reich, ein Werk der Ära Karls IV. ist, die aber nicht mit seinem Tode 1378 als beendet betrachtet werden muß. Die Reichsstadt Mühlhausen hatte von Anfang seiner Herrschaft an mit Karl IV. konkret Berührung, ja, sie verdankte ihm eigentlich die Vollendung der Reichsfreiheit durch den Erlaß der Stadtsteuer im Jahre 1348. Auch die Urteile, die Karl IV. im Streit um die Juden wie auch zwischen Rat und Deutschem Orden zugunsten der Stadt sprechen ließ, können ihm nur dankbare Anerkennung unter den Bürgern verschafft haben. Es nähme so gesehen nicht wunder, wenn man in Mühlhausen dem als Schutzherrn fungierenden Kaiser in der Person Karls IV. ein Denkmal an der Stelle gesetzt hätte, an der der Rat symbolisch jedes Jahr beim Ratswechsel Kaiser und Reich zu huldigen hatte. Die vier Figuren, von denen der gekrönte Herrscher gewiß Karl IV. meinte – in der Kaiserin will man seine dritte Gemahlin Elisabeth von Pommern erkennen –, vertraten dann bildlich – »in effigie« – die Reichsherrschaft, der die Huldigung entgegengebracht wurde. Der Vorgang ist erst aus dem 18. Jahrhundert schriftlich überliefert (G. A. Sellmann 1791), müßte aber in den Jahrhunderten zuvor ebenso vollzogen worden sein, angeblich seit Anfang des 14. Jahrhunderts (K. Dingelstedt 1932 nach G. Sommer 1881), wobei es mit dem Da-Sein des Kaisers, mit seinem »Erscheinen«, damals eine andere Bewandtnis hatte als im 18. Jahrhundert.

Seit dem frühen Mittelalter war nach einer byzantinischen Gewohnheit der Platz des Herrschers in seiner Kirche die Empore, in der Regel an der Westseite, im Westwerk oder zwischen den Türmen. Im Aachener Münster, in der Pfalzkirche Karls des Großen, steht auf der Empore über dem westlichen Eingang unter besonders ausgebildetem Gewölbe der kaiserliche Thron, gleichsam als Prototyp. Dort zeigte sich, dort »erschien« der gekrönte Herrscher. Der erhöhte Platz hatte nicht nur Verbindung zum Versammlungsraum im Inneren, sondern auch eine Öffnung nach außen, in Aachen zum säulenumstandenen Atrium, eine Art Loge, die den Ort herrscherlicher Erscheinung am Außenbau kenntlich machte und über die eine Kommunikation »in persona« oder »in effigie« möglich wurde. Die Huldigung erfolgte bei der Ankunft des Herrschers, dem »Adventus Augusti«, im Altertum eine Zeremonie vor dem Stadttor oder am Triumphbogen. Im Mittelalter hielt der Kaiser seinen triumphalen Einzug – typologisch nach dem Vorbild Christi in Jerusalem – am Kirchenportal, dem Tor zur himmlischen Stadt, zur Civitas Dei, und zeigte sich auf der Empore, auf der Galerie oder dem Altan in der Ekklesia, in der Gemeinschaft der Heiligen. Er »erschien« unter dem Zeichen der Epiphanie, der Ankunft Christi auf Erden, und genoß stellvertretend die diesem geltende Verehrung. Was in der Salvatorliturgie der sogenannten Herrenfeste Gegenstand des Kultes war überliefert in der Aachener Pfalzkapelle und im Westwerk von Centula (C. Heitz 1963, E. Lehmann 1964, F. Möbius 1968), wurde zu einem nicht genau fixierbaren Zeitpunkt anschaubares plastisches Bild im Bereich des Eingangs an der Westseite der Kirche, und die Epiphanie zum Hauptbestandteil des Bildprogramms am herrscherlichen Einzugsportal, der »Goldenen Pforte«.

Nach dem apokryphen Protoevangelium des Jakobus trafen sich Anna und Joachim, die Eltern der Maria, unter der Goldenen Pforte der Stadt Jerusalem, nachdem ihnen die Geburt einer Tochter verkündet worden war. So zählte die Goldene Pforte zu den symbolischen Hinweisen auf die Ankunft Christi. Golden nannte man die Haupttore in Konstantinopel, in Kiew, in Wladimir, und sie bezeichneten die Tore, durch die die Herrscher in ihre Stadt wie in ihre Kirche, in das himmlische Jerusalem einzogen; Marienportale, Frauentore, waren es allzumal. Um den assoziierenden Gedankengang abzukürzen: An der südlichen Querhausfassade der Mühlhäuser Marienkirche scheint sich – als Reminiszenz – plastisch verbildlicht zu haben, was vordem eine Aktion war, der Einzug des Kaisers auf der Via triumphalis und seine Erscheinung auf der Empore in der Kirche des Pfalzortes. Wir wissen nichts über die Gestalt der Westseite der romanischen Marienkirche. Ein mittleres Portal und eine Empore im Inneren sind vorauszusetzen. Sollte der illusionistische Altan an der Südseite des gotischen Neubaus die Widerspiegelung eines realen an der Westseite des Vorgängerbaus sein? In der Gesamtkomposition der südlichen Querhausfassade, die solche von gotischen Kathedralen »in verwandelter und verkürzter Weise« nachbildet (G. Günther/W. Korf 1986), vertritt der Altan die Königsgalerie, die Reihe biblischer Könige als der Vorfahren Christi, ist aber besetzt mit einem zeitgenössischen Herrscher und deshalb doch eher als eine Entsprechung zu liturgischen oder – und das wäre in unserem Zusammenhang am überzeugendsten – zu Akklamationsaltanen zu verstehen, wie sie seit frühmittelalterlicher Zeit an herrschaftlichen Sakralbauten vorkommen und auch im byzantinisch-orientalischen Bereich üblich waren. Sie wurden schließlich noch zur Zeit Karls IV. gebaut, so an der Westseite der Nürnberger Frauenkirche, die in den fünfziger Jahren des 14. Jahrhunderts an der Stelle der Synagoge auf dem zum Hauptmarkt eingeebneten Gelände des ehemaligen Judenviertels mit den Funktionen einer königlichen Hofkapelle errichtet worden ist: Auf der Bühne um den Michaelschor über der Eingangshalle »erschien« Karl IV. 1361 – Anlaß war die Taufe seines Sohnes Wenzel in Nürnberg – im Glanze der Reichskleinodien, so wie sich die Herrscher des früheren Mittelalters bei Adventuszeremonien zur Akklamation gezeigt hatten. Wir haben Grund zu der Annahme, daß der bildnerischen Darstellung am Südgiebel der Marienkirche ein ähnlicher in Mühlhausen seit früher Zeit bekannter Brauch zugrunde liegt.

Wenn es zutrifft, daß Kaiser Karl IV. bei seinen Aufenthalten in Thüringen »seine« Stadt Mühlhausen nicht besucht hat, dann könnte darin eine Motivation mehr gelegen haben, den Herrscher zumindest in Effigie in der Civitas zu wissen; fast scheint sich eine Parallele zum Magdeburger Reiter aufzutun, jenem freiplastischen Reiterstandbild aus dem 13. Jahrhundert, das ja auch den fortwährenden Adventus im Bilde des Imperators meinte.

Aus Nürnberg sind die Zeremonien der kaiserlichen Besuche in einer Reichsstadt bekannt, und auch die Gebräuche beim Aufenthalt in der Pfarrkirche St. Sebald. Der Empfang fand wie in frühmittelalterlicher Zeit – überliefert ist der Vorgang durch Quellen des 15. Jahrhunderts – an den Toren statt, die Prozession bewegte sich zum Kirchhof von St. Sebald, »do stund der kaiser ab mit allen fürsten, do wart er empfangen vom rat mit gepürlichen worten, des er danck nahm mit gnedigen erpieten« (nach A. Marx 1984). Wer denkt da nicht an die Gesten der kaiserlichen Figuren an der Mühlhäuser Kirchenfassade?

Der Kaiser betrat die Kirche durch das Dreikönigsportal an der Südseite des zwischen 1361 und 1379 erbauten Chores, er verließ sie nach der Messe, an der er im Chor auf einem ihm eigens bereiteten Stuhl teilgenommen hatte, auf der Nordseite durch die Brautpforte; die Kenntnis davon war offenbar für die Erneuerung des Figurenschmucks am nördlichen Querhausportal in Mühlhausen durch den Nürnberger Bildhauer Leonhard Herzog um 1900 ausschlaggebend. Für Mühlhausen ist die gleiche »Einzugspraxis« vorauszusetzen: Dreikönigsportal und Brautpforte standen für Epiphanie und Parusie.

Man war also auch im 14. Jahrhundert, nach dem Neubau der Marienkirche, auf einen Empfang des kaiserlichen Stadtherrn vorbereitet, konnte sich dabei aber auf eine bis ins frühe Mittelalter zurückreichende Erfahrung stützen. Die Fassade, die auf diesen Brauch nun bildlichen Bezug nimmt, rechnet mit der Anschaubarkeit durch den Adressaten, wendet sich diesem, der Stadt, zu und ist auf das Haus des Rates hin ausgerichtet, ist in einem Beinahe-Gegenüber mit diesem verbunden. Eine Funktionsbeziehung ähnlicher Art, die zugleich eine gestalterische Korrespondenz beinhaltet, gibt es in Frankfurt an der Oder zwischen der Südseite des Rathauses und der Querhausnordseite der Hauptpfarrkirche St. Marien, bezeichnenderweise wieder aus der Zeit Karls IV., als dieser Landesherr der Mark Brandenburg war und dem man mit einem figurengeschmückten Portal gleicher Ikonographie den Empfang bereiten wollte. Hier wurde mit architektonischen und bildkünstlerischen Mitteln die Verbundenheit mit der Reichsherrschaft signalisiert, die gewünschte in Frankfurt an der Oder, in Mühlhausen die vorhandene.

Es wäre zu fragen, ob nicht auch der Austritt über dem Westportal der Blasiuskirche mit seiner Maßwerkbrüstung ein ehemals an den romanischen Hauptkirchen der Stadt vorhandenes Architekturmotiv mit solcher Zweckbestimmung überliefert. Und: hat es an der Westseite der spätromanischen Marienkirche (nach der Erneuerung im ausgehenden 12. Jahrhundert, von der der Nordturm herrührt) bereits ein plastisches Bildprogramm im Sinne einer Goldenen Pforte gegeben? Die Fragen sind zwar nicht zu beantworten, machen aber deutlich, daß das inhaltliche Programm der gotischen Plastik am südlichen Querhaus der Mühlhäuser Marienkirche seine Voraussetzungen in der Geschichte des Ortes selbst hat. Die künstlerische Realisierung dagegen steht ganz im Zeichen der Entstehungszeit, einer Zeit der Retrospektive wie der Antizipation, der Tradition und der Innovation.

Eine längsaxiale Ausrichtung ist dem Innenraum der Marienkirche abzuspüren. Zusammen mit den vertikalen Licht- und Schattenbahnen der schlanken bündelartig profilierten Pfeiler verleiht dieser gerichtete Bewegungsstrom dem Hallenraum den kathedralen Charakter. Er bedingt eigentlich auch einen axialen Eingang. Daß er nicht ausgebildet wurde, liegt zunächst an der Bebauung der ehemaligen Triumphstraße und der damit verbundenen Entwertung der Anschaubarkeit des Zugangs. Daß die repräsentativ gestaltete Eingangsfassade an die Langseite des Kirchengebäudes verlegt werden konnte, hängt nun mit dem völlig neuen Empfinden für das Räumliche zusammen. Nicht die Einheit des Baukörpers, wie sie für den Gliederbau der gotischen Kathedrale typisch war, sondern die entschiedene Trennung von Innen und Außen mit dem Ergebnis, daß die Außenbaugestalt allein auf die Raumbedingungen der städtebaulichen Umgebung reagiert, ist die wesentliche Tendenz des Bauens in der zweiten Hälfte des 14. Jahrhunderts. Die Eingangsfassade wendet sich der Stadt, dem städtebaulichen Raum zu und ignoriert dabei völlig die Bewegungsrichtung des Innenraums. Der Beginn dieser Wandlung in der Auffassung vom Baukörper und vom Raum war schon um 1300 an der Blasiuskirche zu beobachten (vgl. S. 101). Solche verselbständigende Ausrichtung von Fassaden integriert das Gebäude der Stadtgestalt, verbürgerlicht es, wenn man so will, trotz aller aristokratischer Erscheinung und königlicher Bedeutung. Es ist dieselbe Tendenz, die am Prager Dom, um das bedeutendste zeitgleiche Beispiel zu nennen, zur Anlage des Haupteingangs, der Goldenen Pforte, am südlichen Querschiff geführt hat, der im Tal liegenden Stadt zugewandt und durch den riesigen Turm daneben auch weithin im Land sichtbar gemacht. Der Innenraum gewann dagegen eine von der Außengestalt unabhängige Eigenexistenz, die Vereinheitlichung und Richtungsindifferenz im Gefolge hatte, Qualitäten, die zu Merkmalen spätmittelalterlicher Sakralarchitektur, hauptsächlich vertreten durch die Hallenkirchen der Spätgotik, werden sollten.

Die Ikonographie des Skulpturenschmucks an der Mühlhäuser Südfassade ist durch den Verlust der Portalfiguren gestört, aber gewiß trifft die Ergänzung von 1901/02 durch Ferdinand Riedel mit der Maria am Mittelpfosten des Eingangs das Ursprüngliche. Die Altanfiguren, die Anbetung der Könige und das Jüngste Gericht, bilden eine bedeutungstragende Einheit, die eine bis in die späte Antike zurückreichende Tradition hat. Die Deutlichkeit allerdings, der »Hauch kühler Gelehrsamkeit« (H. P. Hilger 1960), läßt vermuten, daß es sich um ein eigens für diese Fassade entwickeltes Programm handelt, überlegt und gezielt einen universalen Herrschaftsanspruch demonstrierend: Der Kaiser und sein Hof erhöht, dem Bereich des Heiligen nahe, eingebunden in die Heilsgeschichte zwischen dem Erscheinen des Gottessohnes, der Epiphanie, und seiner Wiederkehr am Jüngsten Tag, der Parusie, als sichtbarem Ausdruck der ewigen Herrschaft Christi, in dessen Dienst und Vertretung der Kaiser fungiert. Dieses Programm stellt eine Revokation der frühmittelalterlichen Idee vom Priestertum des Imperators dar, ein Anachronismus angesichts der realen Verhältnisse des 14. Jahrhunderts, der aber dem politischen Bemühen Karls IV. um eine Reichserneuerung entsprach.

Das Neue an den Altanfiguren ist der Realitätsgrad des Herrscherbildes in diesem Zusammenhang, die »illusionistische Theatralik« (G. Günther/W. Korf 1986) durch die szenische Kommunikation mit einem lebenden, einem wahrhaft irdischen, weltlichen Partner. Darin gehen die Mühlhäuser Skulpturen über die Prager Triforiumsbüsten hinaus, die im dortigen Domchor zwischen irdischem (Chorumgang mit Kapellenkranz) und himmlischem Bereich (Obergadenzone des Mittelschiffes) Karl IV., seine Familie und seinen Hof zeitgenössisch porträthaft im plastischen Bilde präsent machen. Wir dürfen sicher sein, daß es sich in Prag und in Mühlhausen um die gleichen darstellerischen Intentionen gehandelt hat, auch wenn sich das Mühlhäuser Beispiel als einmalig herausstellt. Die namhaft gemachten Vorläufer des »Szenischen« (H. P. Hilger 1960 nach A. Neumeyer 1957) überzeugen wenig. Der Illusionismus der Mühlhäuser Altanfiguren ist in der Tat für das mittelalterliche Verständnis vom plastischen Bild frappierend, ein »greller Einzelfall«, der in früherer Zeit einfach unmöglich gewesen wäre (W. Pinder 1925). Nur was sichtbar ist, ist auch gestaltet. Die geneigten Oberkörper sind auf der Brüstung befestigt, sitzen ihr auf, weitere Teile der Figuren sind nicht nur nicht ausgearbeitet, es gibt sie überhaupt nicht. Solche geradezu befremdliche Praxis hat auch in den Werkstätten, denen die Mühlhäuser Skulpturen stilistisch nahestehen, keine Parallelen.

Als Herkunftsort der Meister, die in Mühlhausen die Figuren am Südgiebel der Marienkirche geschaffen haben, gilt seit langem Erfurt. In der zweiten Hälfte des 14. Jahrhunderts war dort die bekannteste Bildhauerwerkstatt diejenige, aus der der Sarkophag des heiligen Severus in der Severikirche auf dem Domhügel hervorgegangen ist. Die Figuren der Deckplatte, der heilige Bischof zwischen Frau und Tochter, wie auch die Szenen an den Seitenwänden erweisen sich im Kopftyp und in der Gewandbehandlung als unmittelbare Vorbilder für die Mühlhäuser Anbetung. Die schärfere Linearität der Falten vor allem im Gewand der Madonna könnte der Hinweis auf eine stilistisch ältere Hand sein, auf jeden Fall verleiht sie eine an den Sarkophagfiguren nicht vorhandene Noblesse, eine höfische Note, die bei den Königen weniger zu finden ist; diese verharren in gedrungenen Proportionen, verfügen über greifbar-schwere Stofflichkeit der Gewänder und darunter spürbare Körperlichkeit. Schließlich machen die quellenden Augäpfel der stehenden Könige deren Köpfe »böhmischer« als die des Severisarkophages, eigentlich pragerisch, den Triforiumsbüsten (der linke dem jugendlichen Wenzel) näherstehend und auch der Ottokarfigur auf der Tumba des Böhmenkönigs im Chorumgang des Doms vergleichbar. Schließlich fällt beim linken König die zeitgenössische Gewandung mit der Leiste gespannter Knöpfe über gewölbtem Leib auf. Diese »malerisch differenzierte Oberfläche« ist eine stilistische Eigenheit, die man in der Plastik am Wiener Stephansdom aus der Zeit zwischen 1360/70 und 1380/90 festgestellt hat, an Herrscherfiguren an den westlichen Portalen (Rudolf IV. der Stifter im rechten Gewände des Singertores) und am Hohen Turm (Albrecht II. und Elisabeth), Figuren, deren hervorstechende Kennzeichen eine fast übernatürliche Schlankheit, eine Längung der Körper und diesen eng anliegende Gewänder sind, was eben zu jener »malerischen« Fältelung in den Stauchbereichen führt. Die gleichen Merkmale weisen die Mühlhäuser Altanfiguren auf, die Figur des Kanzlers rechts und die der Hofdame links außen, deren schmal eingezogene Hüften, weil Übergewänder fehlen, deutlich zu sehen sind, während sie sich beim Kaiserpaar durch Mantel und Umhang den Blicken entziehen. Weit über die Wiener (und auch Prager) Plastik hinausgehend ist in Mühlhausen der szenisch bedingte Reichtum spontan anmutender Bewegungen und Gesten der ansonsten statuarisch behandelten, übrigens ursprünglich farbig gefaßten Figuren. Die Auffassung, die Altanfiguren seien »unmittelbar von Wiener Bildhauern gefertigt« worden (K. Dingelstedt 1939), ist, unter Heranziehung noch weiter reichender europäischer Zusammenhänge (Frankreich, England) gewiß zu differenzieren (W. Korf, dessen noch unveröffentlichter Arbeit hier nicht vorgegriffen werden soll). Auf jeden Fall haben sich die Charakteristika nicht einheimisch geschulter Bildhauer, die an den Altanfiguren so deutlich sind, mit den Stilmerkmalen des Mitteldeutsch-Erfurtischen eng verbunden und die Figuren der Anbetung und des Deesisreliefs im Giebelfeld der Fassade etwas lokaler geprägt.

Mit der Figur des Kaisers am Altan ist ein vom Gesichtstyp her eindeutig als Person zu identifizierendes Bildnis erhalten, wohl weniger das Karls IV. als vielmehr Wenzels, der seit 1376 deutscher König war (P. Findeisen 1978 nach K. Dingelstedt 1932, die deshalb auch spät datieren), wie es sonst keines in der mitteldeutschen Plastik aus der Herrschaftszeit der Böhmen gibt.

Die Originalität dieser Fassadenkomposition, die phantasievolle Kreativität, die ihre Meister auszeichnet, die Schöpfer des inhaltlichen Programms ebenso wie die Architekten und Bildhauer, sichern der Mühlhäuser Plastik am Südgiebel des Querhauses der Marienkirche ihren Platz in der europäischen Kunstgeschichte. Daß es städtisches Interesse war, mit diesen Bildern ein Rechts- und Schutzsymbol, eine Art Garantiezeichen für die seit 1348 verbindliche und vollständige Reichsfreiheit zu besitzen, ist naheliegend, aber keineswegs eindeutig zu belegen. Andererseits sind die Intentionen böhmisch-karolingischen Reichs- und Herrschaftsverständnisses in dieser Konsequenz nirgendwo so deutlich Bild geworden wie hier, auch nicht in Prag.

GLASMALEREI IN MÜHLHAUSEN ❧ Die Südfassade des Querschiffes der Marienkirche ist ohne Zweifel das bedeutendste Zeugnis der mittelalterlichen Kunstgeschichte Mühlhausens, obwohl die Vollständigkeit des originalen Bildprogramms der Skulpturen gestört ist und die künstlerische Qualität der erhaltenen Skulpturen aus der »böhmischen« Zeit des 14. Jahrhunderts den Spitzenleistungen der Epoche nicht unmittelbar an die Seite gestellt werden kann. Die historische Aussage von Architektur und bildender Kunst ist in politischer Hinsicht wie auch mit Blick auf die geistesgeschichtliche Entwicklung in der zweiten Jahrhunderthälfte so außerordentlich, daß Mühlhausen durch sie seine eigentliche Berühmtheit in der Kunstgeschichtsschreibung erlangt hat. Eine besondere Kunstgattung, die in Mühlhausen auch trotz der in der Zeit des Bauernkrieges erlittenen Verluste noch relativ umfänglich bewahrt blieb und gleichfalls zum kunstgeschichtlichen Ruhme der Stadt beigetragen hat, ist die Glasmalerei in den Fenstern der großen Kirchen.

Die Blasiuskirche und die Marienkirche verfügen in ihren Chören über ganze Zyklen von Glasmalerei, und auch in der Vorstadtkirche St. Nikolai sind zahlreiche bemalte Scheiben vorhanden; verloren dagegen sind die Glasmalereien in der Jakobikirche. Der Bestand ist so groß, daß er die Frage nach eigenen Werkstätten in Mühlhausen aufwirft. Sie konnte bislang nicht eindeutig beantwortet werden, zu unterschiedlich sind die stilistischen Merkmale, die an den über einen Zeitraum von mehr als hundert Jahren entstandenen Malereien festgestellt werden konnten. Vielleicht kann man so viel sagen, daß es für Mühlhausen ein Anliegen gewesen sein muß, dem Rang der Stadt entsprechend die Kirchen mit Glasmalerei auszustatten, wie es in Mitteldeutschland üblich geworden war, sei es durch Anwerbung von Glasmalern aus anderen Städten, die sich dann hier etablierten, oder durch nur zeitweilig am Ort arbeitende Werkstätten.

In Marburg, in Erfurt, in Naumburg, um einige herausragende Orte zu nennen, gab es seit der Mitte des 13. Jahrhunderts Glasmalerei in den neuen, im gotischen Stil gebauten Kirchen. Erst mit der neuen Bauweise, die großflächige Wandöffnungen zwischen einem Pfeilergerüst schuf, erlangte deren Verglasung die Eigenschaft eines Bildträgers wie zuvor die Flächen der geschlossenen Wand, und das durchscheinende Licht verlieh den auf Glas gemalten Bildern jene Transparenz, die nach mittelalterlichem Welt- und Glaubensverständnis die übernatürliche Wirklichkeit des Universal-Kosmischen, das Himmlische anschaubar werden ließ. In den großen Kathedralen des Westens war die Anschaubarkeit eines enzyklopädisch heilsgeschichtlichen Weltbildes bau- und bildkünstlerisch Modell geworden; soweit sie Vorbild waren, und sie waren es, wie wir gesehen haben, auch in Mühlhausen, hat man ihnen nachgeeifert.

Die Mühlhäuser Glasmalereien decken sich in ihrer Entstehung – von jeweils gleicher geringer Verschiebung abgesehen – mit den Bauzeiten der Kirchen. Die
III–VII ältesten Fenster sind die in der Blasiuskirche, heute noch sieben an der Zahl. Einst waren es zehn, was bedeutet, daß einige Fenster aus den Resten von mehreren anderen zusammengesetzt sind. Es ist aber möglich, die inhaltlichen Programme der ursprünglich vorhandenen Fenster zu rekonstruieren und ihre Entstehungszeit zu bestimmen. Das Scheitelfenster im Chorpolygon ist Christus gewidmet und wird von zwei Fenstern mit Aposteldarstellungen flankiert, die das Apostolische Glaubensbekenntnis versinnbildlichen; die Glaubenssätze sind auf die Spruchbänder in den Händen der Jünger Jesu geschrieben. Das nicht mehr vollständig erhaltene Gleichnis von den klugen und törichten Jungfrauen nach dem Evangelium des Matthäus, Kapitel 25, Vers 1–13, gab den Hinweis auf das Thema des Jüngsten Gerichtes, dem einst ebenfalls ein eigenes Fenster gehört hat, von dem aber nur noch geringe Reste erhalten sind. Auf ein ursprünglich selbständiges Prophetenfenster, das mit den Apostelfenstern in Korrelation stand, und auf je ein Fenster mit männlichen und weiblichen Heiligen weisen entsprechende Einzelfiguren oder Figurengruppen hin. Eine genaue Rekonstruktion der ursprünglichen Fensteranordnung und ihres ikonographischen Gesamtprogramms wird durch das Corpus Vitrearum Medii Aevi, ein internationales Forschungsunternehmen zur Dokumentation der mittelalterlichen Glasmalerei in Europa, veröffentlicht (Chr. Richter).

Der festgestellten kompositorischen und ikonographischen Einheit des Glasmalereizyklus in der Blasiuskirche entspricht eine konsequente Abfolge der stilistischen Entwicklung, aus der eine relative Chronologie der Entstehung resultiert. Die ältesten Stilmerkmale
weist das Christusfenster auf. Einem ornamentalen III, IV
Teppichmuster sind die Szenen der Passion vom Einzug in Jerusalem bis zur Kreuzigung – aus der Kindheitsgeschichte Jesu ist nur die Darstellung der Flucht nach Ägypten erhalten geblieben – in Medaillons aufgelegt, eine Gestaltungsform, die bereits im 13. Jahrhundert üblich war. Die »Architekturfenster«, in denen statuarisch aufgefaßte Figuren – Propheten,
Apostel, Heilige – von Baldachin- und Turmarchitek- VI
turen in hochgotischer Zeichenweise gerahmt werden, zeigen Gestaltungsformen, die ihren Ursprung am Oberrhein, im Elsaß, in Straßburg haben. Als die jüngste Kompositionsart gilt die des sogenannten Diako- VII
nenfensters, bei dem die Figuren, zu (disputierenden?) Paaren geordnet, von einem vierpaßähnlichen Rahmen umschlossen werden, der beide Fensterbahnen übergreift und damit eine Sichtbarkeit des Ganzen auf größere Entfernung hin ermöglicht.

Auffallend ist der gleichbleibende Figurenstil bei so unterschiedlichen Kompositionsformen. Man hat daraus für alle Glasmalereien in der Blasiuskirche gefolgert, daß es nur einen Meister gibt (Chr. Richter 1982), eine erstaunliche, aber nicht von der Hand zu weisende Beobachtung. Die Darstellungen sind durchweg von geradezu expressiver Naivität und dabei volkstümlicher Einfachheit, besonders eindringlich in der Mimik und Gestik der törichten Jungfrauen. Die Farbigkeit ist gekennzeichnet von kräftigen Gegensätzen.

Bleibt die Frage nach der tatsächlichen Entstehungszeit der bemalten Scheiben in der Blasiuskirche. Immer wieder findet sich der Hinweis, der eine Meister habe Kompositions- und Gestaltungsweisen angewendet, die älter sind als die für Mühlhausen in Frage kommende Datierung. Seine Vorbilder stammen aus dem Westen. Die letztliche Voraussetzung für die Gestaltung des Christusfensters ist die der Fenster in der Ste-Chapelle in Paris. So wäre neben der Fensterrose in der nördlichen Querhauswand ein weiteres Element aus der Hauptstadt Frankreichs unter der Regierung Ludwigs IX. in der Mühlhäuser Blasiuskirche vorhanden, gewiß nicht durch direkte Beziehung, sondern durch damals schon im Gebrauch befindliche Musterbücher vermittelt. Ähnliches wird man für die Architekturmalerei voraussetzen müssen, und so kommt es, daß man verwandte Formen und Kompositionen an den verschiedensten Orten Mitteleuropas ausmachen kann, etwa in Colmar, Eßlingen, Erfurt, Straßburg oder Königsfelden, ohne Gleichzeitigkeit oder nachfolgende Entstehung zwangsläufig behaupten zu müssen. Auffallend an den gemalten oder, besser, gezeichneten Architekturen ist die versteckt vorkommende Perspektive trotz orthogonaler Projektion. Man ist versucht, darin Vorwegnahmen späterer perspektivisch gestalteter Bildräume zu erblicken, wie sie auf den Fenstern in der Blasiuskirche noch nicht, aber auf denen in der Marienkirche dann bereits auftreten.

V Mit der Parabel von den klugen und törichten Jungfrauen als einem Gleichnis auf das Jüngste Gericht, dem man vorbereitet, also mit ölgefüllten und brennenden Lampen und nicht unüberlegt, ohne Vorsorge zu treffen und auf Ölvorrat zu sehen, entgegentreten soll, nimmt Mühlhausen an der in Mitteldeutschland seit der Mitte des 13. Jahrhunderts beliebten Darstellung dieses dramatisch wie moralisierend wirksamen Themas teil. Daß sich dabei gestalterische Verwandtschaften ergeben, versteht sich von selbst. Es sind vor allem die Skulpturen am Triangelportal des Erfurter Doms, die man erinnert. Im Ostchor des Naumburger Doms findet sich eine Parallele in der Glasmalerei aus annähernd gleicher Zeit. Schließlich war die Parabel nicht nur beliebtes Bild-, sondern auch Spielthema. Die älteste Abschrift des mittelalterlichen Schauspiels von den klugen und den törichten Jungfrauen bewahrt das Mühlhäuser Ratsarchiv auf.

Trotz der relativ guten Erhaltung – die zu Beginn unseres Jahrhunderts vorgenommene, bereits wissenschaftlich fundierte Wiederherstellung ist bei Ergänzungen zurückhaltend vorgegangen –, trotz ziemlich sicherer Aussage über einen Meister, der den Gesamtduktus der Malweise vor allem in der Figurendarstellung bestimmt und trotz der Deutlichkeit, mit der die konsequente Einhaltung eines zusammenhängenden ikonographischen Programms heilsgeschichtlichen Charakters von der Schöpfung bis zum Jüngsten Gericht erkennbar wird, erlauben die Beobachtungen in stilistischer Hinsicht keine definitive Aussage über die kunstlandschaftliche Zuordnung und vor allem nicht zur Datierung. Angesichts mancher Altertümlichkeit möchte man die Spanne zwischen Bauvollendung und bemalter Verglasung nicht zu groß werden lassen, etwa das Christusfenster wegen des Teppichmusters bereits am Anfang des 14. Jahrhunderts entstanden denken; die Figurentypen lassen das aber nicht zu und haben sogar zu einer Datierung des gesamten Bestandes in die Zeit »um 1365/1375« geführt (Ch. Giese 1920, korrigierend H. Wentzel 1952: 1. Hälfte 14. Jahrhundert). Die derzeitige Forschung des

---

63 Kornmarktkirche, Fensterportal an der Südseite
Die Kirche der Franziskaner am Kornmarkt ist in ihrer Einfachheit wie auch in ihrer Größe ein charakteristischer Bau der Bettelorden. Das Fensterportal wurde als einziges Motiv aus der städtischen Pfarrkirchenarchitektur entlehnt. Sonst läßt die Baugestalt eher auf eine Ablehnung konventioneller wie repräsentativer Formen schließen. Erst im 15. Jahrhundert wurde ein Turm angefügt. Seit 1975 dient der rekonstruierte Kirchensaal als Museum und Gedenkstätte des Bauernkrieges.

GEDENKSTÄTTE
DEUTSCHER
BAUERNKRIEG

64–66 Kornmarktkirche; Bauinschrift am Turm, Südwand am Kornmarkt und Innenansicht nach Westen

67 Jakobikirche, Türme von Westen
68–71 Türsturzkonsolen an der Jakobikirche
Im Gegensatz zu der Kirche der Franziskaner am Kornmarkt lehnt sich die Pfarrkirche des Jakobiviertels am Westrand der Stadt eng an die Gestalt der Hauptpfarrkirchen an.

ebensmittel

72, 73 Nikolaikirche, Ansicht von Südwesten und Blick in den Chor
Das Innere der Vorstadtkirche scheint ebenfalls den Einfluß der Hauptpfarrkirchen, besonders der Blasiuskirche, zu zeigen, ist aber im wesentlichen das Ergebnis einer historistischen Erneuerung aus den Jahren 1897/98.

74 Thronender Nikolaus, Schnitzfigur in der Nikolaikirche

75 Turm der Allerheiligenkirche

Die Bescheidenheit der Allerheiligenkirche in einem Straßenwinkel am Untersteinweg läßt nicht erkennen, daß sie als Nachfolgerin der 1256 zerstörten Pfalzkapelle gegründet worden ist.

76–78 Petrikirche; Barockaltar, spätgotisches Taufbecken und Ansicht von Süden

79 Kilianikirche, Ansicht von Osten
80, 81 Georgikirche, Ansicht von Südosten und Blick in das Schiff nach Westen
Die Vorstadtkirchen St. Georgi und St. Kiliani sind schon in karolingischer Zeit gegründet, durch die spätere Stadtentwicklung aber zu Nebenkirchen geworden. Die neubarocke Einrichtung der Georgikirche stammt aus den Jahren 1906 bis 1909.

82, 83 Georgikirche, Figur des heiligen Georg und spätmittelalterlicher Schnitzaltar mit einer Darstellung der Marienkrönung im Schrein
84 Martinikirche, Blick in den Chor

85–99 Rathaus

85 Ansicht von Süden

Das Bild zeigt den ältesten gotischen Teil über der Ratsstraße und der Schwemmnotte und den Südflügel aus den Jahren 1595/96.

86 Straßenportal am Nordflügel, datiert 1605

87 Barockbrunnen im Rathaushof

85–99 Rathaus

88 Hofseite des Nordflügels mit Zwerchgiebel aus den Jahren 1605/06

89, 90 Reichsstädtisches Archiv und Eingangshalle im Südflügel

NIMROTH

CIRUS REX PERSIÆ

ALEXANDER MAGNUS

IULIUS CÆSAR.

85–99 Rathaus

91–94 Barocke Deckenmalerei in der Rathaushalle

95 Halle im Obergeschoß, Blick aus dem älteren Teil in den Erweiterungsbau aus der Zeit nach 1350

85–99 Rathaus
96, 97 Kurfürsten und Reichsstände, Wandmalerei in der Ratsstube

Sowohl die ältere Darstellung der Vertreter der Reichsstände aus dem 15. Jahrhundert als auch die sieben Kurfürsten mit dem Kaiser aus dem Jahre 1572 sind Bildthemen, die an Rathäusern von Reichsstädten beliebt waren und als Hinweis auf ihre Freiheit galten.

Burgk graffen

98, 99 Eisentüren vor dem Archiv und vor der Silberkammer in der Rathaushalle

Corpus Vitrearum Medii Aevi plädiert jedoch mehr für eine sukzessive Entstehung zwischen 1335/40 und nach 1362; letztere Angabe bedeutet, daß die jüngsten Glasmalereien, die des Diakonenfensters, erst nach Beendigung der innerstädtischen Wirren und der Schlichtung des Konfliktes zwischen Rat und Deutschem Orden entstanden sind, nach einer Zeit längerer Stagnation, von der auch der Neubau der Marienkirche betroffen war.

Nach 1362, nach Karls IV. Entscheid über die zukünftige Rolle des Deutschen Ordens in der Stadt, wurden die am Anfang des Jahrhunderts begonnenen und nach der 1327 vollzogenen Weihe des Chores ins Stocken geratenen Bauarbeiten an der Marienkirche wieder aufgenommen. In den nächsten Jahrzehnten brachte man Querschiff und Langhaus einschließlich des Figurenschmuckes an der südlichen Querhausfassade zur Vollendung. In dieser Zeit sind auch die ältesten
VIII–XII, 16 sten erhaltenen Glasmalereien der Marienkirche entstanden. Es nimmt nicht wunder, daß ihr Stil mit »böhmisch« zu bezeichnen ist, ohne allerdings einen direkten Zusammenhang mit der Prager Kunst herstellen zu können. Das schon deshalb nicht, weil die, nach den Quellen zu urteilen, sehr bedeutsame Glasmalerei Böhmens die Zeiten nicht überdauert hat und gänzlich verloren ist. Man wird die kunstgeschichtliche Aussage umkehren müssen: Die böhmischem Stil verpflichteten Glasmalereien etwa in Erfurt, Mühlhausen, Regensburg oder Nürnberg geben Auskunft über das in Böhmen Verlorene. Schon aus solcher Aufzählung geht hervor, in welchem weiteren Kulturaustausch Mühlhausen in dieser Zeit der böhmisch-luxemburgischen Reichsherrschaft gestanden hat, was in gleicher Weise bei der Betrachtung der Königsgalerie am Querhaus von St. Marien festgestellt werden konnte.

Die Dezimierung des ursprünglichen Bestandes erfolgte in der Marienkirche offenbar tiefgreifender als in der Blasiuskirche. Bei der Restaurierung um 1900 sind die damals noch über mehrere Fenster verteilten
IX, 16 Reste in die drei Scheitelfenster des Chorpolygons verbracht worden. An originaler Stelle scheinen sich aber die Scheiben im mittleren und nördlichen Fenster zu befinden, die sich auf die Passion Christi und auf das Marienleben beziehen und die sich nach einer technologischen wie stilistischen Analyse als die frühesten mittelalterlichen Glasmalereien in der Marienkirche erwiesen haben, die Bilder der Kreuzigung und der Marienkrönung ausgenommen.

Mehrfigurige erzählerische Darstellungen berichten VIII
von der Geburt der Gottesmutter bis zum Gang des zwölfjährigen Jesus zum Tempel und vom Gebet Chri- X
sti am Ölberg bis zur Begegnung des Auferstandenen mit Maria Magdalena. Jede Szene füllt ein Feld in einer Fensterbahn. Die Farben erscheinen dunkel glühend, und mosaikartig kleinteilig ist die Zusammensetzung der Scheiben. Gegenüber den szenischen Bildern in der Blasiuskirche ist eine Verräumlichung zu verspüren, ein Perspektivebewußtsein in der Darstellung sowohl der Einzelpersonen als auch ihrer Aktionen untereinander. Standflächen und Körperdrehungen machen die Figuren plastisch, Gesichter und Gewänder sind mit den malerischen Mitteln von Licht und Schatten modelliert; man assoziiert leicht die Werke eines böhmischen Malers, des Meisters von Wittingau. Eine stilistische Nähe zur Querhausplastik ist ebenfalls nicht zu übersehen, einschließlich einer gewissen höfischen Eleganz in Haltung und Bewegung, Schönheit der Körperbiegung und Vornehmheit der Gesten. Schließlich ist der Kopf des Pilatus in der Verhörszene ein ausgesprochen »böhmischer« Typ. Man möchte ihn beinahe wörtlich wiederfinden im Christus der Marienkrönung aus dem Katharinenfenster des Erfurter Doms. Der Typenschatz auch anderer Figuren in Erfurt und Mühlhausen gleicht sich auffallend. Wie bei den Querhausskulpturen scheint sich in der Glasmalerei der Zeit um 1380 eine Beziehung zu dem Kunstzentrum Erfurt aufzutun, was weniger überrascht als die Tatsache, daß in beiden Kunstgattungen auch noch andere überregionale Einflüsse zum Tragen gekommen sind. Eingehendere Vergleiche mit der verwandten Glasmalerei in Erfurt zeigen deren Überlegenheit im Hinblick auf die in Mühlhausen nur anklingenden Neuerungen der Epoche in der künstlerischen Gestaltung. Haben wir in Mühlhausen den provinziellen Ableger einer bereits entwickelteren Kunstübung vor uns, oder war hier etwas vorgebildet, was in Erfurt erst voll zur Ausbildung gekommen ist? Die Antwort liegt in der Benutzung von gleichen Vorlagen, und deren Ursprung ist im Fränkischen, in Nürnberg vor allem, erkannt worden (Chr. Richter 1982 nach

Ch. Giese 1920). Demnach wäre das »Böhmische« über Franken in die Mühlhäuser Glasmalerei vermittelt worden. Die Übereinstimmungen betreffen nicht nur das stilistische Erscheinungsbild, sondern auch die Ikonographie. Hervorzuheben ist die am Webstuhl sitzende Maria als ein genrehaftes Motiv, dem in Mühlhausen als einer Stadt der Tuchproduktion besondere Bedeutung beigemessen worden sein mag. Im ganzen möchte man wieder einen Entstehungszusammenhang mit der Bauvollendung und der Querhausplastik annehmen, also spätestens um 1380, doch lautet die Datierung des Corpus Vitrearum Medii Aevi wegen der Anlehnung an die etwa gleichzeitig zu datierenden fränkischen Glasmalereien um 1390 bis 1400.

Die unteren Darstellungen im Marien- und im Christus-Passions-Fenster, die Marienkrönung und eine zweite Kreuzigungsszene, tragen einen neuen Stil vor, dessen wesentliches Kennzeichen im Unterschied zu den älteren Scheiben die alle drei Bahnen und mehrere Zeilen übergreifende Bildkomposition ist. Unter einer perspektivisch gezeichneten Baldachinarchitektur vollzieht sich der szenische Vorgang wie in einem Bühnenraum. Es ist die Kompositionsweise des Erfurter Domchorfensters, das der aus Oberdorla bei Mühlhausen stammende Vikar Johannes Tiefengruben im Jahre 1403 gestiftet hatte. Vorläufer dieser Malweise sind im mitteldeutschen Raum in den Hochchorfenstern des Halberstädter Doms zu erblicken. Die dortige Kreuzigung kann als Voraussetzung für das Mühlhäuser Bild gelten, während die Marienkrönung wie eine Kopie nach Erfurter Vorbild anmutet. Die beiden Bilder, Kreuzigung und Marienkrönung, gehören stilistisch zu einer Gruppe von großfigurigen Heiligen im dritten Fenster der Marienkirche, die ebenfalls auf einer die drei Bahnen übergreifenden, räumlich gemalten Architekturbühne stehen, in jeder Bahn eine Figur, statuarisch aufgefaßt, die Sturmeisen ignorierend, über zwei Felder gemalt. Weibliche und männliche Gestalten führen mit reichen Faltenkaskaden den ausgeprägten »Weichen Stil« in fast barocker Weise vor. Es ist nicht mehr der Stil Parlers und der Zeit Karls IV., sondern der Hofstil seiner Söhne Wenzel und Sigismund, der Stil der »Schönen Madonnen«, die internationale Gotik um 1400, aber Böhmen war noch immer führende Kunstlandschaft und Ausgangspunkt auch dieses Stils. Eine Datierung der Mühlhäuser Fenster um 1410, im Nachgang zum Erfurter Tiefengrubenfenster, könnte zutreffend sein.

Schließlich bleibt zwischen der älteren und der jüngeren Malerei, zwischen Marien- und Passionsfenster einerseits und den großfigurigen Heiligenbildern einschließlich der Marienkrönung und der Kreuzigung andererseits noch eine dritte, stilistisch von beiden abgehobene Bildgruppe, die der Apostelmartyrien. Sie XI
steht den kleinfigurigen Szenen der ersteren näher und ist in das endende 14. Jahrhundert zu datieren, hat aber nach dem Stadtbrand von 1422 eine Überformung erfahren. Sie kennzeichnet eine lineare Zeichenweise sowohl der Gesichter als auch der Gewänder. Der Figurentyp ist derb, aber die mehrfigurige Szene, auf dem engen Raum eines Feldes zuzüglich eines Schriftbandes, gestisch äußerst reich gestaltet.

Angesichts der Stilvielfalt, die wir auf relativ engem Zeitraum in der Glasmalerei der Marienkirche antreffen, wird man ein großes Interesse des Auftraggebers an dieser Kunstgattung annehmen dürfen. Offenbar war es immer wieder nötig, neue Kräfte heranzuziehen, um die hochgesteckten Ziele bei der Ausstattung zu erreichen. Definitiv ist über Stiftungen nichts bekannt, aber man wird davon ausgehen können, daß schon im Mittelalter durch reiche angesehene Bürger der Stadt, vielleicht auch durch kommunale Korporationen, Zünfte und Gewerke, Glasfenster gestiftet worden sind, so, wie es die Honoratioren der Stadt um 1900 taten, denen wir die Fenster im Schiff der Marienkirche verdanken. Diese legen ein interessantes Zeugnis von dem geschichtlichen Sinn ihrer Stifter ab. Es gelangten sowohl biblische Inhalte als auch Geschichtsereignisse in historischem Stilgewand zur Darstellung: 1887 die beiden Tugendfenster, 1890 das Reformatorenfenster, 1891 das Auferstehungsfenster, 1896 das Gethsemanefenster, 1902 das Himmelfahrtsfenster und 1903 das Tilesiusfenster.

Nicht nur den Hauptkirchen, auch den Nebenkirchen wurde der Schmuck farbiger Fenster zuteil, nachweislich der Jakobi- und der Nikolaikirche, was für den Rang dieser Gotteshäuser spricht, vielleicht aber auch anderen, über deren mittelalterliche Ausstattung wir nichts wissen. Es ist davon auszugehen – gerade die umfänglichen Reste an Glasmalerei beweisen es –,

Marienkirche, Tilesiusfenster von 1903 im Querhaus

daß die Kirchen Mühlhausens im Mittelalter wertvolle Kunstwerke besaßen. Ihre Vernichtung – sie ist an den Portalen der Marienkirche ganz besonders zu beklagen – gehört zu den gesellschaftsverändernden Vorgängen, die sich auf dem Höhepunkt der frühbürgerlichen Revolution in den Jahren 1524 und 1525 vollzogen. Wie keine andere Stadt in Deutschland war Mühlhausen an den Ereignissen des Bauernkrieges beteiligt und von den Folgen der Niederlage des Aufstandes betroffen. So kommt es, daß nur noch wenige mittelalterliche Ausstattungsstücke in den Kirchen erhalten sind und die Reste der bemalten Fenster einen Abglanz des ursprünglichen Reichtums vermitteln.

Die Glasmalereien in der Jakobikirche sind gänzlich verschwunden, die letzten Spuren angeblich erst 1960(!), die Nikolaikirche dagegen verfügt noch über drei Fenster im Chorpolygon, von denen die beiden äußeren, ein Nikolausfenster und ein Heiligenfigurenfenster, im wesentlichen original sind, während das Scheitelfenster die Rekonstruktion eines Christusfensters darstellt, eigentlich eine Erfindung der Zeit um 1900, denn »figürliche Fragmente waren offenbar nicht mehr vorhanden« (Chr. Richter). XII

Das dem Titelheiligen der Kirche gewidmete Fenster zeigt Szenen seiner Legende, darunter die sehr bekannte, in der Nikolaus drei Jungfrauen durch das Geschenk von drei Goldklumpen zu einer Mitgift verhilft und sie dadurch vor dem Verkauf ins Freudenhaus bewahrt, und die sehr seltene von der Auferweckung eines ermordeten Jünglings. Der Stil des Nikolausfensters erscheint gegenüber dem der Malereien in der Marienkirche »böhmischer«, insbesondere ist die Verwandtschaft mit böhmischer Buchmalerei festzustellen. »Runde Gesichter, gewelltes Haar mit Stirnbändern, weit ausgeschnittene, eng anliegende Gewänder mit durchlaufenden Knopfreihen, tief angelegte Gürtel und enge, mit ihrer Länge den halben Handrücken bedeckende Ärmel sind die Charakteristika dieser Mode und werden in der kleinen Vorstadtkirche korrekt wie am Prager Hof abgebildet« (Chr. Richter). Ebenso hätte man die Gewandung der Altanfiguren an der Marienkirche beschreiben können. Die Entstehungszeit dürfte etwa die gleiche sein wie beim Marien- und Passionsfenster in der Marienkirche, das ausgehende 14. Jahrhundert. Eine festgestellte Verwandtschaft mit Scheiben in der Kirche St. Maria am Gestade in Wien würde einen ähnlichen Zusammenhang mit einem Kunstzentrum des Reiches herstellen wie die Verwandtschaft der Altanfiguren mit Skulpturen am Stephansdom.

Die Analyse der Mühlhäuser Glasmalerei zeigt – was anhand weiterer Werke der bildenden Kunst nicht mehr nachgewiesen werden kann –, daß die freie Reichsstadt Mühlhausen im letzten Drittel des 14. Jahrhunderts offenbar ein Konzentrationspunkt böhmischer Kunst in Mitteldeutschland gewesen ist, deutlicher wahrscheinlich als Erfurt, wo immer, dank kurmainzischer Hoheit – Erfurt hat Reichsfreiheit nie erlangt –, mittelrheinischer Einfluß wirksam blieb.

Die Architekturen, die die Bilder der Fenster in der Nikolaikirche umgeben und einfassen, schlanke, mehrgeschossige spitzenbekrönte Turmaufbauten, erscheinen wie Ansichten realer Architektur, und damit weisen sie, ähnlich den Altanfiguren, in eine künstlerische Zukunft, die eine neue Auffassung vom Bild, ein unmittelalterliches Realitätsbewußtsein zur Grundlage haben wird. Die Werke der bildenden Kunst dieser Zeit bereiten im Künstlerischen eine geschichtliche Veränderung vor, die gesellschaftlich und politisch in die Renaissance und in die Reformation mündet. Hier kommt der städtische, der bürgerliche Anteil an der kunstgeschichtlichen Entwicklung des späten Mittelalters zum Durchbruch. Er zeigt sich in zunehmender Individualisierung und Aktualisierung der bildkünstlerischen Darstellung. Dies macht die kunst- und geistesgeschichtliche Innovation der Zeit, das Wesen der böhmischen Kunst unter Karl IV. und seinen unmittelbaren Nachfolgern aus. Es begegnet in Prag überwältigend und faszinierend, dort vom Hof geprägt, aber in der Auswirkung und durch die Annahme städtisch und bürgerlich integriert. Für Mühlhausen gilt eigentlich das gleiche, und wir können festhalten, daß die Stadt auch in dieser Zeit mit der Reichsherrschaft so eng verbunden war wie in den früheren Perioden ihrer Geschichte, unter Ottonen, Saliern und Staufern. Durch Betrachtung und Analyse überlieferter Sachzeugen vermag hier die Kunstgeschichte ein Moment des historischen Kontinuums zu erhellen.

SCHICKSALE DER BILDER IM BAUERNKRIEG

Von dem, was uns an Kunstwerken des Mittelalters in Mühlhausen erhalten geblieben ist, bilden die Glasmalereien und die Skulpturen am Südgiebel des Querschiffes von St. Marien zweifellos die Höhepunkte. Aus dem 14. und frühen 15. Jahrhundert stammend, kennzeichnen sie diese Periode auch als eine Blütezeit der Kunstgeschichte der Stadt. Wir können sicher sein, daß der Bestand ursprünglich reicher war. Die Bilderstürmerei, die im ausgehenden Mittelalter die sozialen Unruhen begleitete, hat vieles vernichtet. Wie in anderen Städten werden die Patrizierfamilien und die kommunalen Vereinigungen, in Mühlhausen auch die Ordensherren, für ihre Kirchen gestiftet haben. Die ärmeren Schichten konnten sich daran weniger beteiligen und standen deshalb möglicherweise auch dem Bilderreichtum skeptisch gegenüber. Man wird davon ausgehen können, daß zu den Erscheinungen des 15. Jahrhunderts, die eine Krise der städtischen Demokratie und Autarkie ankündigten, auch eine kritische Haltung zu den Bildern im religiösen Gebrauch gehörte.

Die mittelalterliche Blütezeit Mühlhausens ging zwar im Verlaufe des 15. Jahrhunderts zu Ende, aber der jähe Zusammenbruch im Jahre 1525 hatte die unmittelbaren Zeitereignisse zur Ursache: Durch die Niederlage der Bauernbewegung verlor die Stadt die Reichsfreiheit als Folge des Strafgerichts, mit dem die Fürsten das Bündnis der Bürger mit den Bauern und die Aufnahme der bedeutendsten Anführer des Aufstandes, Heinrich Pfeiffer und Thomas Müntzer, in den Mauern der Stadt ahndeten. Aber die Niederwerfung städtischer Freiheit durch erstarkende Landesherrschaft war am Ende des Mittelalters eine verbreitete Erscheinung. Die Wahrung der einst erkauften und dank wirtschaftlicher Autarkie erfolgreich verteidigten Privilegien fiel den Kommunen, die den Charakter demokratischer Gemeinwesen verloren und zu einer antagonistischen Gesellschaftsstruktur mit Kapitalkonzentration und Stadtarmut gelangten, immer schwerer. In Mühlhausen beherrschten die Tuchhändler die Produktion und den Markt, während die Wollweber und Tuchmacher einschließlich der Zunftmeister in ein arbeitnehmerartiges Abhängigkeitsverhältnis gerieten, das die Entstehung einer Besitzlosenschicht beförderte. Die sich herausbildende Oligarchie dagegen vermochte sogar alte Ratsgeschlechter zu verdrängen, und zu Geld gekommene Aufsteiger erreichten Machtstellungen im Stadtregiment. Zur krisenhaften Sozialstruktur kamen noch andere Faktoren, die sich in Mühlhausen ökonomisch besonders nachteilig auswirkten: Die Haupthandelsplätze begannen sich aus dem thüringischen in den sächsischen Raum, von Erfurt nach Leipzig, zu verlagern, und die Mühlhausen passierenden Handelsstraßen verloren ihre Bedeutung. Pestepidemien in den Jahren 1458 und 1506, der große Stadtbrand von 1487 und schließlich auch Abwanderung dezimierten die Bevölkerung. Bereits 1483 gab es einen Schutzvertrag mit den Kurfürsten und Herzögen von Sachsen, das Städtebündnis zwischen Mühlhausen, Nordhausen und Erfurt mußte aufgekündigt werden. Angesichts der innerstädtischen Krisen ließen die Landesfürsten Zugriffsabsichten auch bei freien Reichsstädten erkennen.

Reformatorisches Gedankengut fiel in Mühlhausen auf fruchtbaren Boden und nahm, durch soziale Spannungen vorbereitet, schnell radikalen Charakter an. Ein gewisser Mattheus Hisolidus, der 1522 von Nordhausen nach Mühlhausen gekommen war, soll der erste reformatorische Prediger in Mühlhausen gewesen sein; man hat ihm unterstellt, daß er zum Aufruhr gepredigt habe. 1523 kamen Heinrich Pfeiffer, ein gebürtiger Mühlhäuser, bis 1521 Mönch im Kloster Reiffenstein, und Simon Hildebrand hinzu. Sie galten als Ketzer, voller »hussitischer Irrtümer«, aber der Rat schritt gegen sie nicht ein. Nach modernem Sprachgebrauch gehörten die genannten ohne Zweifel zur Linken der Reformation, ihre Predigt setzte sich nicht allein für eine Reform des Glaubens, sondern auch für eine Reform der Institutionen ein. Die Opposition in der Stadt war auf ihrer Seite, im Bündnis mit ihnen erreichte sie beim Rat Konzessionen für Neuerungen in der Stadtverwaltung, die Wahl der sogenannten Achtmänner und einen Rezeß, mit dessen Hilfe das Zunftbürgertum Einfluß auf die patrizisch geführten Ratsgeschäfte, insonderheit die Finanzen, nehmen konnte.

Wie es heißt, wählte Heinrich Pfeiffer für seine Predigten gelegentlich den Platz vor der Südseite der Marienkirche, jenen Ort, wo sonst der Rat dem König huldigte. Offensichtlich diente der Kirchhof allgemeinen Versammlungen, nicht nur denen des Rates. Hier fand auch am 1. April 1523 die Wahl der Achtmänner statt, die den von der Ausweisung bedrohten Pfeiffer verteidigen sollten. Sie verpflichteten sich dazu durch einen in der Kirche geleisteten Schwur, nachdem der Rat von dem Prediger Rechenschaft wegen seiner ketzerischen Lehren gefordert hatte. Was uns hier aus der Zeit der Reformation über die Rolle des kirchlichen Gebäudes im öffentlichen Leben der Stadt bekannt wird, dürfen wir für das ganze Mittelalter gelten lassen: Die Hauptpfarrkirche war der Mittel- und Sammelpunkt des Gemeinwesens, war ein Identifikationssymbol für die Stadtbevölkerung.

Die radikalen Prediger waren jedoch damals in der Stadt nicht zu halten, sie wurden vom Rat ausgewiesen, kehrten aber Ende 1523 wieder zurück, nun geduldet und Heinrich Pfeiffer als erster reformatorischer Pfarrer an St. Nikolai. Für den Juni 1524 ist ein erster Bildersturm in der Dominikanerkirche überliefert, ihm soll eine Predigt – unbekannt, von wem – vorangegangen sein. Den anderen Kirchen war ähnliches angekündigt. Diese Aktionen, die den Verlust gewiß nicht weniger mittelalterlicher Kunstwerke mit sich brachten und die schließlich zur Vernichtung aller erreichbaren Skulpturen an den Portalfassaden der Marienkirche führten, waren damals durchaus Bestandteil reformatorischer Programme. Bildwerke als »Götzenbilder« »abzutun« gehörte auch zu Luthers Vorstellung von der Durchführung der Reformation. Erst später, befremdet von den Ausschreitungen der »Schwärmer und Stürmer«, wandte sich Luther »wider die himmlischen Propheten« und ließ in seiner Auseinandersetzung mit Karlstadt die Bilder gelten, die »weder gut noch böse sind, man lasse es frei sein, sie zu haben oder nicht«. Es hat aber den Anschein, als sollte die Bilderzerstörung ursprünglich ein Akt der Reinigung der Kirche sein, wie man sich auch die Institution im Sinne des Evangeliums gereinigt und erneuert wünschte. Die Austreibung der Wechsler aus dem Tempel war ein beliebtes Bildthema der Zeit.

Thomas Müntzer kam im August 1524 zum ersten Mal nach Mühlhausen. Er war auf der Flucht. In Allstedt, wo er seit Ostern 1523 Pfarrer gewesen war, hatte er im Juli 1524 vor Herzog Johann von Sachsen, dem Bruder des regierenden Kurfürsten Friedrich des Weisen, und seinem Sohn, dem Kurprinzen Johann Friedrich, eine Predigt gehalten, die sein Verständnis von der Reformation als einer die geistige wie die materielle Welt gleichermaßen erfassenden Bewegung zum Inhalt hatte. Die Fürsten, die ihre Residenz in Weimar hatten und zu deren Territorium das Land um Allstedt als kursächsische Exklave gehörte, waren die Besteller der Predigt. Ihr Anlaß war eine offene Stellungnahme Luthers gegen Müntzer in einem »Brief an die Fürsten zu Sachsen«, in dem er sich und seine Reformation von den radikalen Weiterungen mit der Zielrichtung auf gesellschaftsverändernden Aufruhr distanzierte. Der Sturm auf die Mallerbacher Kapelle des Klosters Naundorf bei Halle und ihre Zerstörung durch Anhänger Müntzers gab ihm den unmittelbaren Vorwand. Aber Luthers Haltung hatte ihre längere Vorgeschichte.

Als sich der Junker Jörg nach dem Reichstag zu Worms 1521 auf der Wartburg verborgen hielt, zogen eifernde Radikale im Hochgefühl des Erfolges der Bewegung ihre Konsequenzen. In Erfurt plünderten sie Pfarrhäuser. In Wittenberg forderte der Diakon an der Schloßkirche Andreas Bodenstein genannt Karlstadt, die Messe in deutscher Sprache zu lesen, das Abendmahl in beiderlei Gestalt zu spenden, die Ehe für Geistliche einzuführen und alle Bilder aus den Kirchen zu entfernen. In Erfurt und Wittenberg verließen Augustinermönche ihre Klöster, und von ihnen war nun zu hören, daß die Kirche »die Mutter von Hoffart, Geiz, Wollust, Treulosigkeit und Heuchelei« sei. Was uns hier begegnet, sind häretische Auffassungen, die während des ganzen Mittelalters beobachtet werden können. Ihre Verkünder endeten meist auf dem Scheiterhaufen, ihre Überwinder wurden zu Heiligen. Luther, für dessen Beginn die gleichen häretischen Urforderungen, der Kelch für die Laien und das Wort Gottes in der Sprache des Volkes für jedermann, die Grundlage waren, zeigte sich durch den Umschlag des Gedankengutes in Aktionen, die gegen die Institutionen der Obrigkeit gerichtet waren, beunruhigt, weil er die Abkehr des Adels von der Bewegung und dadurch ein Scheitern der Reformation befürchtete. Er unterbrach seine »Schutzhaft« auf der Wartburg und versuchte in Wittenberg, Gewalttätigkeiten und Ausschreitungen zu verhindern.

Im Dezember 1521 tauchten in Wittenberg »Propheten« auf. Sie kamen aus Zwickau und waren dort mit dem an der Katharinenkirche tätigen Pfarrer Thomas Müntzer verbunden gewesen. Dieser hatte die Armen der Stadt, vor allem die Weber, zu dem Versuch veranlaßt, ein auf der Gleichheit aller beruhendes Stadtregiment aufzurichten nach dem Vorbild der böhmischen Taboriten, den Anhängern des Jan Hus in Prag, der auch den Kelch für die Laien und die Predigt in der Sprache des Volkes verlangt hatte und dafür auf dem Konzil in Konstanz 1415 verurteilt und verbrannt worden war. Wie dieser stützte sich Müntzer bei seiner Aktion in durchaus reformatorischem Sinne auf die Auslegung der Schrift. Die Prophezeiung eines Reiches Gottes auf Erden ohne Unterschied des Standes und des Besitzes nach dem Zusammenbruch der Herrschaft der Gottlosen macht den Zusammenhang reformatorischen Gedankengutes mit den Gesellschaftsutopien früherer, deswegen immer häresieverdächtiger Denker und Theologen des Mittelalters, besonders mit Joachim von Fiore aus dem frühen 13. Jahrhundert, deutlich (M. Smirin 1956). Ein Aufstand in Zwickau erstickte im Anfangsstadium. Müntzer wurde entlassen, er verließ die Stadt und ging nach Böhmen.

Die nach Wittenberg gezogenen Zwickauer waren Nikolaus Storch und Markus Stübner. Sie machten, so heißt es, auf Melanchthon und Karlstadt einen guten Eindruck. Vor allem Karlstadt neigte ihrem Radikalismus zu, er konnte dank seiner Parteigänger im Magistrat eine Verordnung durchsetzen, nach der alle religiösen Symbole aus den Wittenberger Kirchen entfernt und die Gottesdienstordnung vereinfacht werden sollte. In Karlstadts bilderstürmerischer Argumentation schwingen häretische wie monastische Auffassungen zur Bilderfrage mit. Er wollte auch die Musik aus den Kirchen verbannen, »weil der sinnliche Orgelklang weltliche Gedanken weckt. Statt an die Leiden Christi zu denken, denken wir an Pyramus und Thisbe«. Die Radikalisierung Karlstadts scheint Luther dazu gebracht zu haben, dem Respekt vor der Konvention wieder Geltung zu verschaffen. Er predigte im März 1522 – nun endgültig nach Wittenberg zurückgekehrt – entschieden den Verzicht auf jede Gewaltanwendung. Er selbst trug wieder das Mönchshabit, die Messe wurde wieder in alter Form gelesen, das Abendmahl sowohl in althergebrachter als auch in reformatorischer Weise gereicht.

In diesem Zusammenhang korrigierte Luther seine Haltung in der Bilderfrage. Indem er die Bilder durch

Gottes Wort zuerst aus dem Herzen gerissen habe, seien sie »unwert und veracht« gemacht – genauso hatte Bernhard von Clairvaux, der Zisterziensermönch, im 12. Jahrhundert die Bilder als Träger transzendenter Inhalte »entwertet« –, »denn wo sie aus dem Herzen sind, tun sie für die Augen keinen Schaden. Aber der Doktor Karlstadt hat das umgekehrt und sie aus den Augen gerissen und im Herzen stehen lassen.« Im Gegensatz zu den Radikalen, die auf die Bilder emotional reagierten, in religiösem wie revolutionärem Bewußtsein, verhielt sich Luther als Rationalist, ein Verhalten, dem die Bewahrung manchen mittelalterlichen Kunstwerkes zu danken sein wird.

Luther konnte die Zwickauer Propheten überwinden, sie wurden der Stadt verwiesen. Mit Karlstadt kam es zum Bruch. Dieser ging nach Orlamünde und blieb dort seinen Auffassungen treu. Für ihn war Luther nunmehr »der neue Wittenberger Papst«, der ihn – vergeblich – verfolgte.

Noch im gleichen Jahr, im Herbst 1522, nahm Luther selbst zu der Frage Stellung »Von weltlicher Oberkeit, wie weit man ihr Gehorsam schuldig sei«. Er verlangte in dem so betitelten Traktat unter Berufung auf den Apostel Paulus und damit in ur- und frühchristlicher, auch kirchenväterlicher (augustinischer) Tradition zwar den Gehorsam gegenüber einer von Gott gleichsam erschaffenen Obrigkeit, setzte aber die Grenzen des Gehorsams dort, wo die Freiheit des Christenmenschen, wo Glaubens- und Gewissensfreiheit des einzelnen nicht mehr gewährleistet würden. Luther gebraucht Formulierungen, die sich von denen der Radikalen, auch denen Müntzers, nicht unterscheiden. Es seien gar wenig Fürsten, die man nicht für Narren und Buben hielte, der gemeine Mann werde verständig, man wolle die Tyrannei und den Mutwillen nicht länger leiden. Herzog Georg von Sachsen, leidenschaftlicher Gegner der Reformation, forderte von seinem lutherfreundlichen Vetter in Wittenberg das Verbot der Schrift. Friedrich der Weise folgte dem nicht. Wie andere Fürsten des Reichs schloß er sich trotz der heftigen Angriffe gegen die Obrigkeit der neuen Glaubenslehre an, und den führenden Köpfen der Reformation war bald deutlich, daß nur dadurch die Sache zum Sieg geführt werden konnte. Ein Abfall der Fürsten hätte den Erfolg in Frage gestellt.

Diese Gefahr bestand noch immer, als Thomas Müntzer in Allstedt eine Anstellung fand. Er hielt die Messe deutsch, seine Predigten hatten Zulauf. Graf Ernst von Mansfeld verbot schon im Sommer 1523 seinen Untertanen den Besuch. Müntzer machte das Angebot einer Predigt für den Grafen, damit dieser prüfe, ob sie ketzerisch sei. Seinen eigenen Landesherren, den Herzögen von Sachsen in Weimar, schrieb er, daß das Verhalten des Grafen den Widerstand derer hervorrufen würde, die nach Allstedt zur Predigt kommen wollten; das waren vor allem die mansfeldischen Bergleute. Hier fällt das Wort vom Schwert, das die Fürsten gegen die Gottlosen, die das Wort Gottes nicht hören lassen wollten, gebrauchen müßten, andernfalls es ihnen entrissen werde. Eigentlich erkennt man die gleiche Intention wie bei Luther, nämlich die Fürsten für die Glaubenserneuerung zu gewinnen, die nach Müntzerschem Verständnis aber auch eine Gesellschaftserneuerung werden mußte.

Die Herzöge taten nichts, Thomas Müntzer sah sich enttäuscht. Im Frühjahr 1524 gründete er den Allstedter Bund, zunächst wohl nur eine Art kleiner Geheimorganisation, die aber bald anwuchs und Selbstschutzaufgaben übernahm. Man hält die Formel »Omnia sint communia«, die auch aus den Geständnisprotokollen überliefert ist, für den wichtigsten Programmpunkt des Bundes (M. Bensing 1965), doch findet sich die Formulierung, daß »in dieser Gemeinde oder Christenheit alle Dinge gemeinsam seien und eines jeglichen Güter des anderen eigen und Niemand nichts eigen sei« als am Urchristentum orientierte Forderung auch bei Luther. Als reformatorische Forderung bedeutet sie Anspruch jedes einzelnen auf das Wort Gottes und den Anteil an der Eucharistie. Der Bund scheint aktiv geworden zu sein, als Müntzer die Zerstörung der Mallerbacher Kapelle des Klosters Naundorf zur Last gelegt wurde und Herzog Johann die Bestrafung der Täter befohlen hatte; bei der Abwehr traten auch Frauen in Erscheinung, angeblich geführt von Müntzers Frau Ottilie von Gersen, die wie Luthers Frau, Katharina von Bora, vor ihrer Ehe eine Nonne gewesen war. Für Luther war die fürstliche Reaktion auf den »Mallerbacher Kapellensturm« ein Warnsignal, und er definierte in seinem »Brief an die Fürsten zu Sachsen« die Position des von ihm vertretenen

Flügels der reformatorischen Bewegung. Die sächsischen Herzöge wollten offenbar dasselbe auch von Müntzer wissen, sie bestellten die »Fürstenpredigt«, die am 13. Juli 1524 in der Kapelle des Schlosses Allstedt vor ihnen und ihren Beamten, vor dem Schultheiß und dem Rat der Stadt gehalten wurde.

Müntzer beschwört darin die Fürsten, die »teuren Regenten von Sachsen«, die Partei der Auserwählten zu ergreifen und die Feinde Christi zu vertreiben. Offenbar sah er darin ein Mittel, den »Zorn der Fürsten und des ergrimmten Volkes zu versöhnen«, womit auf zeitgenössische Ereignisse wie eben den Kapellensturm angespielt scheint. Als Urheber des Grimms der Bauern und Armen erscheinen ihm die Gottlosen, die ihr Unwesen in der christlichen Gemeinde treiben »seit dem Tod der Apostelschüler«, was wohl besagen will, seit der Institutionalisierung der Kirche. Der aufgerichtete Eckstein – Müntzer gebraucht ein auch in der Bildsprache von Bauwerken übliches Christussymbol – sei »im Anfang der Christenheit bald verworfen von den Bauleuten, das ist von den Regenten. Also ist die angefangene Kirche baufällig geworden an allen Orten«. Zu den Bauschäden, zu den Symptomen der Verwerfung des Ecksteins, zählt Müntzer auch die religiösen Bildwerke: »Sie haben den wahren gekreuzigten Christus zum fantastischen Götzen gemacht. Wie ist das zugegangen? Antwort: Sie haben die reine Kunst Gottes verworfen und an seine Statt einen hübschen, feinen goldenen Herrgott gesetzt, vor dem die armen Bauern schmatzen.« Die Sprache klingt grob, aber Müntzer bringt dasselbe zum Ausdruck wie der vornehme Bernhard von Clairvaux, wenn dieser schreibt: »Vor goldbedeckten Reliquien laufen die Augen über, es wird die kostbare Figur irgendeines Heiligen vorgezeigt und sie wird je bunter für desto heiliger gehalten. Die Menschen laufen herbei, um sie zu küssen.« Einmal mehr erkennt man die Reformatoren in der Tradition des Reformmönchtums, das urchristliche Ideale wachhielt.

Doch unterscheidet sich Müntzer von Bernhard darin ganz wesentlich, daß er seine Reformation auf die gesamte Christenheit ausgedehnt wissen wollte. Der elitäre Zisterzienserabt hatte seine Beanstandungen nur im innerklösterlichen Bereich erhoben und es durchaus zugelassen, wenn »das fleischlich gesinnte Volk mit materiellem Glanz zur Andacht ermuntert« wurde. Für Müntzer war es sinnlos zu predigen, wenn nicht die ganze Christenheit »sollt apostolisch werden«. Und er begründete es durch die »Auslegung des andern Unterschieds Danielis des Propheten«. Es ist das fünfte Reich, das wir vor Augen haben, mit Kot geflickt, eitel Anschläge der Heuchelei. »Man sieht jetzt hübsch, wie sich die Aale und Schlangen verunkeuschen auf einem Haufen. Die Pfaffen und alle bösen Geistlichen sind die Schlangen, und weltliche Herren und Regenten sind Aale. Liebste Regenten, lernt euer Urteil recht aus dem Munde Gottes und laßt euch von euren heuchlerischen Pfaffen nicht verführen und mit unaufrichtiger Geduld und Güte aufhalten. Denn der Stein, ohne Hände vom Berg gerissen – Christus – ist groß geworden. Die armen Laien und Bauern sehn ihn viel schärfer als ihr. Drum teure Regenten, tretet keck auf den Eckstein, wie der heilige Petrus tat, und sucht die rechte Beständigkeit göttlichen Willens. Er wird euch wohl erhalten auf dem Stein. Eure Wege werden richtig sein, suchet nur Gottes Gerechtigkeit und ergreifet tapfer die Sache des Evangeliums.« Luther hätte kaum anders sprechen können. Aber für Müntzer war es die Konsequenz, die Herren zum Handeln zu bringen gegen die benannten Übeltäter, die Gottlosen. Lasset sie »nicht länger leben, die uns von Gott abwenden, denn ein gottloser Mensch hat kein Recht zu leben, wo er die Frommen verhindert. Also, nötig ist das Schwert, die Gottlosen zu vertilgen. Daß aber dasselbige nur in redlicher Weise geschehe, so sollen das unsere teuren Väter, die Fürsten, tun, die Christus mit uns bekennen«. Bis hierhin verletzt Müntzer nicht einmal die Anerkennung der Obrigkeit, wie sie von Luther aus gegebenem Anlaß formuliert worden war. Doch dann der Umschlag, die Radikalisierung: »Wo sie das aber nicht tun, da wird ihnen das Schwert genommen werden. Ich bitte für sie mit dem frommen Daniel, daß sie nicht wider Gottes Offenbarung sind, wo sie aber das Widerspiel treiben, daß man sie erwürge ohne Gnade. Anders mag die christliche Kirche zu ihrem Ursprunge nicht wieder kommen.« Dies hieß nichts anderes, als daß den Fürsten, wenn sie die Gottlosen gewähren ließen und nicht vertilgten, die Macht – in der Symbol- und Bildsprache des Mittelalters das Schwert – gewaltsam entrissen werden sollte.

Die Fürsten hatten verstanden. Sie nahmen die Predigt als Kampfansage. Nur wenn Müntzer widerriefe, konnte seiner Lehre die Wirkung entzogen werden. Die Herzöge versprachen es sich von einem Verhör, zu dem sie Müntzer nach Weimar entboten. Es fand am 1. August 1524 unter Ausschluß der Öffentlichkeit statt und erbrachte, daß der offensichtlich gefürchtete Allstedter Bund keine Einzelerscheinung, sondern eine verbreitete Organisationsform war. Der Rat von Allstedt hob den Bund nach dem Weimarer Verhör jedoch auf, schloß die Druckerei, in der Müntzers Schriften erschienen waren, und entließ die Drucker. Müntzer, die Verhaftung befürchtend, verließ in der Nacht vom 7. zum 8. August Allstedt und traf Mitte des Monats in Mühlhausen ein.

Er wußte die Stadt in Gärung, vermutlich war sie deshalb sein Ziel. Zudem war er in der freien Reichsstadt vor dem Zugriff der Territorialgewalten sicher. Er verband sich mit Heinrich Pfeiffer zu gemeinsamer Aktion. Es entstanden die »Elf Artikel«, ein reformatorisch-revolutionäres Programm, und es kam zur Gründung des »Ewigen Bundes Gottes«, einer Organisation militärischen Charakters, dem Allstedter Bund wohl ähnlich, zur Selbstverteidigung der plebejischen Schichten. Die Mühlhäuser Artikel zielten auf ein Mitbestimmungsrecht der Öffentlichkeit im Stadtregiment. Sie sollten freie Ein- und Absetzbarkeit des Rates und einzelner Mitglieder garantieren. Gottes Wort und Gebot war dabei die Richtschnur jeder Entscheidung. Der reformatorisch-theologische Charakter trat unter Müntzers Einfluß deutlicher hervor als bei den früheren, rein politischen innerstädtischen Aktionen. Darin mag ein Grund für die erfolgreiche Breitenwirkung gelegen haben. Die an der Macht Beteiligten aber, auch die Achtmänner, standen der Müntzerschen und Pfeifferschen Initiative ablehnend gegenüber und sorgten zügig für deren Ausweisung. Ursache des Scheiterns ihrer Unternehmung im September 1524 wird das Versäumnis gewesen sein, die Bauern der Dörfer im Stadtgebiet von Mühlhausen in die Erhebung einzubeziehen. Zu spät hatte man die Notwendigkeit erkannt, auch ihnen die Elf Artikel zur Kenntnis zu bringen. Die Bauern unterstützten den Rat gegen Müntzer und Pfeiffer.

Thomas Müntzer weilte anschließend in Süd-

Thomas-Müntzer-Denkmal von Will Lammert, 1952

deutschland und hatte vielerorts Berührung mit der dort vorwiegend bäuerlichen Aufstandsbewegung. Offenbar gab er ihr Impulse, empfing aber auch solche für eine Fortführung der Erhebung in Thüringen. Mitte Februar 1525 kehrte er nach Mühlhausen zurück.

Heinrich Pfeiffer war schon im Dezember 1524 wieder nach Mühlhausen gekommen, und der Rat ließ ihn erneut an St. Nikolai als Prediger zu. Für Epiphanias 1525, den 6. Januar, ist ein Bildersturm überliefert, dem der Hauptaltar und andere Bildwerke der Marienkirche zum Opfer gefallen sein sollen. Pfarrer Johannes Laue habe sogar das Tabernakel mit der Hostie umgestoßen und Bilder zerschlagen und verbrannt und sich dabei, wie andere Reformatoren, auf das biblische Bilderverbot berufen. Spätestens zu diesem Zeitpunkt sind wohl auch die Portalfiguren an St. Marien herabgeschlagen worden.

Ende Februar 1525 wurde Thomas Müntzer Pfarrer an der Marienkirche. Er nahm mit seiner Familie Woh-
102 nung in dem nahe gelegenen Deutschordensgebäude der Oberstadt, einem ausgedehnten zweistöckigen Eckhaus mit massivem Erdgeschoß und einem Obergeschoß aus Fachwerk. Es dient noch heute als Pfarrhaus. Die Marienkirche war damals gleichsam die bauliche Hülle für das schlagende Herz des Aufstandes. Versammlungen von Bürgern und Bauern, die aus dem Stadtgebiet und von weiter her zum Hören der Predigt, aber auch zum Beschließen und Verkünden von Maßnahmen zusammengekommen waren, wird man sich in und bei der großen gotischen Halle aus dem 14. Jahrhundert vorstellen müssen. Rund 800 Bürger wurden gezählt, als hier am 16. März 1525 der Rat durch namentliche Abstimmung für abgesetzt erklärt wurde. In der Kämmerei des Rathauses fand darauf die Wahl des neuen, des »Ewigen Rates« statt. Dieser setzte sich aus vier Mitgliedern des alten Rates, aus vier Achtmännern und aus je zwei Vertretern der vier Stadtviertel (vgl. S. 33) zusammen. Unter seiner Ägide kam es zu Güter- und Landaufteilungen vor allem aus kirchlichem Besitz. Es wurde möglich, die evangelischen Prediger zu besolden, womit der Rat die Herrschaft über die Kirchen der Stadt, ein lange verfolgtes Ziel, zu erreichen hoffte. Daß der Rat sich auch um die Wehrfähigkeit der Stadt kümmerte und für Waffen sorgte, war seit jeher seine Aufgabe. Daß die Büchsen jedoch aus Glocken, die in den Klöstern des Eichsfeldes requiriert worden waren, gegossen wurden, und zwar in den Klöstern am Kornmarkt und am Steinweg, das ist der Stadt später als strafbarer aufrührerischer Akt angelastet worden.

Im April 1525 stellte Müntzer, so berichtet die Mühlhäuser Chronik, die Regenbogenfahne in der Marienkirche auf. Sie trug das Symbol der Versöhnung Gottes mit den Menschen, das Zeichen seines Bundes, den er mit ihnen nach der Sintflut schloß, und eine Inschrift mit den Worten des Propheten Jesaja, Kapitel 40, Vers 8: »Verbum domini maneat in eternum«, »Gottes Wort bleibe in Ewigkeit«. Unter dem Zeichen des Regenbogens, der nach der Offenbarung Johannis, Kapitel 4, Vers 3 und Kapitel 10, Vers 1, dem Weltenrichter am Jüngsten Tag als Thron dient, zogen die Aufständischen, die »Haufen«, schließlich im Mai 1525 nach Frankenhausen. Die 1975 neugestalteten Fenster im Chor der Kornmarktkirche erinnern mit ihrer Farbgebung an dieses Symbol.

Die Ereignisse in Mühlhausen während der Frühlingsmonate des Jahres 1525 mobilisierten die Landesfürsten Mitteldeutschlands militärisch, gleich ob sie der Reformation freundlich, wie der Kurfürst von Sachsen und der Landgraf von Hessen, oder feindlich, wie der Herzog von Sachsen und der von Braunschweig, gegenüberstanden. Zu deutlich zeichneten sich die umstürzlerischen Absichten der radikalen Reformatoren ab, die sich mit den aufständischen Bauern verbunden hatten. Auf das »Erzketzernest«, auf Mühlhausen, zielte die fürstliche Gegenwehr.

In der freien Reichsstadt vor den durchaus wachsamen Fürsten relativ sicher – im benachbarten Langensalza saß und beobachtete Sittich von Berlepsch und berichtete seinem Herrn, dem Herzog Georg von Sachsen, ausführlich –, konnte Thomas Müntzer mit den Aufständischen im Süden und um den Harz Verbindung halten. Es lag ihm am Zustandekommen einer Vereinigung. Der Brief an die Bergleute im Mansfeldischen, in dem die immer wieder zitierten Worte stehen »Dran, dran, dran, dieweil das Feuer heiß ist, lasset Euer Schwert nicht kalt werden«, läßt solche Erwartung erkennen.

Die Bauern hatten sich in Lagern zusammengetan

bei Städten und Ortschaften, nach denen die »Haufen« benannt wurden. Das Ziel ihrer Konzentration in Thüringen hatten die Fürsten erkannt. Als sich ein Mühlhäuser Aufgebot am 10. Mai – ein früherer Auszug mit Heldrungen als Ziel hatte auf dem Eichsfeld geendet – auf den Weg nach Frankenhausen machte und dieses am 12. Mai erreichte, folgte ihm Philipp von Hessen auf dem Fuße, vielleicht in der Hoffnung, es zu schlagen, bevor weitere »Haufen« sich mit ihm vereinigen konnten. Er selbst rechnete mit der Hilfe verbündeter Fürsten.

Warum Frankenhausen, warum die Sammlung der revolutionären Bauern gerade am Kyffhäuser (B. Gloger 1978)? Dort saß der letzte Stauferkaiser Friedrich II. – die Volksüberlieferung hatte ihn mit seinem Großvater Friedrich I. Barbarossa verschmelzen lassen – in einer Höhle, so wollte es die immer noch und jetzt gerade wieder lebendige Legende, und wartete auf seine Stunde. Auf seine Wiederkunft richteten sich die Hoffnungen derer, denen die Zukunft des Volkes und des Reichs der Deutschen im Sinne einer antirömischen Position am Herzen lag. Luther nannte 1520 in seiner Schrift »An den christlichen Adel deutscher Nation« die beiden Staufer als Beispiele für die mißliche Behandlung deutscher Kaiser durch den Papst. Der päpstlichen Seite galt Friedrich II. noch im 15. Jahrhundert als Ketzer. Die älteste schriftliche Überlieferung der Kyffhäusersage durch den Eisenacher Stadtschreiber Johannes Rothe in der »Doringischen Weltchronik« aus dem Jahre 1421 stellt die Sache so dar: »Von diesem Kaiser erhob sich eine neue Ketzerei, die heimlich unter den Christen fortbesteht, und sie glauben fest, daß Kaiser Friedrich noch lebe und lebendig bleiben werde bis an den Jüngsten Tag ..., daß er mit den Leuten rede und sich von Zeit zu Zeit sehen lasse. Diese Büberei ist des Teufels Werk. Damit verführt er die Ketzer und einfältige Christen.« Endzeitliche Erwartungen, Hoffnungen auf ein Eingreifen des wiedererweckten gerechten Kaisers zu ihren Gunsten bei Müntzer und den Aufständischen? Hinweise dafür fehlen, allein die Wahl des Ortes, die Nähe des Berges, der möglicherweise als die Erlösung verheißend aufgefaßt wurde, und die aussichtslose Lage des Bauernheeres gegenüber den Armeen der verbündeten Fürsten, ruft diese Vermutung hervor.

Landgraf Philipp allein vermochte am 14. Mai noch nichts gegen die auf dem Hausberg in ihrer Wagenburg Verschanzten auszurichten. Die geglückte Abwehr löste im Lager Euphorie aus, schon begonnene Verhandlungen wurden abgebrochen, die geforderte Auslieferung Müntzers abgelehnt. Am 15. Mai stand auch Herzog Georg von Sachsen vor Frankenhausen. Ein letztes Mal predigte Müntzer, und das Ende scheint durch die Legende verklärt: »Seid getrost und tut Gott den Dienst und vertilgt diese untüchtige Obrigkeit. Denn was hilfts, wenn wir schon Frieden machten mit ihnen, sie wollen doch fortfahren, uns nicht frei zu lassen und uns zur Abgötterei treiben. Es wäre besser, daß wir Märtyrer werden, denn daß wir leiden, daß uns das Evangelium entzogen wird ... Sehet, daß Gott auf unsrer Seite ist, denn er gibt uns jetzt ein Zeichen. Sehet ihr nicht den Regenbogen am Himmel? Der bedeutet, daß Gott uns, die wir den Regenbogen im Banner führen, helfen will und er droht den mörderischen Fürsten mit Gericht und Strafe.« Der Regenbogen als Zeichen der Gnade Gottes für die Gerechten und seines Zorns gegen die Gottlosen – vielleicht tatsächlich als Naturerscheinung am selbigen Tage bezeugt, denn er erscheint auf bildlichen Darstellungen des Ereignisses schon um 1550 – gab dem Untergang der bewaffneten Bauern eschatologische Dimension, und der Berg der Verheißung mag als biblischer Topos in gleichem Sinne ihr Handeln bestimmt haben.

Einen Kampf scheint es gar nicht gegeben zu haben. Die fürstlichen Kugeln sollen die Bauern getroffen haben, als sie – es war Pfingsten – den Choral sangen »Komm Heilger Geist Herre Gott«. Dem Massaker fielen an die Sechstausend zum Opfer. Der Hausberg hieß fortan Schlachtberg. Unter den Gefangenen war Thomas Müntzer. Man war daran interessiert, ihn lebend zu haben, weil man einen Widerruf von ihm erpressen wollte. Er wurde nach Heldrungen geführt und dort auf der Folter verhört. Zur Hinrichtung aber brachte man Müntzer und den bei Eisenach gefangenen Pfeiffer vor Mühlhausen. Am 27. Mai wurden beide vor den Toren enthauptet.

Schon am 24. Mai hatten die Frauen den Bittgang ins Fürstenlager bei Schlotheim angetreten. Sie verhüteten damit den Beschuß der Mauern und den Kampf

THOMAS MÜNZER,
STOLBERGENSIS, PASTOR ALSTED,
ARCHIFANATICUS, PATRONUS ET CAPITANEUS
SEDITIOSORUM RUSTICORUM,
DECOLLATUS Anno 1525.

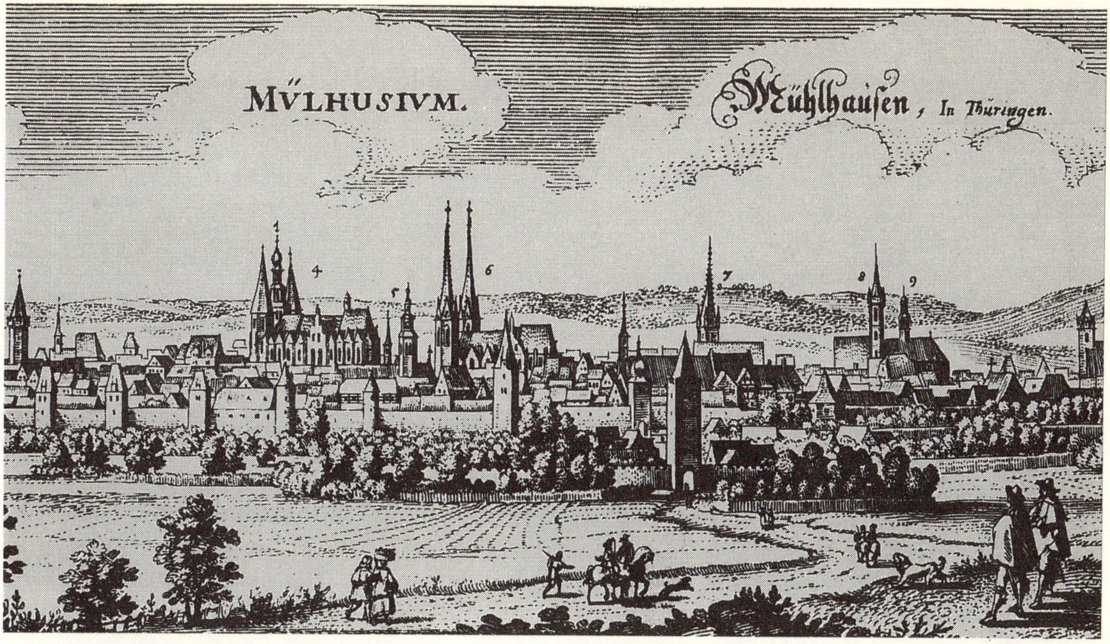

Thomas Müntzer, Stich von 1706 mit handschriftlichen Eintragungen

Mühlhausen um 1650, Ausschnitt aus dem Stich von Merian

in der Stadt. Der wieder eingesetzte alte Rat verhängte Geldstrafen und Ausweisungen über aktive Teilnehmer am Aufstand; mehrere am Leben Bedrohte konnten rechtzeitig fliehen. Ein Sühnevertrag belastete die Stadt auf lange Zeit, sie mußte Geld aufbringen für die Wiedereinlösung des enteigneten reichsstädtischen Gebietes, für Reparationen, als Schadensersatz, auch die Bewaffnung ausliefern und wegen der angedrohten Schleifung um die Befestigung fürchten. Vielleicht haben sich die Fürsten weniger für den Aufstand gerächt als vielmehr die Stadt ihrer Landesherrschaft eingliedern wollen. Der Verlust der Reichsfreiheit war die empfindlichste Wunde, die Mühlhausen damals geschlagen worden ist.

Die Fürsten teilten sich in die Schutzherrschaft, Herzog Georg von Sachsen übte sie als erster aus. Als Gegner der Reformation begann er die Rekatholisierung sofort. Kirchen und Altäre, Kapellen und Friedhöfe wurden neu geweiht. Bildwerke kamen wieder in Gebrauch. Lutherisch zu lehren war durch kaiserlichen Erlaß verboten. Daran vermochten auch die bereits protestantischen Schutzherren nichts zu ändern.

Das Trachten des Rates ging nach Wiedererlangung der Reichsfreiheit. Wie es scheint, hatte er dabei schon 1530 kaiserliche Unterstützung. Auf dem Reichstag in Augsburg verweigerte Karl V. die Bestätigung des Sühnevertrages und verlangte seine Aufhebung. Der Landgraf von Hessen und der Herzog von Sachsen verzichteten daraufhin auf zehntausend Gulden Strafgeld. Unnachgiebig zeigte sich der Kurfürst von Sachsen Johann der Beständige, der einstige Herzog in Weimar. Seine Stellung im Reich erlaubte es ihm, kaiserliche Gebote zu mißachten. 1537 verhängte sein ihm nachfolgender Sohn Johann Friedrich der Großmütige – die zusätzlichen Benennungen werfen ein bezeichnendes Licht auf die zeitgenössische Einschätzung der Persönlichkeiten – eine Handelssperre für Mühlhausen im ganzen Kurfürstentum und traf den Nerv der Stadt. Er hatte dabei nicht nur die uneingeschränkte Zahlung der Strafgelder, sondern auch die

Einführung der Reformation, als deren weltliches Haupt er sich fühlte, im Sinn. Jetzt manövrierte der Rat äußerst geschickt: Er blieb beim alten Glauben und damit kaisertreu. Erst als nach dem Tode Georgs des Bärtigen im Jahre 1539 auch das Herzogtum Sachsen protestantisch geworden war, setzten die Schutzfürsten 1542 die Reformation durch. Justus Menius aus Eisenach hielt nach seiner Berufung zum ersten Superintendenten an der Blasiuskirche am 14. September 1542 erstmals wieder evangelischen Gottesdienst in der Marienkirche. Im Barfüßerkloster wurde ein Gymnasium, im Brückenkloster eine Mädchenschule eingerichtet. Festen Fuß fassen konnte die Reformation aber in der nach Reichsfreiheit strebenden Stadt noch nicht.

Als sich im Schmalkaldischen Krieg die Fronten verunklärten und der mächtige Kurfürst von Sachsen durch seinen herzoglichen Vetter in Dresden, der kurzfristig auf die kaiserliche Seite gegen die Protestanten wechselte, gestürzt wurde – Johann Friedrich der Großmütige verlor die Kurwürde und die Kurlande um Torgau und Wittenberg an Moritz von Sachsen –, entließ der Mühlhäuser Rat die evangelischen Geistlichen, Lehrer und Beamten. Nach der Schlacht bei Mühlberg im April 1547, nach der Niederlage der im Schmalkaldischen Bund zusammengeschlossenen protestantischen Fürsten, verlieh Kaiser Karl V. als katholisches Reichsoberhaupt Mühlhausen erneut die Privilegien der freien Reichsstadt. Der Sühnebrief wurde annulliert und das reichsstädtische Territorium wieder uneingeschränkter Besitz des Rates.

Die Zurückhaltung des Rates gegenüber der Reformation mag der Diplomatie entsprungen sein, sonst aber war der Boden für den neuen Glauben gewiß bereitet. 1557 wurde er endgültig eingeführt. Als der eigentliche Reformator Mühlhausens gilt Hieronymus Tilesius von Tilenau. Ihm ist eines der neuen Fenster mit Glasmalereien in der Marienkirche gewidmet (vgl. S. 160f.). Ein von Lucas Cranach d. J. gemaltes Ölbild aus der Marienkirche zeigt seine Familie unter dem Kruzifix in der üblichen Form protestantischer Votivbilder. Es trägt das Datum 1566. Bedeutsam ist es für uns vor allem wegen des im Hintergrund abgebildeten Stadtpanoramas aus der Zeit der Entstehung des Bildes. Mühlhausen zeigt sich mit seinen Mauern und Türmen aus dem weiß leuchtenden Stein und mit den hoch über die Dächer aufragenden Giebelkränzen der gotischen Kirchen. Bis heute bewahrt die Stadt vieles von diesem Bild aus ihrer Blütezeit im Mittelalter.

PLASTIK UND MALEREI VOM AUSGANG DES MITTELALTERS ❧ Daß mittelalterliche Werke der bildenden Kunst, im Sinne des heutigen Begriffs vom beweglichen Kunstgut, in den Mühlhäuser Kirchen nur spärlich erhalten sind, ist mehrfach betont und die Geschehnisse, die die Ursache dafür bilden, sind im Vorangehenden geschildert worden. Diese Feststellung kann durch eine weitere Beobachtung ergänzt werden, die die Situation interessant beleuchtet: Eine Reihe von Altären, Heiligenfiguren und liturgischen Ausstattungsstücken verdankt ihre Entstehung erst der Zeit unmittelbar nach dem Bauernkrieg. Sie stellen eigentlich den Versuch dar, Stücke zu ersetzen, die durch die Bilderstürmerei verlorengegangen waren. Bisweilen wurden ältere Reste, die der Vernichtung entgangen waren, wieder verwendet oder früher entstandene Werke aus anderen Orten nach 1525 hier aufgestellt. Die Bildinhalte blieben konventionell, auch bei den neu geschaffenen Werken. Der Stil ist noch als spätgotisch zu charakterisieren, die Zeichen der Renaissance sind äußerst verhalten. Wir haben es im wesentlichen mit einer Kunst- und Bilderpraxis im Zeichen der Wiederherstellung alter Verhältnisse zu tun, mit einer Kunst der Restauration.

Der Hochaltar der Marienkirche, genauer das Retabel auf der aus der Bauzeit des 14. Jahrhunderts stammenden steinernen, rückseitig mit einem Reliquienschacht versehenen Mensa, ist ein geschnitzter Flügelaltar. In seinem Schrein ist die Krönung der Maria dargestellt. Gottvater zur Rechten und Christus zur Linken halten die Krone über der knienden Gottesmutter, eine in Figurenaufbau und Faltenverteilung auffallend symmetrische, zu Monotonie neigende Komposition; in den Köpfen allerdings zeigt sich die Meisterschaft des Bildschnitzers. Ihn in dem seit 1503 in der Saalfelder Werkstatt des Valentin Lendenstreich tätigen Hans Gottwald von Lohr, einem Schüler Riemenschneiders, zu erkennen und die Schnitzarbeiten von dessen Œuvre her schon um 1510 entstanden zu

Marienkirche, Marienkrönung aus dem Schrein des Hochaltars

Marienkirche, Relief aus der Predella des Hochaltars

denken (G. Günther/W. Korf 1986) macht notwendig, die Malereien der Flügelrückseiten, eine Madonna mit 36,
Johannes dem Evangelisten und eine Anna Selbdritt 37
mit Johannes dem Täufer, nicht gleichzeitig, sondern erst in Zusammenhang mit der Neuaufstellung des Altars zu datieren (Chr. Richter 1987). Da der restauratorische Befund solche Nachträglichkeit der Malereien nicht bestätigt, müßte auch für die Schnitzereien an eine spätere Entstehung gedacht werden. Der fränkische Einschlag ist bei den Apostel- und Heiligenfiguren, die zu sechst, je drei in zwei Reihen übereinander, die Flügelschreine füllen, recht deutlich. Die schreinhohen Figuren der beiden Johannes', die das Krönungsrelief flankieren, sind ziemlich steif in die Nische gepaßt, aber durch die unterschiedlichen Figurengrößen wird der Gesamteindruck belebt.

Die Malereien der Flügelrückseiten lassen die Kenntnis großer Kunst, etwa die Grünewalds, Dürers oder Cranachs verspüren und stehen, trotz der Beibehaltung eines festgeschriebenen ikonographischen Typs, durch die hinweisenden Gesten der beiden hier auffallenderweise noch einmal dargestellten Johannes' – der Täufer weist auf das Christuskind, der Evangelist auf den Kelch – früher Reformationskunst und ihren Vorläufern nahe. Die künstlerische Qualität entspricht den Vorlagen weniger, von den Köpfen überzeugt eigentlich nur der des Johannes Baptista. Der Maler hat Schwierigkeiten mit der Anatomie seiner Figuren gehabt. Bemerkenswert ist die perspektivisch verkürzte Darstellung der nackten Füße. Die zu dekorativen Ohren gerollten Gewandsäume wie überhaupt ein barocker Zug in der Faltenbehandlung gehören ebenso zu den Merkmalen des Stils unseres Meisters wie die grelle Farbigkeit mit einer intensiven Licht-Schatten-Wirkung. Sie erinnern an Süddeutsches, und die Bäume, die jede Tafel kompositorisch gleichsam in zwei Nischen teilen, in die die Figuren vor einen Vorhang wie Statuen gestellt sind, gemahnen an die Naturwiedergabe der Donauschule.

Die genaue Herkunft des Altars zu bestimmen und die Werkstatt, in der er gearbeitet wurde, zu lokalisieren ist noch nicht gelungen. Da Altäre mit einer Darstellung der Marienkrönung im Schrein, die der in Mühlhausen gleicht, zahlreich sind, muß auf ein gemeinsames Muster geschlossen werden, nach dem möglicherweise in mehreren Werkstätten produziert worden ist. Auch die Malereien dieser Altäre zeigen Verwandtschaft und den deutlichen Einfluß der Donauschule. Ob sie alle einem Meister, dem der Crispinuslegende, zugeschrieben werden können (I. Lübbeke 1984), erscheint bei der unterschiedlichen Qualität fraglich. Doch ist nicht zu übersehen, daß auch die Mühlhäuser Bilder Merkmale seines Stils aufweisen, neben den schon erwähnten vor allem den hellen, wie ein Lichtreflex wirkenden Kontur. Ohne Zweifel muß der Mühlhäuser Altar dieser um einen Meister zusammengestellten Gruppe zugeordnet werden. Nach überlieferten Daten anderer Altäre zu urteilen, haben Maler und Schnitzwerkstatt in den Jahren um 1520 gemeinsam gearbeitet. Es muß also offen bleiben, ob der Hochaltar der Mühlhäuser Marienkirche ein nach 1525, was nicht ausgeschlossen erscheint, oder früher entstandenes Werk ist.

Im gleichen Altar wurden als Predella vier Reliefszenen wiederverwendet – Christus am Ölberg, seine Gefangennahme in Gethsemane, die Dornenkrönung und die Auferstehung. Sie stammen von einem älteren Altar, dem ehemaligen Hochaltar, der 1525 zerstört worden ist, oder von einem 1559 abgebrochenen, bis dahin angeblich erhalten gebliebenen Nebenaltar. In letzterem Fall wäre die Zusammenstellung erst 1608 erfolgt, als Hans Croberger seinen Spätrenaissancebaldachin über dem Altar errichtete und ihn mit einer spätgotischen Madonna krönte. Diese Madonna ist ebenfalls älter als der Schrein mit der Marienkrönung, stilistisch steht sie der Figur einer heiligen Margarethe im Mühlhäuser Heimatmuseum nahe und dürfte gleichfalls einer Erfurter Werkstatt entstammen (Chr. Richter 1987). Möglicherweise hat sie – wiederverwendet – im vorausgesetzten Gesprenge des Hochaltars nach 1525 gestanden. Es ergibt sich die Frage, ob nicht die Passionsszenen und die Mondsichelmadonna als Reste des Vorgängeraltars bei der Ersetzung des im Januar 1525 »abgetanen« Werkes durch ein neues ganz bewußt wieder verwendet worden sind. Die stilistische Verwandtschaft der älteren Teile spricht für deren ursprüngliche Zusammengehörigkeit, die ikonographische Verwandtschaft der neuen Teile mit dem Hochaltar der Blasiuskirche aus der gleichen Werkstatt für eine absichtliche Rezeption.

In der von Reinhard Jordan herausgegebenen Chronik der Stadt Mühlhausen heißt es zum Jahre 1545 – wenige Jahre nach der Berufung des Justus Menius zum ersten evangelischen Superintendenten an Divi Blasii –, daß am Donnerstag vor Katharina (30. April) alle katholischen Altäre in der Blasiuskirche abgebrochen worden seien. Diese wie auch die ähnliche für das Jahr 1559 – zwei Jahre nach der endgültig eingeführten Reformation in Mühlhausen – in der Marienkirche überlieferte Aktion erscheint wie eine erneute Auflehnung gegen die Wiedereinführung von Bildwerken in den Gotteshäusern während der Rekatholisierung nach 1525. In der Blasiuskirche hat ein spätgotischer Schnitzaltar diese abermalige bildersturmähnliche 59
Maßnahme wie auch schon die Jahre 1524/25 offenbar überstanden. Er steht als Retabel auf der steinernen Mensa im Chorpolygon und ist wie der Hochaltar der Marienkirche mit einem Spätrenaissancebaldachin überbaut, in dem wohl auch einige spätgotische Schnitzfiguren wiederverwendet worden sind. Der Schrein enthält die symmetrisch komponierte Gruppe der Marienkrönung, flankiert von je zwei Heiligenfiguren. Die Innenseiten der beiden Flügel tragen je zwei szenische Reliefs, in den unteren Feldern die Ver- 60,
kündigung an Maria und die Geburt Christi, in den 61
oberen die Begegnung des Auferstandenen mit der Maria Magdalena und deren Himmelfahrt. Der Stil der Schnitzarbeiten weist nach Erfurt.Die Erfurter Schnitzwerkstätten standen am Ende des 15. Jahrhunderts unter einem niedersächsischen Einfluß aus dem westlichen Harzgebiet, und es sollte nicht ausgeschlossen werden, daß sich ähnlich arbeitende Werkstätten auf dem Eichsfeld, eventuell in Mühlhausen selbst, befunden haben; zu groß ist die trotz mehrfacher Dezimierung zu beobachtende stilistische Zusammengehörigkeit der überkommenen Werke. Daß sich Bildmotive bis in die Einzelheiten hinein an verschiedenen Altären gleichen – so kehrt die Geburtsszene an Altären in Sömmerda und Arnstadt wieder – gehört zur Kunstpraxis der Zeit und hat die Verwendung der gleichen zeichnerischen Vorlagen zur Grundlage.

Die Rückseiten der Innenflügel wie auch die äußeren Flügel sind bemalt. Nach der ersten Wandlung zeigen sich Apostel- und Heiligenfiguren in Gewändern mit fein ausgeführten Details. Sie stehen vor goldenem

Blasiuskirche, Marienkrönung aus dem Schrein des Hochaltars

Grund auf einem perspektivisch gemalten Boden wie auf einer Bühne. Die Vorliebe für Landschaftshintergründe und intime Szenengestaltung in den Schnitzereien ist hier einer repräsentativen Darstellung von Statuenreihen gewichen. Ikonographisch bemerkens-
62 wert ist die untere Tafel des linken äußeren Flügels: Vor dem thronenden Gottvater knien Christus als Schmerzensmann und die Gottesmutter Maria, die ihre Brust zeigt, beide in einer fürbittenden Gestik, die wie die ganze Bildkomposition eine Deesis assoziiert; vermutlich liegt eine Gerichtsbedeutung zugrunde. Nach der zweiten Wandlung, also bei gänzlich geschlossenen Flügeln, erscheinen auf den Außenseiten vier gemalte Passionsszenen.

Ein weiterer Marienaltar mit einer Krönungsszene 83
im Schrein hat sich in der Georgikirche erhalten – das erst seit 1588 in der Marienkirche befindliche Triptychon aus der Zeit um 1530 sei nur der Vollständigkeit halber erwähnt –, dem in St. Marien äußerst ähnlich, aber in der Ausführung, sowohl im Hinblick auf die Komposition als auch auf die figürliche Gestaltung, flacher, schematischer, in den Gesichtern stereotyp. Überraschend qualitätvoll dagegen ist die Malerei der Flügelaußenseiten: zwei Heilige und die Messe des Heiligen Gregor. Die Eindringlichkeit der Darstellung, die mit Hingabe vollzogene liturgische Aktion und die Erscheinung Christi auf dem Altar, umgeben von den Siegeszeichen seiner Passion, den Arma Christi, stellt das Bild, von der stilistischen Nähe zu Lucas Cranach dem Älteren ganz abgesehen, neben protestantische Lehrbilder, wäre hier aber im Dienste der Rekatholisierung gemeint und zu verstehen. Wieder möchte man die Datierung erst nach 1525 ansetzen.

Im übrigen ist der Bestand an spätgotischen Schnitzwerken äußerst gering. Erhalten haben sich die Figuren der Titelheiligen in drei Vorstadtkirchen, ein zier- 82
licher Georg, dem die Ritterrüstung hauteng anliegt und der mit spitzen Schnabelschuhen auf dem sich windenden Drachen steht, ihm die Lanze in den Rachen bohrend, ein thüringisches Werk aus der Zeit noch vor 1500; ferner eine beeindruckend thronende Sitzfigur des Nikolaus von Myra in vollem Bischofs- 74
ornat, als oberfränkische, um 1510 entstandene Bildschnitzerei und dazu überzeugend als den Freiberger Domaposteln des Philipp Koch nahestehend angesprochen (G. Günther/W. Korf 1986); schließlich der Apostel Jakobus der Ältere in der Pilgertracht und mit der Muschel auf der hochgeschlagenen Hutkrempe, die am spätesten, um 1520 oder erst nach 1525 zu datierende Skulptur.

Haben diese Figuren mehr lokale Bedeutung, so verweist die Gruppe einer Anbetung der Heiligen Drei 33–
Könige an den westlichen Vierungspfeilern der Ma- 35
rienkirche noch einmal auf den Anteil an großer Geschichte. Je zwei Dienste zur Vierung hin sind an beiden Pfeilern unterbrochen, Kapitellkonsolen und

Baldachine bilden insgesamt vier Figurennischen. Sie entstammen dem 14. Jahrhundert, der Zeit, als der Neubau der Hallenkirche erfolgte. Es waren also schon damals Figuren an dieser Stelle vorgesehen und wahrscheinlich auch ausgeführt; sie werden das gleiche Thema dargestellt haben. Ähnliche, über mehrere Schiffspfeiler verteilte Darstellungen dieses Themas aus dem 14. Jahrhundert gibt es in Nürnberg und Würzburg. Die jetzt vorhandenen Mühlhäuser Figuren sind nicht einheitlich entstanden, aber vermutlich zusammen aufgestellt worden, nachdem die ursprünglichen einer Zerstörung zum Opfer gefallen waren, doch wohl 1525. Die Figuren der Könige sind durch Tracht und dargebrachte Geschenke charakterisiert – der Mohr, Caspar, mit einem Büffelhornreliquiar, der mittlere König, Melchior, mit einem Buckelpokal und Ohrenklappen, wie sie von Bildnissen der Humanisten und Reformatoren bekannt sind, unter der Krone, und schließlich der älteste, Balthasar, mit einer Schaube bekleidet, die Krone über einen am Boden liegenden Hut gestülpt. Sie alle sind schon von der Renaissance geprägt und werden erst nach 1525 gearbeitet worden sein. Die Madonna hingegen ist eine wiederverwendete Skulptur aus dem späten 15. Jahrhundert, ein Rest von jenem offenbar in der Stadt recht umfangreichen Werk einer unter Erfurter Einfluß stehenden Werkstatt. Mit der Wiederherstellung einer ursprünglichen Situation halten die Pfeilerfiguren in der Mühlhäuser Marienkirche das Andenken an die hohe Zeit mittelalterlichen Kunstschaffens während des 14. Jahrhunderts in der Stadt wach. Vermutlich waren die ursprünglichen Figuren auch aus Stein gehauen. Daß es steinerne Skulpturen nicht nur als Bauplastik wie an den Portalen und Giebeln der Kirche gegeben hat, beweist eine Sitzmadonna aus der Zeit des endenden Weichen Stils, aus dem zweiten Viertel des 15. Jahrhunderts, die seit dem 18. Jahrhundert in St. Marien nachweisbar ist.

Marienkirche, Sandsteinfigur einer sitzenden Madonna

Es soll hier jedoch keine Aufzählung der gebliebenen spätmittelalterlichen Kunstwerke in Mühlhausen geboten werden. Nur zwei bemerkenswerte Stücke
seien noch erwähnt, zunächst die bemalten Flügel 31,
eines Altares, den man sich aufgrund des Inhalts seiner 32
Darstellungen, der Legende des heiligen Nikolaus, für den nördlichen Nebenchor der Marienkirche, eine Nikolauskapelle, gestiftet denkt. Auf zwölf Feldern schildern die Gemälde die Vita des Heiligen, weniger in figuren- als vielmehr in handlungsreichen Bildern von auffallend frischer Farbigkeit und mit glasklarer Durchsicht in die räumliche Tiefe. Die etwas simplen Kompositionen verhelfen zu einer geradezu naiven Anschaulichkeit der theatralisch vorgeführten Szenen in Räumen und Landschaften. Die Jahreszahl 1485 über dem Kirchenportal, vor dem der anschließend zum Bischof von Myra inthronisierte Nikolaus kniet

(auf dem zweiten Bild von oben in der linken Bildbahn des linken Flügels), dürfte das Entstehungsdatum angeben. Ob tatsächlich ein Werk norddeutscher (lübischer?) Malerei vorliegt (G. Günther/W. Korf 1986), muß dahin gestellt bleiben. Die weiträumigen Handelsbeziehungen Mühlhausens, nachweislich auch nach Lübeck, würden es nicht unmöglich erscheinen lassen, daß ein künstlerischer Auftrag dadurch vermittelt werden konnte.

Abschließend sei noch auf ein Reliquienkreuz verwiesen, das die ehemalige Existenz eines Kirchenschatzes an St. Marien belegt. Es besteht aus einem mit vergoldeten Kupferplatten umkleideten Eichenholzkern. Die Rückseite schmückt eingraviertes Rankenwerk, nur die Endungen der Kreuzarme tragen – ebenfalls gravierte – Darstellungen der Evangelistensymbole. Die reich ausgebildete Schauseite zeigt an den Kreuzesenden nachträglich aufgesetzte Bronzetäfelchen in Vierpaßform mit Reliefszenen aus der Legende der Kreuzesauffindung durch die Mutter des römischen Kaisers Konstantin, die heilige Helena. Diese Reliefs scheinen von einem Reliquienschrein herzurühren; als zugehörig gilt auch der Engel auf der Kreuzesspitze. Stilistisch stehen sie rheinischer, kölnischer Goldschmiedekunst des zweiten Drittels des 14. Jahrhunderts nahe (Ch. Giese 1932). Zwischen den Reliefs und der Capsa, die einst die Reliquie enthielt – wohl eine Kreuzesreliquie – und heute ein barockes Kruzifix beherbergt, befinden sich an Ausbuchtungen der Kreuzarme unter Bergkristallen Miniaturen, winzig klein gemalte Halbfiguren anbetender Heiliger. Weitere Bergkristalle und Edelsteine machen das Kreuz, das heute auf einem barocken Fuß steht, zu einem wertvollen Zeugen des Reichtums der Marienkirche im Mittelalter.

DER NEUE TURM DER MARIENKIRCHE ❧ Die Werke der Plastik und der Malerei, die aus dem endenden Mittelalter in den Mühlhäuser Kirchen bewahrt blieben und die ihre Aufstellung, vielleicht sogar erst ihre Entstehung der Zeit nach 1525 verdanken, können als Zeugen der Geschichte der Stadt nach dem Bauernkrieg betrachtet werden. Die vermutlich radikale Wiederherstellung alter Verhältnisse nach der Niederlage des Aufstandes brachte die Wiederaufstellung religiöser Bildwerke in den Kirchen mit sich, nachdem die Bilderstürmer viele »abgetan« oder zerstört hatten. Architektonisch dagegen wurden in dieser Zeit der Restauration solche Zeichen nicht gesetzt. Die letzte große kommunale Bauunternehmung an einer Kirche war schon einige Jahre vor den Unruhen eingestellt worden und erfuhr jetzt keine Fortsetzung: Der mittlere Westturm der Marienkirche blieb damals unvollendet.

Die Aufgabe, der Turmfront von St. Marien, die aus dem späten 12. und 13. Jahrhundert stammt, zu neuer dominanter Wirkung im Stadtbild zu verhelfen, stand spätestens seit der Vollendung des Hallenbaus in der Zeit gegen 1400 an. Zu mißlich waren die Proportionen zwischen den beiden spätromanisch-frühgotischen Türmen und dem hoch anlaufenden, mit seiner Firstlinie die Pyramidenhelme unvorteilhaft überschneidenden Hallendach. Wie dessen westlicher Abschluß zwischen den Türmen ursprünglich gestaltet war, ist unbekannt, wahrscheinlich wurde er immer als Provisorium empfunden. Um so mehr erstaunt es, daß die Mühlhäuser sich erst 1512 entschlossen, dem ein Ende zu bereiten, oder sollte es doch schon vorher eine, dann im Ursprung wohl romanische Dreiturmlösung gegeben haben, an die man Anfang des 16. Jahrhunderts rezipierend anschloß? Jetzt jedenfalls wurde ein mächtiger Baublock zwischen die beiden älteren Türme gestellt, der diese zu assistierenden Begleitern degradierte. Die Anregung dazu in den Dreiturmgruppen auf dem Domhügel in Erfurt zu vermuten liegt nahe, wesentliche Intention aber dürfte doch gewesen sein, mit diesem die Baukraft des Gemeinwesens am Ende des Mittelalters, an der Schwelle zur Neuzeit, noch einmal fordernden Unternehmen ein architektonisches Monument zu schaffen, das Mühlhausen anderen Reichsstädten ebenbürtig machte. In Straßburg und Ulm, um nur die bekanntesten zu nennen, waren aus Münstertürmen Monumente der Stadt geworden, weithin sichtbar, nicht nur in, sondern über der Stadt und vor allem weithin im Land; erst in zweiter Linie waren sie Bestandteil der Kirchen. Ein solches Zeichen wünschte man sich auch hier.

Zustande kam in den Jahren bis 1517 der gewaltige Sockelstumpf, bis in die Höhe der letzten Seitenturmgeschosse reichend und im Grundriß quadratisch mit übereck gestellten Strebepfeilern weit vor die Flucht der alten Westwand tretend. Ein spitzbogiges Portal mit tief gekehltem Gewände, überfangen von einem charakteristischen Kielbogen, führt ins Innere. Über einem Kaffgesims, das die Scheitelfiale des Kielbogens durchsticht, ragt in der ansonsten ungegliederten Wand des geschlossen gemauerten Turmsockels eine hohe Spitzbogenblende mit fensterartig ausgebildetem Gewändeprofil und aufgelegtem Maßwerkraster spätgotischen Charakters auf. Dann endet das mittelalterliche Mauerwerk.

Der neue Turmunterbau trat auch mit seinem zweigeschossigen inneren Aufbau an die Stelle des romanischen Turmzwischenbaus, im Erdgeschoß mit sterngewölbter Halle, die Empore mit Angleichung der Gewölbehöhe an die des Langhauses; ursprünglich war sie durch eine Wendelstiege im nordwestlichen Strebepfeiler zugänglich. Wie der weitere Turmaufbau aussehen sollte, ist nicht allzuschwer zu erschließen. Seit dem beginnenden 14. Jahrhundert gehörten Turmentwürfe zu den Meisterstücken mittelalterlicher Architekten. Einige Entwurfszeichnungen, gleichsam Variationen über ein gleichbleibendes Thema, sind erhalten geblieben. Waren nach ihnen begonnene Bauwerke im Mittelalter Fragment geblieben, so dienten sie in Köln, in Ulm, in Frankfurt am Main dem 19. Jahrhundert als Grundlage für die Vollendung. Ihr Schema: Über hohem geschlossen gemauertem Sokkelbau auf quadratischem Grundriß entwickelt sich ein Oktogon, von hohen Bögen zwischen Eckpfeilern durchbrochen, dessen untere Geschosse noch von Fialenbündeln umstanden sind, dessen letztes Geschoß sich aber frei erhebt und von einer maßwerkdurchbrochenen Pyramide bekrönt wird. Das Muster ist zum ersten Mal am Westturm des Münsters in Freiburg im Breisgau verwirklicht, dann aber in dieser Vollkommenheit, einheitlich nach dem anfänglichen Plan, im Mittelalter nicht wieder gebaut, dafür unzählige Male variierend neu entworfen worden. Für den Mühlhäuser Turm hat sich ein solcher Entwurf nicht erhalten, gegeben hat es ihn bestimmt. Die bekannten Kompositionsprinzipien reichten aus, den Marienturm um 1900 neugotisch zu vollenden.

Welche Ursachen ließen den Mühlhäuser Turm im Mittelalter, wie andernorts vielfach auch, unvollendet bleiben? War es das Erlahmen wirtschaftlicher Kraft? In Mühlhausen ist das sehr wahrscheinlich. Schon im 15. Jahrhundert hatten sich ökonomische und dann soziale Verhältnisse herausgebildet, die die Infrastruktur der mittelalterlichen Stadt so veränderten, daß die Grundlage wirtschaftlicher Autarkie und kommunaler Demokratie in Frage gestellt waren. Vorkapitalistische manufakturelle Produktionsweisen ließen Betriebe mit Besitzergewinn entstehen und führten zur Konzentration von Privatkapital. Das Gemeinwesen verlor seine Geldkraft, die ihm früher die Privilegien verschafft und gesichert hatte. Hinzu kamen die Verlagerung der mitteldeutschen Märkte nach dem Nordosten und der Bedeutungsverlust der Handelswege, an denen Mühlhausen lag. Pestepidemien und Erwerbsmangel hatten eine Dezimierung der Bevölkerung im Gefolge. Diese Krise mag den Abbruch der Bauarbeiten am Turm der Marienkirche im Jahre 1517 verursacht haben.

Doch lassen sich die gleichen Gründe in anderen Städten, in Reichsstädten zumal, nicht für die unfertig gelassenen Turm- oder Kirchbauten – wie etwa in Köln – verantwortlich machen. Auch boten die oft in hypertrophen Ausmaßen geplanten und begonnenen Werke nachweislich in technischer Hinsicht keine unüberwindbaren Schwierigkeiten. Dort scheiden finanzielle und technologische Gründe für das Einstellen der Bauarbeiten aus. Vielmehr ist anzunehmen, daß man an der geplanten Gestalt und an den angewendeten Formen – modern kunstwissenschaftlich ausgedrückt –, daß man am Stil des späten Mittelalters, daß man an der Gotik kein Interesse mehr hatte: Das Geplante gefiel nicht mehr. Ebenso war die alles Leben durchdringende Religiosität des Mittelalters verloren, es wurde entschieden zwischen Sakralem und Profanem getrennt. Die weiterhin reichen Städte bauten nun ihre Rathäuser neu als kommunale Stadtpaläste der Renaissance. Mühlhausen war nach 1525 keine reiche Stadt mehr und wurde es auch nicht wieder. Bauliche Zeugnisse aus der Zeit der Renaissance gibt es nur wenige, und die Erweiterungen des Rathauses um 1600 fielen, gemessen an den Renaissancebauten in den süddeutschen Reichsstädten, recht bescheiden aus. Der Mittelturm von St. Marien erhielt über dem gewalti-

Marienkirche, Ansicht von Westen vor 1893, Meßbildaufnahme

gen Block zwischen den dagegen geradezu zierlichen Seitentürmen einen verschieferten Aufsatz, der, achteckig mit gerundeter Haube, dem der Kornmarktkirche von 1568 geglichen haben wird.

Diesen Turmaufsatz zerstörte der Brand der Oberstadt im Jahre 1689, und 1690/94 stockte man den mittelalterlichen Unterbau mit einem quadratischen und einem achteckigen Geschoß auf, die gegeneinander zurückgesetzt und am Fuß von barock ausgebildeten Balustraden umgeben waren; die Bekrönung bildete eine »spanische« Haube, mehrfach geschwungen und mit einer Laterne abgeschlossen. Das nun vielleicht etwas aufgewertete Architekturbild der Dreiturmgruppe von St. Marien erlitt 1720 erneut Schaden, als durch Blitzschlag der Südturm beschädigt wurde und seine Dachpyramide und das obere Oktogongeschoß verlor. Seither war die Ansicht wieder höchst fragmentarisch, gewiß ein Stein des Anstoßes für das auf Vollständigkeit und Stilreinheit eines Bauwerks gerichtete Architekturverständnis des 19. Jahrhunderts, wie es die Zeit der Romantik und des Klassizismus grundgelegt hatte und das am Ende des Jahrhunderts kunsthistorisch doktrinär erstarrt schien. Diesem Historismus entsprungene Weiterführungen und Vollendungen von im Mittelalter unfertig gebliebenen Architekturen versagte unser Jahrhundert lange Zeit die Anerkennung als baukünstlerische Leistung. Heute sehen wir das anders und verfolgen mit Interesse die von einem ausgeprägten Geschichtsbewußtsein bestimmten Bemühungen der Architekten des 19. Jahrhunderts um die Vollendung einer historischen Bauidee. Diesen Bemühungen um Vollendung haben wir auch den neugotischen Turm der Marienkirche zu verdanken, der bleibendes Wahrzeichen der Stadt geworden ist (W. Korf 1981), was er zweifellos schon am Ende des Mittelalters werden sollte. Seine Entwurfs- und Baugeschichte währte über mehrere Generationen, was er mit gleichartigen Unternehmungen andernorts gemeinsam hat.

Dem in Mühlhausen am 28. Januar 1800 als Sohn des Pfarrers an der Marienkirche geborenen Friedrich August Stüler trug dessen Schulfreund Karl Theodor Gier 1844 den Umbau des Marienkirchturms und seine Vollendung im gotischen Stil an. Gier war seinerzeit Bürgermeister in Mühlhausen, das 1802 seine Reichsfreiheit endgültig verloren hatte und 1815 eine Kreisstadt im Regierungsbezirk Erfurt der preußischen Provinz Sachsen geworden war. Dem Hofbaurat Stüler in Berlin unterstand seit Karl Friedrich Schinkels und Ludwig Persius' Tod das gesamte Hof- und Staatsbauwesen Preußens. Er besuchte 1845 seine Vaterstadt gemeinsam mit Ferdinand von Quast, dem ersten seit 1843 eingesetzten Konservator der Kunstdenkmäler im preußischen Staat. Ein Jahr später war ein Maßnahmekatalog für eine Restaurierung der Marienkirche einschließlich eines Entwurfs für den Neubau des Mittelturms erstellt. Dieser behielt die vorgegebene

Grundform eigentlich bei, wechselte nur die Stilformen. Anstelle der barocken Balustraden sollten nun Maßwerkbrüstungen die Ansätze von quadratischem und achteckigem Aufsatzgeschoß umziehen und Eckfialen mit Strebebögen zwischen beiden vermitteln. Die Fenster waren durchweg spitzbogig und mit Maßwerk gefüllt entworfen, die Seiten des Oktogons mit Wimpergen zwischen Fialen abgeschlossen und eine hinter diesen aufsteigende Helmpyramide von Maßwerk durchbrochen. Was Stüler hier angeboten hat, war gotischer als seine sonstigen, vor allem seine Berliner Entwürfe; der im gleichen Jahr, 1846, entstandene Turmentwurf für die Bartholomäuskirche macht eher Unterschiede als Gemeinsamkeiten deutlich. Im Gesamtwerk Stülers kommt deshalb dem Mühlhäuser Marienkirchturm eine besondere Bedeutung zu: Der Entwurf stellt des Architekten ausgezeichnete Kenntnis historischer Bauformen besser unter Beweis als seine ausgeführten Werke. In Mühlhausen lehnte man seinerzeit den Entwurf ab, wohl tatsächlich wegen »Undringlichkeit« und nicht wegen der baukünstlerischen Qualität.

Die weitere Planung kam erst wieder in den achtziger Jahren in Gang, als das preußische Abgeordnetenhaus die Restaurierung der Mühlhäuser Marienkirche als eines bedeutenden vaterländischen Denkmals empfohlen hatte. Diese erste denkmalpflegerische Restaurierung begann 1884 und stand unter der Aufsicht des preußischen Staatskonservators, zunächst in der Person von Reinhold Persius, später von Hans Lutsch; beiden assistierten die Berliner Architekten Friedrich Adler und Otto Hoßfeld. In dieser Zeit wurde an der Westseite der als baufällig bezeichnete Nordturm zu Teilen abgetragen und wieder aufgebaut, angeblich mit dem originalen, ursprünglichen Steinmaterial. Damals hat die Kirche auch ein Dach von einheitlicher Firsthöhe – möglicherweise haben die vorher verschieden hohen Abschnitte Bauperioden markiert? – und erneuerte Fialen zwischen den Treppengiebeln bekommen. Als 1891 diese Erneuerung abgeschlossen war, blieb als Desiderat der noch immer unvollendete Mittelturm und der Torso des Südturmes. Baurat Wilhelm Röttscher in Mühlhausen nahm sich in den neunziger Jahren deren an und setzte die Vervollständigung des Bauwerks in späthistoristischem Sinne fort, indem er »außer der stilgerechten Wiederherstellung des Mittel- und Südturms, vor allen Dingen die Instandsetzung der beiden Hauptportale, des südlichen und des nördlichen, und in Verbindung damit die Erneuerung der Portalfiguren, welche in den Müntzer'schen Unruhen zerstört worden waren sowie die Vervollständigung der im Laufe der Zeit schadhaft gewordenen sehr wertvollen Fenster des hohen Chores« (G. Iber 1903) in den Bauplan mit aufnahm. 1893 fiel der barocke Turmaufsatz, 1895 begann die Errichtung des neugotischen, bis 1903 war er mit seiner kupferbeschlagenen Helmspitze und einer Höhe von insgesamt 86 Metern zu Ende geführt. Zwischen 1894 und 1896 mußte der Südturm durch Unterfangung neu gegründet werden, anschließend ergänzte man den oberen Abschluß analog zum Nordturm von Divi Blasii. Somit stand erst am Anfang des 20. Jahrhunderts eine »vollendete« Marienkirche in der Stadt. Die von Röttscher gewählten Dimensionen für den Mittelturm – in den Proportionen günstiger als die im Entwurf von Stüler – lassen die Kirche erst eigentlich zur Krone des Stadtbildes 1
werden. Unter Ausnutzung der erkannten historischen Qualitäten ist die Plazierung städtebaulich außerordentlich wirksam.

Die Architekten des Historismus haben ihre Leistungen im wesentlichen denkmalpflegerisch verstanden, Instandsetzungen, Ergänzungen und Vervollständigungen galten gleichermaßen als Restaurierung. Heute erkennen wir in der Denkmalpflege des vorigen Jahrhunderts einen aktiven Beitrag zum zeitgenössischen Bauschaffen, der zum festen Bestandteil der Geschichte eines jeden Bauwerks und der gesamten Stadt geworden ist.

Ausklang

Die Restaurierungen in der Zeit um 1900 haben die Mittelalterlichkeit des Erscheinungsbildes der Mühlhäuser Kirchen verstärkt. Es gehörte zu den Methoden der damaligen Denkmalpflege, über das Mittelalter gewachsene Schichten späterer Jahrhunderte gleichsam abzutragen, um den Bauwerken ihr ursprüngliches Aussehen – nach der Vorstellung des ausgehenden Historismus – zurückzugeben. Solchen Maßnahmen verdanken wir die innere Gestalt der Nikolai- und der Petrikirche, der Martini- und der Georgikirche, vor allem aber den mittleren Westturm der Marienkirche, der das gesamte Stadtbild in eben diesem Sinne aufwertete. Mit den erwähnten Restaurierungen gingen Neuausmalungen und Neuausstattungen in historischem Stil einher, von denen wir heute, nach abermaligen Restaurierungen auf der Grundlage völlig veränderter Methoden, nur noch wenig vorfinden. Zu sehr hatte sich das Bild der Kunsthistoriker und Denkmalpfleger vom tatsächlichen Charakter mittelalterlicher Baugestalt gewandelt, als daß man die um 1900 geschaffenen Malereien, Fenster, Gestühle und andere Einrichtungen bewahrte, wenn eine Erneuerung anstand. Erst in jüngster Zeit beginnt man, den Leistungen der Groß- und Urgroßväter Respekt zu zollen, und erhält auch sie als Bestandteile des geschichtlich Gewachsenen.

Zu den Motivationen des Historismus gehörte die Verherrlichung eines einheitlich vorherrschenden Stils aus der Geschichte, und das Mittelalter war in Mühlhausen das bevorzugte Ideal für die künstlerische Gestaltung seiner Gegenwart. Diesem Ideal ist damals manches Werk aus nachmittelalterlicher Zeit zum Opfer gefallen. Ausstattungsstücke aus Renaissance und Barock sind in den Mühlhäuser Kirchen selten. Eine Erneuerung der Marienkirche ist aus dem frühen 17. Jahrhundert, aus der Zeit des Bürgermeisters Gregor Fleischhauer, überliefert. Der damals in Mühlhausen tätige Kunsttischler und Bildschnitzer Hans Croberger fertigte in seiner Werkstatt die neuen Ausstattungsstücke, von denen der Altarbaldachin, die
39 Kanzel und der Ratsstuhl noch erhalten, ein Taufbaldachin und die Emporen samt ihren Brüstungsmalereien aber verschwunden sind. Von Ausstattungsstücken aus der gleichen Zeit finden wir in der Blasius-
kirche ebenfalls noch einen Altarbaldachin, getischlert 59
von Martin Wiegand und bemalt von Andreas Becke, und als Rest der Emporen die Brüstung der Orgelbühne. Eine Zierde der Kirche ist das etwas jüngere
schmiedeeiserne Chorgitter aus dem Jahre 1640. 58

In der Zeit um 1600 hat Mühlhausen noch einmal eine kurze Blüte erlebt. Das Rathaus erhielt neue Gebäudeteile (vgl. S. 62), Stein- und Fachwerkhäuser wurden neu gebaut oder vergrößert wie das im Kern
noch mittelalterliche Haus Erfurter Straße 2. Das ori- 104
ginellste Bauwerk aus dieser Zeit ist das im Jahre 1614 durch den Rathausbaumeister Hans Rinke errichtete
Brunnenhaus über der Quelle des Popperöder Baches, XV
ein kleines Lusthaus, dessen massives Erdgeschoß sich wie eine Grotte mit drei Bögen zum steinernen und von amphitheatralisch angelegten Stufen halbkreisförmig eingefaßten Wasserbecken öffnet. Das Obergeschoß aus Fachwerk enthält einen durch Andreas Becke ausgemalten Saal. An den Ecken geben polygonale Erker mit spitzen Dachhelmen dem Bauwerk eine lebhafte Silhouette, die von einem gedrungenen Dachreiter auf sich durchkreuzenden Satteldächern bekrönt wird.

Die Wohnhäuser, die uns heute im Straßenbild von XIII,
Mühlhausen entgegentreten, sind im wesentlichen XIV,
vom ausgehenden 16. bis in das 19. Jahrhundert ent- 101–
standen. Wir wissen aber, daß im Kern einer Reihe 108, 110,
von neuzeitlich erscheinenden Häusern steinerne Un- 114
tergeschosse und gewölbte Keller aus spätromanischer und gotischer Zeit enthalten sind. Die Fachwerkgeschosse, die Renaissance- und Barockfassaden, auch die noch weitaus jüngeren Putzfassaden, dürfen nicht darüber hinwegtäuschen, daß wir es in Mühlhausen mit einem Substanzkontinuum der Wohnbebauung vom Mittelalter bis in die Neuzeit zu tun haben. Dies macht nicht nur die einzelnen Bauwerke, sondern die gesamte Stadt zu einem überaus wertvollen Denkmal der Baukunst und des Städtebaus. Der Besucher vermutet vielleicht kein so hohes Alter und ahnt nicht die

große Bedeutung, die sich hinter der heute überwiegend doch recht bescheidenen Gestalt der meisten Häuser verbirgt. Dort, wo das historische Aussehen besser bewahrt oder wiederhergestellt ist, wie bei den Fachwerkhäusern am Untermarkt oder in der Felchtaer Straße, spürt man die Tüchtigkeit der Zimmer- und Bauleute, oder, in der Oberstadt um den Markt und die Marienkirche, den behäbigen Stolz patrizischer Familien und des reicheren Bürgertums. Eine
100, Kostbarkeit bilden die zahlreich erhaltenen Haustüren
109, aus der Barockzeit, die ein Zeugnis von solider und
111– künstlerisch fähiger Handwerkerarbeit ablegen.

113 Im Jahre 1802 teilte Mühlhausen das Schicksal der übrigen Reichsstädte. Ihre reichsunmittelbare Stellung hatte sich längst überlebt, und der so beharrlich verteidigte Status der Reichsfreiheit wurde aufgehoben. Mühlhausen fiel an Preußen. Aber erst nach 1815, als nach dem Sieg in den Befreiungskriegen und aufgrund der Beschlüsse des Wiener Kongresses auch das umliegende Land, die bislang albertinischen Gebiete im nördlichen Thüringen, unter preußische Herrschaft gekommen waren – das ehemals kurmainzische Eichsfeld war wie die Stadt selbst schon 1802 erstmals an Preußen gefallen –, konnte sich die neue Situation auswirken. Ihre Spuren im Straßenbild beschränken sich auf wenige am Berliner Spät- und Nachklassizismus orientierte Putzbauten und einige der Berliner Bauschule verpflichtete Backsteingebäude. Eine Überformung, die den historischen Architekturcharakter des Stadtbildes verdeckt hätte, fand nicht statt. Weitaus bedeutsamer war für Mühlhausen die Einflußnahme des preußischen Staatskonservators Ferdinand von Quast, unter dessen Führung sich die noch junge Denkmalpflege in der Mitte des 19. Jahrhunderts zu profilieren begann. Der in engem Kontakt mit ihm durch Friedrich August Stüler entworfene neue Turm für die Marienkirche im gotischen Stil zeigt, daß schon in dieser Zeit das Empfinden für die Werte der mittelalterlichen Baukunst in der Stadt wach war und der Grund für die Art und Weise der um die Jahrhundertwende dann erfolgten Erneuerungen gelegt wurde. Es gilt diese Tradition und Mühlhausen als ein wertvolles Denkmal mittelalterlicher Stadt-, Bau- und Kunstgeschichte zu erhalten.

100 Haustor Herrenstraße 6

101 Patrizierhaus Bei der Marienkirche 5

102 Ehemaliges Deutschordenshaus und Pfarrhaus der Marienkirche Herrenstraße 1

Die Bürgerhäuser der Oberstadt um die Marienkirche zeigen breite Fassaden und ansprechendes, handwerklich tüchtiges Detail aus nachmittelalterlicher Zeit, in ihrem Kern aber enthalten sie häufig Reste, die bis auf das 12. und 13. Jahrhundert zurückgehen. In dem 1697 erneuerten Haus Herrenstraße 1 wohnte Thomas Müntzer mit seiner Familie im Frühjahr 1525. Am 28. Januar 1800 wurde Friedrich August Stüler hier geboren.

103 Altes Lagerhaus Ratsstraße 6a

104 Bürgerhaus Erfurter Straße 2
105 Handwerkerhaus Jakobistraße 8

106 Färberei Felchtaer Straße 18

107, 108 Altes Backhaus und barockes Bürgerhaus am Untermarkt (Wilhelm-Pieck-Platz 15 und 23)
109 Barocktür Brückenstraße 11

11

Goldene

110 Ehemaliges Gasthaus Obermarkt 10

111, 112 Rokokotür Görmarstraße 2 und Haustor Neue Straße 10

34

113 Haustor Felchtaer Straße 34
114 Handwerkerhaus Wahlstraße 85

Anhang

115 Erker am Haus Steinweg 75

LITERATURVERZEICHNIS

Die letzte ausführliche Literaturzusammenstellung ist in dem Band »Mühlhausen Thomas-Müntzer-Stadt« von Gerhard Günther und Winfried Korf in der Reihe »Kunstgeschichtliche Städtebücher«, erschienen beim VEB E. A. Seemann-Verlag in Leipzig 1986, enthalten. Daß diese erste zusammenfassende kunstgeschichtliche Monographie der Stadt für meine Arbeit eine wesentliche Grundlage war, versteht sich von selbst. Auf die dort angeführten Quellen, Bibliographien, Periodika, Einzelpublikationen und monographischen Veröffentlichungen zur Stadtgeschichte und Siedlungsentwicklung, zur allgemeinen Kunstgeschichte und zu einzelnen Bau- und Kunstwerken sei in erster Linie verwiesen. Hier wären davon besonders zu nennen das Mühlhäuser Urkundenbuch in der Bearbeitung von Karl Herquet, die Bibliographie zur thüringischen Geschichte von Hans Patze, vor allem die Bibliographie zur thüringischen Kunstgeschichte von Helga Möbius, ferner die »Mühlhäuser Geschichtsblätter«, die es zwischen 1900 und 1940 auf 39 Bände gebracht haben, und die »Mühlhäuser Beiträge«, die seit 1978 diese Tradition fortsetzen. In letzteren sind die zahlreichen Aufsätze von Rolf Aulepp für mich von großer Bedeutung gewesen. Das fünfte Sonderheft war ihm zum 70. Geburtstag gewidmet. Es enthält eine Bibliographie seiner veröffentlichten Arbeiten und der noch unveröffentlichten Manuskripte, die im städtischen Archiv einzusehen sind. Mit Herrn Aulepp verbindet mich ein nun schon jahrzehntelanges Gespräch über die Baugeschichte der Stadt. Für die Hinweise und Anregungen, die ich von ihm erfahren habe, möchte ich von ganzem Herzen meinen Dank aussprechen.

Das folgende Verzeichnis kann bei der Fülle des Schrifttums über Mühlhausen, auch über seine Kunstgeschichte, nur eine Auswahl bieten. Es erscheinen sämtliche Titel, auf die im Text durch Angabe von Verfasser und Erscheinungsjahr hingewiesen wird, während im übrigen nur die hauptsächlich benutzten Werke aufgeführt sind.

Abkürzungen:

MG = Mühlhäuser Geschichtsblätter 1 (1900/01) bis 39 (1939/1940)

MB = Mühlhäuser Beiträge zur Geschichte und Kulturgeschichte 1 (1978) ff.

EH = Eichsfelder Heimathefte 1 (1961) ff.

Altenburg, Christian: Topographische Beschreibung der Stadt Mühlhausen. Mühlhausen 1824.

Aulepp, Rolf: Die Stadtmauer von Mühlhausen in ihrer historischen Aussage. In: EH 16 (1976), S. 318 bis 336.

Ders.: Steinmetzzeichen sagen über die Baugeschichte der Kornmarktkirche in Mühlhausen Thomas-Müntzer-Stadt aus. In: EH 17 (1977), S. 341–351.

Ders.: Mittelalterliche Kirchengrenzen, Klöster, Spitäler und Martinskirchen im Kreis Mühlhausen. In: EH 18 (1978), S. 71–79.

Ders.: Die Lindenallee in Heiligenstadt im Vergleich mit Mühlhausen und Duderstadt, eine salische »via triumphalis«? In: EH 19 (1979), S. 311–318.

Ders.: Der kunstgeschichtlich wertvolle Holzbau der Jodokuskapelle im mittelalterlichen Mühlhausen. In: EH 19 (1979), S. 358–364.

Ders.: Unterirdische Hallen des Mittelalters in Mühlhausen. In: Denkmalpflege in der Deutschen Demokratischen Republik 6 (1979), S. 76–78.

Ders.: Eine neue These über die Entstehung des Mühlhäuser Rathauses. In: EH 20 (1980), S. 373–381.

Ders.: Fernverkehrswege, Plätze und Märkte im mittelalterlichen Mühlhausen. In: MB 3 (1980), S. 34–52.

Ders.: Die Predigerkirche von Mühlhausen, ein bedeutendes mittelalterliches Bauwerk. In: MB 3 (1980), S. 79–85.

Ders.: Ein maßtechnisches Planungsschema im frühmittelalterlichen Mühlhausen. In: MB 3 (1980), S. 90–92.

Ders.: Die Kilianikirche mit den Ausgrabungen in den Jahren 1952 und 1953 auf dem Kilianifriedhof. In: EH 21 (1981), S. 169–176, 266–276 und 355–366.

Ders.: St. Jakobi und St. Nikolai – ein mittelalterlicher Stadtkern von Mühlhausen. In: MB 4 (1981), S. 43 bis 60.

Ders.: Zur Besiedelung des Mühlhäuser Stadtgebietes im hohen Mittelalter. In: MB 5 (1982), S. 60–67.
Ders.: Die Martinivorstadt im Mittelalter. In: MB Sonderheft 5 (1983), S. 29–37.
Ders.: Die alten Tonnenkeller von Mühlhausen. Ebenda, S. 38–51.
Ders.: Die Martinikirche von Mühlhausen. Ebenda, S. 5–28.
Ders.: Altenmühlhausen und die Vorstadt St. Georgi. In: MB 7 (1984), S. 59–70.
Ders.: Die frühe Besiedelung der Neustadt von Mühlhausen. In: MB 9 (1986), S. 12–24.
Bachmann, Erich: Karolinische Reichsarchitektur. In: Kaiser Karl IV., Staatsmann und Mäzen. Hrsg. von Ferdinand Seibt. München 1978, S. 334–339.
Bader, Wilhelm: Geschichte der Marienkirche zu Mühlhausen in Thüringen. Mühlhausen 1887.
Badstübner, Ernst: Maulbronner Schulbauten in Thüringen. Diplomarbeit (Ms.) Berlin 1955 (Humboldt-Universität, Kunstgeschichtliches Institut).
Ders.: Die Marienkirche zu Mühlhausen. Berlin ²1971 (= Das Christliche Denkmal, Heft 49).
Ders.: Die Blasiuskirche zu Mühlhausen. Berlin ³1984 (= Das Christliche Denkmal, Heft 56).
Barth, Alexander: Die mittelalterliche Befestigung Mühlhausens – denkmalpflegerische Betreuung und museale Nutzung. In: Denkmalpflege in der DDR 2 (1975), S. 28–34.
Behling, Lottlisa: Gestalt und Geschichte des Maßwerks. Halle 1944.
Dies.: Die Passionstafeln vom Hochaltar der Predigerkirche zu Erfurt. In: Zeitschrift für Kunst 4 (1950), S. 188–204.
Below, Georg von: Das ältere deutsche Städtewesen und Bürgertum. Bielefeld und Leipzig 1905.
Bensing, Manfred: Thomas Müntzer. Leipzig 1965.
Beyreuther, Gerald: Zur Bedeutung Mühlhausens unter den ottonischen Königen/Kaisern, besonders unter Heinrich II. (1002–1024). In: MB 9 (1986), S. 5–12.
Boockmann, Hartmut: Der Deutsche Orden. München 1981.
Ders.: Die Stadt im späten Mittelalter. Leipzig 1986.
Braunfels, Wolfgang: Abendländische Klosterbaukunst. Köln 1978.
Ders.: Abendländische Stadtbaukunst. Köln 1979.
Ders.: Reichsstädte, Grafschaften, Reichsklöster. München 1981.
Breymann, H.: Restauration der Marienkirche in Mühlhausen/Thür. In: Zentralblatt der Bauverwaltung 4 (1884), S. 327–328.
Brinkmann, Ernst: Mühlhausen i. Thür. In: Deutsches Städtebuch 2. Hrsg. von Erich Keyser. Stuttgart–Berlin 1941, S. 614 ff.
Ders.: Aus Mühlhausens Vergangenheit. Mühlhausen 1952.
Brzozowski, Alfred: Der Umbau der Marienkirche zu Mühlhausen i. Thür. In: Zeitschrift für Bauwesen 56 (1906), S. 251–268.
Ders.: Georgi- und Martinikirche. In: Mühlhäuser Heimatgarten. Beilage zur Mühlhäuser Zeitung 2 (1922), S. 14.
Ders.: Nikolai- und Petrikirche. Ebenda, S. 12 und 13.
Dehio, Georg: Handbuch der deutschen Kunstdenkmäler, 1. Band. Mitteldeutschland. Berlin ³1924.
Ders.: Geschichte der deutschen Kunst, 2. Band. Berlin und Leipzig 1930.
Denkmalpflege in Thüringen. Ausstellung der Wartburg-Stiftung und des Instituts für Denkmalpflege. Ausstellungsführer 1979 bis 1980.
Deutsche Geschichte in zwölf Bänden. Hrsg. vom Zentralinstitut für Geschichte der Akademie der Wissenschaften der DDR. 1. Band: Von den Anfängen bis zur Ausbildung des Feudalismus Mitte des 11. Jahrhunderts, Berlin 1982; 2. Band: Die entfaltete Feudalgesellschaft von der Mitte des 11. Jahrhunderts bis zu den siebziger Jahren des 15. Jahrhunderts, Berlin 1983.
Deutsche Königspfalzen, Band 2, Lieferung 3: Thüringen. Bearbeitet von Michael Gockel. Göttingen 1986 (Mühlhausen S. 258–318).
Deutsche Kunstdenkmäler. Bezirke Erfurt, Gera, Suhl. Ein Bildhandbuch. Erläuterungen von Helga Möbius. Leipzig 1967.
Dingelstedt, Kurt: Stilströmungen der mitteldeutschen Plastik im späten 14. Jahrhundert. In: Sachsen und Anhalt 8 (1932), S. 373–424.
Dokumente aus dem deutschen Bauernkrieg – Beschwerden, Programme, theoretische Schriften. Hrsg. von Werner Lenk. Leipzig 1975.

Dollinger, Philippe: Der Aufschwung der oberrheinischen Bischofsstädte in salischer Zeit (1025–1125). In: Beiträge zum hochmittelalterlichen Städtewesen. Köln–Wien 1982, S. 134–147 (= Städteforschung A/11).

Drachenberg, Erhard, Karl Joachim Maercker und Christa Richter: Mittelalterliche Glasmalerei in der Deutschen Demokratischen Republik. Berlin 1979.

Durant, Will: Das Zeitalter der Reformation. München 1962.

Ennen, Edith: Die europäische Stadt des Mittelalters. Göttingen 1972.

Findeisen, Peter; s. Die Parler und der Schöne Stil.

Gebhardt, Bruno: Handbuch der deutschen Geschichte. 1. Band: Frühzeit und Mittelalter, Stuttgart 1954; 2. Band. Von der Reformation bis zum Ende des Absolutismus 16. bis 18. Jahrhundert. Stuttgart 1955.

Genzel, Manfred: Die Siedlungsnamen des Kreises Mühlhausen. In: MB 8 (1985), S. 73–79, und 9 (1986), S. 24–32.

Giesau, Hermann: Eine deutsche Bauhütte aus dem Anfange des 13. Jahrhunderts. Halle 1912.

Giese, Charlotte: Die Glasmalerei Mühlhausens. Diss. Halle 1920.

Dies.: Zwei mittelalterliche Altarkreuze in der Marienkirche zu Mühlhausen. In: Jahrbuch der Denkmalpflege in der Provinz Sachsen 1932, S. 55–61.

Gloger, Bruno: Kaiser, Gott und Teufel. Friedrich II. von Hohenstaufen in Geschichte und Sage. Berlin 1978.

Gockel, Michael: Mühlhausen oder Mölsen? Zur Identifizierung des 775 genannten Königshofes »Molinhuso«. In: MB 11 (1988), S. 26–33.

Grimm, Paul, und Wolfgang Timpel: Die ur- und frühgeschichtlichen Befestigungen des Kreises Mühlhausen. Mühlhausen 1972.

Groß, Werner: Mitteldeutsche Chorfassaden um 1400. In: Kunst des Mittelalters in Sachsen. Festschrift Wolf Schubert. Weimar 1967, S. 117–141.

Günther, Gerhard: Mühlhausen in Thüringen. 1200 Jahre Geschichte der Thomas-Müntzer-Stadt. Berlin 1975.

Ders.: Mühlhausen – Das Rathaus. Leipzig 1975 (= Baudenkmale 39).

Günther, Rita und Gerhard: Mühlhausen in Thüringen. Das Rathaus. Mühlhausen 1971.

Günther, Gerhard, und Winfried Korf: Mühlhausen Thomas-Müntzer-Stadt. Leipzig 1986 (= Kunstgeschichtliche Städtebücher).

Hamann, Richard: Die Elisabethkirche zu Marburg. Burg b. M. 1938.

Ders. und Kurt Wilhelm-Kästner: Die Elisabethkirche und ihre künstlerische Nachfolge, Band 1 und 2. Marburg 1924 und 1929.

Hasak, Max: Der Baumeister mit den zwei Halbmonden. In: Zeitschrift für christliche Kunst 25 (1912), S. 335–342.

Ders.: Deutsch-Gotisches. In: Zeitschrift für Bauwesen 69 (1919), S. 27–48 und 211–226.

Hase, Conrad Wilhelm: Die St. Blasiuskirche zu Mühlhausen in Thüringen. Hannover 1881.

Heitz, Carol: Recherches sur les rapports entre architecture et liturgie à l'époque carolingienne. Paris 1963 (Besprechung von Edgar Lehmann. In: Kunstchronik 17 [1964], S. 160–169).

Herquet, Karl: Urkundenbuch der ehemals freien Reichsstadt Mühlhausen in Thüringen. Halle 1874 (= Geschichtsquellen der Provinz Sachsen, Band 3).

Ders.: Kristan von Samland. 1874.

Hilger, Hans Peter: Die Skulpturen an der südlichen Querhausfassade von St. Marien in Mühlhausen in Thüringen. In: Wallraf-Richartz-Jahrbuch 22 (1960), S. 159–164.

Ders.: Der Weg nach Aachen. In: Kaiser Karl IV., Staatsmann und Mäzen. Hrsg. von Ferdinand Seibt. München 1978, S. 344–356.

Historischer Führer. Stätten und Denkmale der Geschichte in den Bezirken Erfurt, Gera, Suhl. Hrsg. von Lutz Meydick, Günther Hoppe und Jürgen John. Leipzig–Jena–Berlin 1978.

Hüter, Karl-Heinz, Siegward Schulrabe, Willfried Dallmann und Rudolf Zießler: Architekturführer DDR. Bezirk Erfurt. Berlin 1979.

Iber, Georg: Geschichte des Wiederherstellungsbaus der Marienkirche zu Mühlhausen in Thüringen. Mühlhausen 1903.

Jordan, Reinhard: Chronik der Stadt Mühlhausen in Thüringen, 5 Bände. Mühlhausen 1900–1913.

Junghans, Kurt: Die deutsche Stadt im Frühfeudalismus. Berlin 1959.

Kettner, Emil: Die vorgotischen Bauten Mühlhausens. In: MG 12 (1911/12), S. 7–25.

Ders.: Die alten Befestigungen Mühlhausens. In: MG 13 (1912/13), S. 1–39.

Ders.: Der Meister mit den zwei Halbmonden. In: Die Denkmalpflege 15 (1913), S. 37–45.

Ders.: Geschichte des Mühlhäuser Rathauses. In: MG 15 (1914/15), S. 1–34.

Ders.: Geschichte der Reichsstadt Mühlhausen in Thüringen im Mittelalter. In: MG 16/17 (1915/17), S. 1–92.

Klett, Bernhard: Aus der Geschichte Thüringens. Mühlhausen 1924.

Korf, Winfried: Die Erneuerung und der neugotische Turmbau der Marienkirche zu Mühlhausen/Thür. In: Wissenschaftliche Konferenz zur Problematik des Historismus. Wernigerode 1979, Separatdruck.

Ders.: Der Bau des neugotischen Turms und die Erneuerung der Marienkirche zu Mühlhausen in Thüringen. In: MB 4 (1981), S. 61–67.

Ders.: Bauwesen und Bauwerke in Mühlhausen von 1800 bis zum 2. Weltkrieg. In: MB 6 (1983), S. 31–40, 7 (1984), S. 70–77, und 8 (1985), S. 63–73.

Ders.: Das Turmmuseum der Marienkirche zu Mühlhausen. In: Neue Museumskunde 27 (1984), S. 89 bis 97.

Ders.: Die Jakobikirche zu Mühlhausen. Geschichte – Baugeschichte – Ausstattung. In: MB 10 (1987), S. 25–36.

Kunst, Hans Joachim: Der Domchor zu Köln und die hochgotische Kirchenarchitektur in Deutschland. In: Niederdeutsche Beiträge zur Kunstgeschichte 8 (1969), S. 9–40.

Kunze, Herbert: Die Plastik des 14. und 15. Jahrhunderts in Sachsen und Thüringen. Berlin 1925.

Ders.: Die gotische Skulptur Mitteldeutschlands. Bonn 1925.

Lachmann, Hans Peter: Die Anfänge des Deutschen Ordens. In: 700 Jahre Elisabethkirche in Marburg 1283–1983. Katalog, Band 5: Der Deutsche Orden in Hessen. Bearbeitet von Hans Peter Lachmann und Hermann Langkabel. Marburg 1983, S. 9–13.

Laube, Adolf, Max Steinmetz und Günther Vogler: Illustrierte Geschichte der deutschen frühbürgerlichen Revolution. Berlin 1974.

Lehmann, Edgar: Die Architektur zur Zeit Karls des Großen. In: Karolingische Kunst. Hrsg. von Wolfgang Braunfels. Düsseldorf 1965, S. 301–319.

Löhneysen, Hans Wolfgang: Die Liebfrauenkirche zu Arnstadt. Diss. Jena 1941.

Lösche, Dietrich: Mühlhausen einst und jetzt. Mühlhausen 1958.

Lübbeke, Isolde: Der Meister der Crispinus-Legende, der Maler einer thüringischen Altarwerkstatt. In: Zeitschrift des Deutschen Vereins für Kunstwissenschaft 38 (1984), S. 14–46.

Marx, Andreas: Der Ostchor der Sebalduskirche. In: Mitteilungen des Vereins für Geschichte der Stadt Nürnberg 71 (1984), S. 23–86.

Meyer, Herbert: Das Mühlhäuser Reichsrechtsbuch aus dem Anfang des 13. Jahrhunderts. Weimar 1934, Reprint Leipzig 1969.

Middeldorf, Ulrich: Die Entwicklung der thüringisch-sächsischen Plastik seit etwa 1250–1350. Diss. Berlin 1925.

Möbius, Friedrich: Westwerkstudien. Jena 1968.

Möbius, Friedrich und Helga: Sakrale Baukunst. Mittelalterliche Kirchen in der Deutschen Demokratischen Republik. Berlin 1969.

Möller, Roland: Steinkonservierung. Die Skulpturen der Marienkirche in Mühlhausen. In: Denkmale in Thüringen. Weimar 1973, S. 172–184.

Möncke, Gisela: Zur Problematik des Terminus »Freie Stadt« im 14. und 15. Jahrhundert. In: Bischofs- und Kathedralstädte des Mittelalters und der frühen Neuzeit. Hrsg. von Franz Petri. Köln–Wien 1976, S. 84–94.

Müller-Mertens, Eckard: Bürgerlich-städtische Autonomie in der Feudalgesellschaft. In: Zeitschrift für Geschichtswissenschaft 29 (1981), S. 204–225.

Neumeyer, Alfred: The Meaning of the Balcony-Scene at the Church of Muehlhausen in Thuringia. In: Gazette des Beaux Arts 1957, S. 305 ff.

Nikolai, Bernd: Walkenried und die monumentale Kirchenbaukunst der Zisterzienser um 1200. Diss. Berlin (West) 1986.

Noack, Werner: Kunstgeschichtliche Probleme mit-

telalterlicher Stadtplanung. In: Oberrheinische Kunst 8 (1939), S. 5–18.
Ders.: Stadtbaukunst und geistlich-weltliche Repräsentation im 11. Jahrhundert. In: Festschrift Kurt Bauch. München 1959, S. 29–49.
Otte, Heinrich, und Gustav Sommer: Beschreibende Darstellung der älteren Bau- und Kunstdenkmäler des Kreises Mühlhausen. Halle 1881 (= Beschreibende Darstellung der älteren Bau- und Kunstdenkmäler der Provinz Sachsen, Band 1).
Die Parler und der Schöne Stil 1350–1400. Europäische Kunst unter den Luxemburgern. Handbuch der Ausstellung des Schnütgenmuseums in der Kunsthalle Köln. Köln 1978, Band 2, S. 549–551 und 560 (Peter Findeisen), S. 560–561 (Ernst Ullmann).
Patze, Hans: Zum ältesten Rechtsbuch der Reichsstadt Mühlhausen in Thüringen. In: Jahrbuch für die Geschichte Mittel- und Ostdeutschlands, 9/10 (1960/61), S. 59–126.
Ders.: Thüringen. Stuttgart 1968 (= Handbuch der historischen Stätten, Band 9).
Patzelt, Gerd: Zum Problem der schiefen Türme von Divi Blasii in Mühlhausen. In: MB 10 (1987), S. 99f.
Planitz, Hans: Die deutsche Stadt im Mittelalter. Weimar 1975.
Pinder, Wilhelm: Die Plastik des 14. Jahrhunderts. München 1925.
Ders.: Die Kunst der ersten Bürgerzeit. Leipzig 1940.
Richter, Christa: Die Glasmalerei in Mühlhausen. Diss. Halle 1982.
Dies.: Zur Restaurierung der Glasmalereien in Mühlhausen. In: Denkmalpflege in der Deutschen Demokratischen Republik 2 (1975), S. 47–51.
Dies.: Die Marienkirche zu Mühlhausen. Mühlhausen 1987 (= MB Sonderheft 7).
Röttscher, Wilhelm: Unterfahrung vom Südturm der Marienkirche in Mühlhausen/Th. In: Zentralblatt der Bauverwaltung 16 (1896), S. 139–140.
Ders.: Baubericht betr. den Restaurationsbau der hiesigen Marienkirche. In: MG 1 (1900/01), S. 32–36.
Rudolph, Günther: Mitteldeutsche Hallenkirchen des 14. Jahrhunderts. In: Jahrbuch für Kunstwissenschaft 1930, S. 137–175.
Sareik, Udo: Zur Baugeschichte der Kornmarktkirche. In: MB 1 (1978), S. 19–22.
Ders.: Die Kornmarktkirche zu Mühlhausen. Mühlhausen 1980 (= MB Sonderheft 3).
Ders.: Situativer Report zur Grabung in der Marienkirche. In: MB 5 (1982), S. 55–59.
Scheerer, Felix: Kirchen und Klöster der Franziskaner und Dominikaner in Thüringen. Jena 1910.
Scheithauer, Richard: Das Franziskanerkloster zu Mühlhausen in Thüringen. In: Franziskanische Studien 10 (1923), S. 267–278.
Schenkluhn, Wolfgang: Die Auswirkungen der Marburger Elisabethkirche auf die Ordensarchitektur in Deutschland. In: 700 Jahre Elisabethkirche in Marburg 1283–1983. Katalog, Band 1: Die Elisabethkirche. Architektur und Geschichte. Hrsg. von Hans Joachim Kunst. Marburg 1983, S. 81–102.
Schich, Winfried: Würzburg im Mittelalter. Studien zum Verhältnis von Topographie und Bevölkerungsstruktur. Köln–Wien 1977 (= Städteforschung A/3).
Schlag, Gottfried: Die deutschen Kaiserpfalzen. Frankfurt a. M. 1940.
Schramm, Percy Ernst: Herrschaftszeichen und Staatssymbolik. Stuttgart 1954.
Schulz, Werner: Kleine Chronik der Petrikirche. Mühlhausen 1952.
Schwineköper, Berent: Königtum und Städte bis zum Ende des Investiturstreites. Die Politik der Ottonen und Salier im östlichen Sachsen und in Nordthüringen. Sigmaringen 1977 (= Konstanzer Arbeitskreis für mittelalterliche Geschichte, Vorträge und Forschungen, Sonderband 11).
Sellmann, Georg Andreas: Die Mühlhäusischen Alterthümer in einer Chronica vorgestellt … aus alten Chronicken und eigener Erfahrung zusammengetragen … 1791.
Sellmann, Karl: Die Zerstörung der Mühlhäuser Kaiserlichen Burg (die Hainerburg der Chronisten) im Jahre 1256. In: MG 8 (1907/08), S. 59–69.
Smirin, M. M.: Die Volksreformation des Thomas Müntzer und der große Bauernkrieg. Berlin 1956.
Sommer, Gustav; siehe Otte, Heinrich, und Gustav Sommer.
Stadt im Wandel. Kunst und Kultur des Bürgertums in Norddeutschland 1150–1650. Ausstellungskatalog Braunschweig 1985, 4 Bände. Stuttgart 1985.
Stoob, Heinz: Räume, Formen und Schichten der

mitteleuropäischen Städte. Köln–Wien 1970 (= Forschungen zum Städtewesen in Europa, Band 1).
Ders.: Die Stadt – Gestalt und Wandel. Köln 1979.
Thiele, Georg: Die Marienkirche zu Mühlhausen in Thüringen. Mühlhausen 1931.
Uitz, Erika: Stadtgemeinde und Stadtbürgertum im Feudalismus. Bemerkungen zum Problem der Stadtgemeinde in der bürgerlichen und marxistischen Historiographie. In: Stadtgemeinde und Stadtbürgertum im Feudalismus. Protokoll der 1. Tagung der Fachkommission Stadtgeschichte in der Historikergesellschaft der DDR. Magdeburg 1976, S. 8–26.
Ullmann, Ernst; siehe Die Parler und der Schöne Stil.
Wagner-Rieger, Renate: Zur Typologie italienischer Bettelordenskirchen. In: Römische historische Mitteilungen 1957/58, S. 268–298.
Wentzel, Hans: Meisterwerke der Glasmalerei. Berlin 1951.
Wilhelm-Kästner, Kurt siehe Hamann, Richard, und Kurt Wilhelm-Kästner.
Wilmers, Hans: Die Anbetung der Könige in der Marienkirche zu Mühlhausen. In: MG 27 (1926/27), S. 1–24.
Wundram, Manfred: Körper und Raum in der böhmischen Kunst zur Zeit Karls IV. In: Kaiser Karl IV., Staatsmann und Mäzen. Hrsg. von Ferdinand Seibt. München 1978, S. 371–377.
Zimmermann, Wilhelm: Der Große Deutsche Bauernkrieg. Berlin 1953.

VERZEICHNIS DER ABBILDUNGEN AUF TEXTSEITEN

VERZEICHNIS DER ABBILDUNGEN AUF TAFELN

Die fotografischen Aufnahmen schuf, sofern nichts anderes vermerkt ist, Constantin Beyer, Weimar.

OBJEKT- UND SACHREGISTER

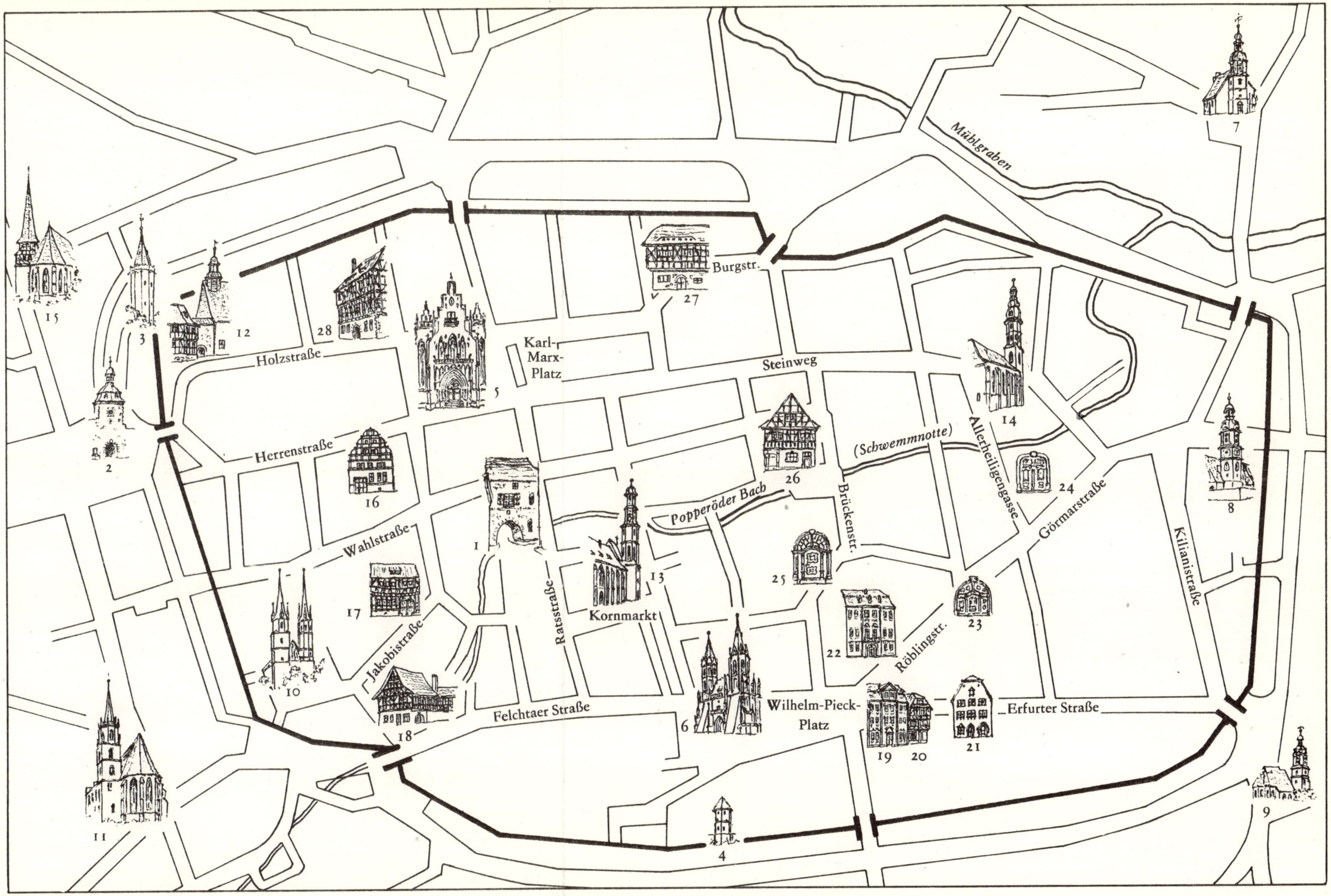

Mühlgraben
Burgstr.
Karl-Marx-Platz
Holzstraße
Herrenstraße
Steinweg
(Schwemmnotte)
Allerheiligengasse
Popperöder Bach
Brückenstr.
Görmarstraße
Wahlstraße
Ratsstraße
Kornmarkt
Kilianistraße
Jakobistraße
Röblingstr.
Wilhelm-Pieck-Platz
Erfurter Straße
Felchtaer Straße
1
2
3
4
5
6
7
8
9
10
11
12
13
14
15
16
17
18
19
20
21
22
23
24
25
26
27
28

Lage der Denkmäler in der Altstadt

1 Rathaus
2 Inneres Frauentor
3 Rabenturm
4 Fünfseitiger Turm
5 Marienkirche
6 Blasiuskirche
7 Georgikirche
8 Kilianikirche
9 Martinikirche
10 Jakobikirche
11 Nikolaikirche
12 Antoniusspital
13 Kornmarktkirche
14 Allerheiligenkirche
15 Petrikirche
16 Renaissancehaus Wahlstraße 69
17 Handwerkerhaus Jakobistraße 8
18 Färberei Felchtaer Straße 18
19 Barockes Bürgerhaus Wilhelm-Pieck-Platz 16
20 Altes Backhaus Wilhelm-Pieck-Platz 15
21 Bürgerhaus Erfurter Straße 2
22 Barockes Bürgerhaus Wilhelm-Pieck-Platz 23
23 Barockes Haustor Röblingstraße 7
24 Barockes Haustor Allerheiligengasse 9
25 Barocktür Brückenstraße 11
26 Fachwerkhaus Wahlstraße 2
27 Ehemalige Bäckerei Burgstraße 25
28 Alte Post Holzstraße 1